萬古千秋事有憑窮源一念沒來由此心歸到真如海不問江河作細流

大圆满禅定休息简说

南怀瑾 讲述

人民东方出版传媒
东方出版社

图书在版编目（CIP）数据

大圆满禅定休息简说/南怀瑾讲述.—北京：东方出版社，2022.1

ISBN 978-7-5207-1103-6

Ⅰ.①大… Ⅱ.①南… Ⅲ.①禅宗-研究 Ⅳ.①B946.5

中国版本图书馆 CIP 数据核字（2019）第 164168 号

大圆满禅定休息简说

南怀瑾 讲述

责任编辑：王夕月
出　　版：东方出版社
发　　行：人民东方出版传媒有限公司
地　　址：北京市西城区北三环中路 6 号
邮　　编：100120
印　　刷：北京明恒达印务有限公司
版　　次：2022 年 1 月第 1 版
印　　次：2022 年 5 月第 2 次印刷
开　　本：650 毫米×960 毫米　1/16
印　　张：25
字　　数：259 千字
书　　号：ISBN 978-7-5207-1103-6
定　　价：59.00 元
发行电话：(010)85924663　85924644　85924641

版权所有，违者必究

如有印装质量问题，我社负责调换，请拨打电话：(010)85924602　85924603

编者的话

南怀瑾先生是享誉国内外,特别是华人读者中的文化大师、国学大家。先生出身于书香世家,自幼饱读诗书,遍览经史子集,为其终身学业打下坚实基础;而其一生从军、执教、经商、游历、考察、讲学的经历又是不可复制的特殊经验,使得先生对国学钻研精深,体认深刻。先生于中华传统文化之儒、道、佛皆有造诣,更兼通诸子百家、诗词曲赋、天文历法、医学养生,等等,对西方文化亦有深刻体认,在中西文化界均为人敬重,堪称"一代宗师"。书剑飘零大半生后,先生终于寻根溯源返归故里,建立学堂,亲自讲解传授,为弘扬、传承和复兴民族文化精华和人文精神不遗余力,其情可感,其心可佩。

一九七九年,南怀瑾先生应大乘学舍出家众之请,系统讲解密宗法本《大圆满禅定休息清净车解》。这是一次非常重要的讲解,也是南先生相当重视的讲解,对于本书的整理,南先生生前即慎之又慎。全书共计十八讲,其中前七讲经过南先生审阅批改;后十一讲则是编者刘雨虹老师等多次反复检阅笔记文稿,并与多人笔记对比参酌整理而成。

《大圆满禅定休息清净车解》由无垢光尊者著,龙清善将巴释解,是对"大圆满禅定休息"的解释,义理深奥。本书是对该法本及注解的再讲解,因此在编辑体例上做以下规范:经文以引文形式单独列出,注解(原书上为小字)与正文融在一起,字体与正文相区分。

南先生的讲解以文本为据，从何为"清净"、何为"车解"、何为"休息"等入手，逐字逐句讲解修习"大圆满禅定休息"的方法，以及修习出现问题后如何对治，等等，条分缕析，深入浅出，为读者理解法本奥义提供方便，对修习禅定具有重要的指导意义。在书中，南先生特别奉劝修习人不要耍聪明，不要怕"走笨路"，应按照个人根器的不同选择相应的方法，制心一处，才能得正念。

我社与南怀瑾先生结缘于太湖大学堂。出于对中华优秀传统文化的共同认识和传扬中华文明的强烈社会责任感、紧迫感，承蒙南怀瑾先生及其后人的信任和厚爱，独家授权，我社遵南师遗愿，陆续推出南怀瑾先生作品的简体字版作品，其中既包括世有公论的著述，更有令人期待的新说。对已在大陆出版过的简体字版作品，我们亦进行重新审阅和校订，以求还原作品原貌。作为一代国学宗师，南怀瑾先生"通古今之变，成一家之言"，毕生致力于民族振兴和改善社会人心。我社深感于南先生的大爱之心，谨遵学术文化"百花齐放，百家争鸣"之原则，牢记出版人的立场和使命，尽力将大师思想和著述如实呈现读者。其妙法得失，还望读者自己领会。

东方出版社

二〇二一年十二月

目 录

出版说明 / 001
《大圆满禅定休息清净车解》前叙 / 001

第一讲 / 001
  前言○译者的解说○什么叫休息○清净圆满是什么○休息与禅定○同乘大车入解脱城○敬礼的内涵

第二讲 / 022
  惶惶对法王○普贤如来 身智合一○不变的光明清净○是智慧 非工夫○环境和季节○修行的处所

第三讲 / 045
  不合适的修行处所○四种坛场○光线与修行○修止观的地方○谁是法器

第四讲 / 067
  对无念错解○修无念三步骤○持法 采法 空无所住○如何修空○人身难得快修吧

第五讲 / 090
  修法与上师○戒律与威仪○你是法器吗○八风吹不动○修行 自利 神通○不要浪费生命○难得的人身

第六讲 / 114
  厌离心 大悲心○修行的大法○如何修前行○关于灌

顶○秘密灌顶

第七讲 / 137

般若灌顶 能依所依○气和明点○得真如 成极喜○如何修法 上师相应法

第八讲 / 160

修法 诚敬 调理○前行修法四程序○正行道的修法○空乐与三脉四轮○白骨观的关键时刻

第九讲 / 185

关于三脉七轮○中脉和拙火○白骨观之妙○空乐的修法

第十讲 / 208

空明定的问题○空明定的修法○三昧真火 制心何处○光从何来○得到光明 眼通来了

第十一讲 / 233

修无念法○什么是真正的无念○无念与神通○贪乐贪明 贪无念○修无念 入邪路

第十二讲 / 256

修气时的偏差○修无念产生的偏差及过失○如何对治偏差○如何调治过失

第十三讲 / 273

如梦如幻○虚幻的体道果○中根器的修法○总的调治法

第十四讲 / 289

不住于法○受阴境界○关于精漏○知时知量○执着欢喜○开眼闭眼 上升下降

第十五讲 / 310

再说修无念法○钝根的修法○七支坐法与无念○调治魔障

第十六讲 / 325

药物与修行○缘境而修○着相的修法○粗气细气 心住于气○修气另有的方法

第十七讲 / 343

危险的修法 内外的修法○修道的三要点○光明是什么○怎么叫无念○不靠外力

第十八讲 / 365

传法的人和事○修习心念五步○正行修习三重点○又说修无念法

附录　南师戒牒

出版说明

一九七九年的六月，南师怀瑾先生开了一门课，讲解密宗的一个法本，就是《大圆满禅定休息清净车解》。

南师虽为贡噶上师认可的，具备传授密法的资格，但在台湾居留的三十多年之中，始终不太愿意传讲密法，他说："我反对一般人学密宗，因为不把禅宗修成，不到达禅宗明心见性这个阶段的，去学密宗，没有不走入魔道的。"

先生又说："我要有精神的话，就把密宗所有方法的错误之处，都讲出来，他们执着在哪里？同样是受阴境界。"其实在本书中，先生也已经讲了不少。

这次为什么会讲密法呢？因为是应"大乘学舍"出家众之请；也因为这个法本是有关禅定方面的修持。修禅定是各宗派共通的法门，所以，这次是以佛法的立场来讲的。参加听课的人，除出家众外，在家人更多，编者也是听众之一。

先生在讲这门课时，一反往常，十分严厉，盖因出家众是以修行为主，所以先生在讲解时，常警语连连。如说：

"学佛学道的原则，就是反省的工夫，反省的学问，也就是检查自己内在最深处的行为科学。"

"你们哪有资格学佛！平时讲道理，牛吹得那么大，种的是恶道的业。"

"讲白骨观已告诉你们，你们不但我慢贡高，这四个字对你们太客气了，说真话，只有两个字：混蛋。"

"在座很多学佛的，哪个够条件？都是求智慧，求增寿增福，想进账。"

"那个住茅棚的和尚，几十年也没有把道理弄通！戒行好，行持好，理不通又有何用？"

见地方面，先生说了一句极重要的话，他说："一般人都把境界当成道，但是，觉悟实相般若的'觉'，可不是境界。"并且说，"如不能顿悟，（这个法本）告诉你如何渐修。"

这次讲课不准录音，以免随意传播，断章取义，反而好心得恶果。但出家众须写笔记，并缴呈先生批阅。

这本书是根据多人笔记整理而成。在全部十八讲中，前七讲是经过先生审阅批改的；后十一讲则难以确定。所以在整理过程中，多次反复与宏忍师共同检阅笔记文稿，并与其他笔记对比参酌。其中以禅定尼师的笔记较为详细完整。

三年多前先生在时，宏忍师已将记录稿集中核校，再由邱珍珍、乌慈亲二位女士输入电脑存档，本书内容小标题则为编者所加。这本书得以出版，帮忙的人不少，在此一并致谢了。

此书出版印行时，简化书名为《大圆满禅定休息简说》。另南师于一九四五年曾受密教三坛大戒，戒牒副本附录于书后。

刘雨虹　记
二〇一五年四月于庙港

《大圆满禅定休息清净车解》前叙

佛教秘密一宗，初传入西藏之时，适当此土初唐盛世。开启西藏密宗之教主，乃北印度佛法密教之莲花生大师，据其本传，称为释迦如来圆寂后八年，即转化此身，为密教之教主也。当其初传之佛学概要，已见于拙著《禅海蠡测》中之《禅宗与密宗》一章。其土自莲师初传之密宗修持方法，即为西藏政教史上所称之宁玛派，俗以其衣着尚红，故称为"红教"。宁玛派修法，除灌顶、加行、持咒、观想等以外，则以大圆满等为最盛。此后传及五代至宋初时期，有因宁玛派法久弊深，嫌其杂乱者，又分为噶举派，俗以其衣着尚白，故称为"白教"。迨元代时期，又有分为萨迦派者，俗以其衣着尚花，故称为"花教"。复至于明代初期，西宁出一高僧，名宗喀巴，入藏遍学显密各乘佛法，有憾于旧派之流弊百出，乃创黄衣士之"黄教"。递传至现代为达赖、班禅、章嘉等大师之初祖也。大抵旧派以实地注重双修，黄教则以比丘清净戒律为重，极力主张清净独修为主。此则为藏密修持方法分派之简略观点。至于所谓双修，亦无其神秘之可言，以佛法视之，此乃为多欲众生，谋一修持出离之方便道也。苟为大智利根者，屠刀放下，立地成佛，又何须多此累赘哉！如据理而言，所谓双修者，岂乃徒指男女之形式！盖即表示宇宙之法则，一阴一阳之为道也。后世流为纵欲之口实，使求出离于欲界、色界、无色界之方便法门，反成为沉堕于三界之果实，其过只在学者自身，非其立意觉迷之初衷也，于法何尤哉！

民国缔造之初，对于汉藏文化沟通尤力。东来内地各省，传宁玛派者，有诺那活佛；传噶举派者，有贡噶活佛；传萨迦派者，有根桑活佛；传格鲁派者，有班禅、章嘉活佛；等等。各省佛学界僧俗入藏者，实繁有徒，指不胜举。密宗风气，于以大行。上之所举，亦仅为荦荦大者。活佛者，即呼图克图之别号，表示其为有真实修持，代表住持佛法之尊称，实无特别名理之神秘存焉。西藏尚未解放之时，宁玛派徒众，集居于原西康北部者为多。噶举派徒众，集居于原川康边境者为多。萨迦派徒众，亦以散居于原西康及云南边境者为多。格鲁派则雄踞前后藏，拿握西藏之政教权，以人王而兼法王，形成为一特殊区域之佛国世间矣。

因汉藏佛教显密学术之交流，密宗修法，亦即源源公众。而且于近六十年来，传布于欧美者为更甚。大概而言，宁玛派以大圆满、喜金刚为传法之重心。噶举派以大手印、六成就法、亥母修法等为传法之重心。萨迦派以大圆胜慧、莲师十六成就法为传法之重心。格鲁派以大威德、时轮金刚、中观正见与止观修法为传法之重心。当其神秘方来，犹如风行草偃，学佛法而不知密者，几视为学者之不通外国科学然，实亦一时之异盛也。

要之，密宗之侧重修持，无有一法，不自基于色身之气脉起修者，只是或多或少，糅杂于性空缘起之间耳。大圆满之修法，例亦不能外此。所谓大圆满者，内有"心性休息"一法，即如禅宗所云明心见性而得当下清净者。又有"禅定休息"一法，即为修持禅定得求解脱者。又有"虚幻休息"一法，即以修持幻观得成就者。今者，自由出版社萧天石先生，先取禅定休息之法流通之，即其中之第二法也。其修法之初，势必先能具备有如道家所云"法、财、侣、地"之适当条件。尤其特别注重于择地，一年四季，各有所宜，且皆加有详说。至于择地之要，当须参考《大藏经》中密部之《梵天择地法》，则可互相证印矣。至其正修之方法，仍以修气、修脉、修明点、修灵能，如《六成就法》之第一法也。其中尤多一注视光明而定，与注视虚空平等而定之法。道家某派，平视空前之法，其初似即由此而来者。最后为下品难修众生，又加传述欲乐定之简法。此即《大圆满禅定休息清净车解》一书之总纲也。造此偈论者，乃莲师之亲传弟子，名无垢光尊者所作。解释之者，乃龙清善将巴所作。译藏文为汉文者，乃一前辈佛教大德，意欲逃名，但以传世为功德，故佚之矣。本书旨简法要，大有利于修习禅定者参考研习之价值。唯所憾者，盖因藏汉文法隔碍、译笔失之达雅，良可叹耳。但有宿慧之士，当参考六成就、大手印等法而融汇之，自然无所碍矣。如能得明师之口授真传，了知诸法从本来，皆自寂灭相；性空无相，乃起妙有之用，则尤为难得之殊胜因缘。至于译者称此法本，名为《大圆满禅定休息清净车解》，此皆为直译之笔，故学者难通其义。如求其意译为中文之理趣，是书实为"大乘道清净寂灭禅定光明大圆满法要释论"，则较为准确。其余原译内容，颠倒句，多如此类。今乏藏本据以重译，当在学者之心通明辨之矣。是为叙言。

南怀瑾叙于一九六一年辛丑腊月时客台湾

第一讲

前言
译者的解说
什么叫休息
清净圆满是什么
休息与禅定
同乘大车入解脱城
敬礼的内涵

前　言

今天开始讲《大圆满禅定休息清净车解》，这个"车"字，就是佛法的小乘与大乘的"乘"字，梵文的原意是车子。"解"是解释，"车解"也就是大小乘法本的意思。依照我们习惯的文法来翻译，就是大圆满禅定休息法要，是大乘道。这是属于西藏密宗宁玛派的部分，也就是原始的密宗。

几十年来，由于眼见过去佛教界的作风所产生的不良反应，所以我尽量地把佛法学术化、科学化，摆脱了宗教的形态，也摆脱了宗教的一切习惯，希望真正的佛法，能普遍永恒地流传。但是，几十年来，对于自己的做法，发现也有很大的缺失。虽然过去的传统做法，太偏向宗教性，但却能使人重法、重师承，也就是尊师重道；而现在的做法，反而使人轻法，因为得来容易，师道的尊严反而都被破坏了。

像我这种做法，甚至于可以说，是捧着学生玩的，似乎是跪求学生来学佛的。不过，天下事有利必有弊，没得办法，只好依旧照我原来的办法去做，对与不对，还不知道。

这些话是说明，过去学佛的人，对于研习这个法，认为是一件很严重的事，所以我们在座的，不管出家在家，可以说，没有一个够资格学这个法的。因为按照过去的规矩及传统的精神，要学这个法，必须具备相当的成就和戒行才可以。戒行包括学佛人的虔诚、敬师、敬三宝的精神，几乎是发神经似的疯狂，几乎是愚忠、愚孝、愚信的态度。

而且，每一次传法，一定要供养，要钱哦！像木讷尊者的师父说的，如果没有钱，家里唯一的财产，只有一只跛脚的羊，也要拿出来供养。现在是拿钱来代表供养，如果你是个叫花子，今天只有一毛钱，这一毛钱，诚恳地拿出来供养，才是真供养。供养的真义在于至诚，不在于数目的多寡。

今天，对于你们之中的少数几位，还可以谈谈这个法。老实讲，主要还是为未来佛教界，培养挑担子的师资，希望这几位出家人，将来能够自利而利他。你们居士们沾了他们的光，若说真要教你们居士这个法门，法是要求的，但也没有人要求过，多少年来我也懒得传。所以你们有什么问题要自动来找我啊！连一点求法的精神都没有，都要等到我约你，我才没有空！你想想嘛！一个普通人开店做生意，有人要买货，我才卖给他；你不买，我却上门去兜售，这种做生意的办法，我不来！

佛法本来"直心是道场"，我不说假话，这次传法的目的，并不是为你们在家的诸位，你们不过是顺带的，既然为出家人而讲，你们这些有缘碰上的也听听，就是这样一回事。

为什么这么说呢？我们大家都要反省，自己是否具备了佛弟子学法的条件。照密宗的传法规矩，传法本来是很严重的，而且每一次传法，都要先灌顶、献哈达；噶举派是献白绸子一块，格鲁派献黄绸子。西藏的礼法，哈达就如同花环一样，有时喇嘛活佛传法，学法的人一时买不到哈达，就去向喇嘛旁边的侍者买，哈达就这样买来买去。讲这些只是让你们大家知道规矩，像这些形式方面，也很重要。

今天这个法，与《大乘要道密集》以及《大手印》，属于一个系统。但是，还有一点你们更要注意的，就是这个与白骨观的关系。白骨观是一切修习止观的基础，这个基础不打好，你修这些法就很困难了。这个话我讲过了好几次，如果还不懂，还要问，就很令人厌烦。所以要以白骨观为基础，不然你们打坐学佛只是浪费时间。

这两天对一位同学发了脾气，因为他要请假在家里打坐两个星期。这真是浪费时间，浪费青春！搞什么屁事！佛法是这个道理吗？你可能会说：老师！你也在峨眉山闭关三年！对啊！可是我没有浪费；而且，我也因为知道什么是浪费才说浪费啊！菩萨行、功德都没有发起，学什么佛？好好地做人做事，积极地为善，积极地发起功德，问问自己，我们一天到晚做了些什么事？除了自私自利为己以外，哪里有一点肯为人服务的心？没有！几十年当中，我没有看到过一个人真肯为他人做事。真看到，我就向那个人下拜。有是有，有菩萨心行的人多得很，可惜都不是学佛的；这些人的动机，也不会说自己是无缘之慈、同体之悲。嘿！真的慈悲心，绝对没有这种想法，这样做的才是菩萨行；然而，凡是学佛的人，却反而没有这种心思。

现在翻开本文，这些本子都是台湾印出来的，上面有一篇我的序文。听说有许多盗印的，把我的序文也拿掉了，来源就不晓得了。若照规矩，密宗的法本是不准印的。我到台湾来一看，不得了，这个文化都要断绝了，所以就拿出来这个法本，让萧先生（天石）印了。印了以后，就被很多人骂，说我不该把秘法公开。可叹那些高度近视的人，他们不知道这些秘法的法本，法文译本已经流传一百多年了；英文的翻译，外面也多得很，我们还在这里坐井观天。更何况，我们这个本子，还是从英文本翻译过来的，现在自己还不准别人拿去看，岂不可笑！照密宗的规矩，没有得到灌顶的人，看一下眼睛都会烂的，严重得很，把人吓都吓死了，不烂都吓得烂了。

现在我把法本公开了，为的是保留文化，不然的话，这个东抄抄，那个西抄抄，最后抄得走了样，法本等于没有了。这不是断绝慧命吗？在台湾许多传密宗的人，他们当面对我不敢说半个不字；若说半个不字，我眼睛一瞪，管你什么年龄，什么地位，马上把他驳得体无完肤。所以，当面他们不会说什么，背后会说某人搞的，把密法公开，不得了。

什么不得了？你的动机不为自己，为未来的世界、众生着想，没有什么叫秘密；佛如果还有个守秘密的心理，那还叫作佛吗？有时秘密是不得已，这些道理，现在我暂时都不去讲了。

译者的解说

现在第一页，大家先看本文后面的小字，这是西藏龙清善将巴大师的解说。

"三种休息法总义第二章。"休息法有心性休息、禅定休息、虚幻休息三种。禅定休息为第二，这本是总义的第二章。

"示诸法极顿成光明大圆满禅定休息法并解。"这是说，第二章里头说到的，就是佛的一切法，可以使人顿悟，得到自性大光明成就，可以立刻证得大圆满的禅定，得大休息。大休息法门有两种：第一是普通小乘念休息的法门，第二是大乘的休息，就是经典上所谓"狂心顿歇，歇即菩提"，这个就是休息。"并解"是加上解释。

"广演分为三种：讲说解释之因、广说入境体义、一切圆满结义。"扩充起来讲，分为三个部分：第一是说明为什么讲这个法门，其次是广说大光明境界的道理与大光明的体和最高义理，结论是一切圆满。换句话说，第一章就是讲解大圆满禅定这一部论著的原因，第二章是说进入大圆满禅定光明境界的道理，第三章是结论。

中文就是这样简单，文字翻译得不好，因此，密宗越来越"密"；最近我把它公开，所以能够在外流行，可惜没有时间整理，大家看不懂。你们不要被文字骗过去，这种文字的翻译，都是文学低能者所为，所以把佛法搞得越来越错，不得了！我真希望把它全部用科学方法整理，剥掉迷信的外衣，标出重点来，这样真正的秘法才能流传下去。

"初又分三种：名义、礼赞、立宗。"中文经典的习惯叫缘起，又分三种：一、名义，解释这个法门为什么叫大圆满禅定休息；二、礼赞，佛教的规矩先要唱颂、赞叹一番，一边唱，一边右绕三匝，这是印度人的礼貌；三、立宗，就是宗旨。这都是讲修法。

"第一又分三：译名、讲说、于何安名。"第一点"名义"又分三项："译名"、"讲说"、"于何安名"。第一章分三点，三点里头，第一点分三项，这三项里头，先讲第一章第一点第一项的名称。大家都搞清楚了吗？佛经是非常科学的，每项之内又分类得很精详。

"初译名者，具四大种语之印土语云。"梵文的话翻译过来，叫作"麻哈生底等，翻其语为藏语（今译为汉语）"。

"麻哈者大也；生底为圆满；德拿，禅定。"叫作"大圆满禅定"。南印度梵文"德拿"翻成中文叫作"禅定"，中国的佛经依北印度的发音叫作"禅那"。有人说，我们要学佛，就要先学梵文，才能懂佛法。你以为梵文学通了就懂佛法了吗？梵文的语音有南印度、北印度、中印度、东印度、西印度之别，你怎么研究？

"毕辛达，译义为休息，亦有译为清净者。"也有将"毕辛达"译成"清净"的，清净是意译，不是直译，是把休息翻译成清净；这一本书，休息也好，清净也好，反正是翻译的名词。

什么叫休息

"译休息者,有实性、休息、法尔三义。"所谓清净休息,就包括般若实性、明心见性,是见本体那个本性,见了本性,大休大息,一切放下就成道。所谓成道、空,这是法尔自然如此;其实,法尔就是自然,自然就是法尔。

印度有一种外道,叫作"自然外道",因此,中国也有些人把老子的自然,套进印度的自然外道里,真是该打屁股。老子之前,并没有"自然"这个名称啊!老子写了"自然",后来的人才借用这个名词,把翻译外来的科学名词,称为"自然科学",把印度的外道,套用自然叫作"自然外道"。

老子的"自然",意思是自己本身当然如此,所以,叫作自然。"道法自然",道的本身是当然如此,所以,道法是自,是然,法尔如斯。那么佛法翻译为什么不用老子的自然呢?如果一用了自然,大家会说佛法套用道家;再不然,又和那个自然外道混淆不清了。因此,又想办法变花样,产生一个名词叫"法尔"。

法尔怎么解释呢?如果有人解释得出"法尔"的话,我决定叫他为太老师,叫老师都不够,因为法尔无法解释,就是这个样子。就像爬二十层的楼梯,一爬到了,坐在那里,哎唷!我的妈啊!什么都想不起来了,那岂不是法尔?你说怎么解释?自然这样,加任何名词都不对,所以叫清净也好,叫休息也好,叫圆满也好,这里头有三个意义:"实性"、"休息"、"法尔"。完全放下了,自然放下。我们学禅定,叫你放下,你却拼命去求一个放下,你不是活该在那里忙吗?

讲到这里,前天夜里读一首古诗,每一句都好,中间有两句话，可以来注解我们现在讲到的"实性"、"休息"、"法尔"。如果我不晓得这个人是文人的话，看了诗，几乎认为他是大彻大悟的道人了，所以说文字般若也是大功德。

故事是说，有一个修道的人，买了一只小船，一辈子就在小船上划来划去，云游天下，三十年没有上岸。大家想想，他在船上怎么修定？他打不打坐？打坐的话，一定要摇摇摆摆地坐，怎么能得定啊！可是他照样得定。你以为一定要躲到山林里，才叫作修道吗？你们打坐，坐在平地坐得住，坐在船上坐不住，定不了，你们那叫入定吗？还是叫入腿？注意啊！你们天天在入腿啊！哪里是在入定！入定是无往而不定。这个人天天在船上，所以，一般人很佩服他。有一个有名的文人为他作一首诗，中间有两句真是好极了："无物可离虚壳外，有人能悟未生前。"你四大肉身是虚壳，无所谓内外，所以也无物可离；但却能悟未生前的一切。好啊！好对子。

我的布施跟你们不同哦，看到一点好诗，恨不得告诉所有的人，而且，把这好句子，恨不得硬塞到每个人的脑子里，要他记住。哪里像你们，懂一点东西深怕人家晓得了，如果问你，还说"不知道"。那是悭吝法的布施，所以，智慧不会大。我这样说可不是自我宣传啊！人必须钱财无私，智慧无私，才是大布施。文人这个嘴巴，加上他这个头脑，真厉害，所以，般若里头的"文字般若"，是天机灵感出来的东西，不是从妄念生出来的，那完全是自然出来的，是法尔如斯。

"实性与法尔，乃具特别之休息也。"这个话对了，经典上说"狂心顿歇，歇即菩提"，不能说我要睡觉了，那也是狂心顿歇，对不对？他说，"特别之休息"是真正的休息，就是强调这个休息。虽然拿休息来形容，并不是普通睡眠之休息，必须真正放下，如禅宗明心见性以后，真正大歇大息才是。

"住于轮回众生，修持其义，则可休息而止憩故。"为什么叫休息？我们人都在六道轮回中生生死死，如果真明了道，"狂心顿歇，歇即菩提"的话，真的放下，立刻不再入六道轮回，这叫作大休大息。对于学禅的人来说，这个教理上的说明，清楚透彻，解释得好极了。什么是真的放下？你以为肩膀上没有担子，衣服也脱掉，你就放下了吗？那是假的，真放下在一念之间，可以停止生死轮回，超出三界，这叫作休息。

清净圆满是什么

"哲底为解释，必宿打为清净，萨耶饶塔，为木，噶为马、拉马，为名称也。"梵文"哲底"，译为中文叫"解释"；"必宿打"翻译为中文叫"清净"；"萨耶饶塔"，中文是"木"。"噶为马、拉马"，就是"名称"的意思。

到此为一段，古人分类分得很科学，很有条理；怕浪费纸张，所以段落编排没有现代这么清晰，不是一目了然。

"讲说者，圆满一切法，于何处圆满，自然大智慧，于此圆满，即轮回涅槃。"悟道的那个般若，是自然的大智慧。什么叫自然大智慧？就是儒家《中庸》所说"不勉而中，不思而得"；也就是《中庸》最后说的"上天之载，无声无臭"；也是孔子在《易经·系传》上讲的"无思无虑"。东方有圣人，西方有圣人，此心同，此理同。所以，真正悟道的智慧，是大自然大智慧，是"不勉而中，不思而得"，得了这个，那么，轮回就是涅槃。

"无始清净，自性真面，非由他成，于彼圆满。"所谓凡夫就是在六道轮回中生生死死；而佛是跳出了轮回，究竟涅槃。其实轮回就是涅槃，涅槃就是轮回，无始以来，自性本来清净，只因我们众生妄生分别，把轮回及涅槃硬是隔离了。实际上轮回像轮子一样地轮转，是圆的，是无始无终，无止无息。当然，要悟了道，才可以讲，轮回就是涅槃，涅槃就是轮回，否则，你轮回去吧！你去涅槃吧！钻进去就要命。

自性本来的面目，并不是阿弥陀佛给你的，也不是释迦牟尼佛、观世音菩萨给你的，自性本来就是佛。"于彼圆满"，这样到达这个境界，才是大圆满，就是禅宗讲的明心见性，见到自己本来面目。曾有悟了道的禅师说："哦！鼻孔原来是向下的。"哪一个鼻孔是向上的啊？鼻孔本来向下。另有一个人悟了说："尼姑原来是女人做的。"和尚当然是男人做的，这有什么稀奇？本来如此嘛！这叫作本来面目，"非由他成"。到了这样的境界，悟到了这个，大彻大悟，"于彼圆满"，这叫作大圆满。

"一切法之根本，由自性所分出故，彼圆此圆，皆是圆满于唯一明点中也，圆满乃是自性，故名为大，为他法之广源故。"大圆满就是一切法之根本，因为自性本来清净圆明，起作用时，等于这个清净起了分化；分化了以后，向外乱蹦乱跳，其实这也是自性的功能。但是，如果迷了途就回不来了。"彼圆此圆"是回转到本自圆满的境界，现在把它圈到这个明点当中。这个明点，说是"明白"的"明"也可以；说是修起法来，故意把它造一个光明点也可以。要知道，那个光明点，乃至于无比大的光明，都是我们自性动念，要它起用就起用，不起用也自如。自性本空，要起用则无所不具，皆是圆满于一明点中。自性的圆满叫作"大"，因"为他法之广源"之故。

"《遍行》云：广大此心境，无一不具者。"《遍行》是密教之经典，这句话是赞叹之词，引用佛经说明我们此心是无比的广大，具足一切法。所以，六祖悟道的时候讲："何期自性本自具足。"并不是要自己做工夫，才可以把心境放广大，因为自性本是一切具足的。但是初修的人，还是应该做工夫的。

休息与禅定

"禅定者，于法性之境中，无分别智定一而不散乱也。《如来一子本续》云：心静禅定自然获，如是云也。"禅定的方法是什么呢？譬如修白骨观也是，修安那般那（出入息）也是，修念佛法门、参话头等等一切，八万四千法门都是，修禅定的方法多得很。本法门告诉我们的禅定，是什么禅定呢？是大的禅定，是在自性中而定，放下即是，不放下也是，就在这个境界中。也就是在这个法性之境中的无分别智定，随时随地，无往而不定。打起坐来入定，头顶在下，两脚朝天，也是定，睡在床上右胁而卧也是定，要能无一而不定，才懂得法性之境中的无分别智定，乃如来大定。现在告诉你们，大圆满禅定这个定，是什么境界呢？是智慧明白了，法尔如斯的境界，无境界之境界。如果你有一个境界，已经不是大圆满了。这很不容易了解！

古人说："莫将容易得，便作等闲看。"几十年当中，我有一个毛病，是爱说话，所以你们才得以沾一点点光。如果我没有发表欲，才不会给你们讲！真的，碰到我这么一个疯子，有什么说什么，你们得大利益哦！所以，要好好听。

关于禅定的道理，大家要知道，他所谓"定一"，没有一个一，只是姑且这么说。密宗有本经典叫《如来一子本续》，"本续"就是法本的论著。佛在这本传法的经典上讲，一个人心能够静，自然就得禅定了。你们大家打坐，两腿一盘，眼睛一闭，本来已经定了嘛！偏要在那里拼命用功，那怎么能够得定呢？心静以外，还求什么禅定呢？佛都告诉你了，心静就自然获得禅定了。大家反而在这个境界上，拼命用功求禅定，所以，都不是在禅定，都在那里瞎忙，闭起眼睛，心里头拼命做工夫，叫作瞎忙。所以,"心静禅定自然获",法本上就是这样说的,这叫作禅定。

"休息者,心与法尔境相合时,妄念客无聚散,于本住大法性尽,获止息之义。如旅客疲而求止憩,松解一切而住,与休息相同。"什么叫休息呢?我们的心与自然法尔境界相配合。老子说得对:"专气致柔,能婴儿乎。"你们如果能做到,自己的心真像生下才一百天内的奶娃儿一样,此心活活泼泼的,没得妄念,就是休息了。一个奶娃儿,你逗逗他,他也会笑笑,你说那笑有意义吗?那你才见鬼;没有意义吗?有意义,他就喜欢笑,笑过了没得事;他要哭就哭了,哭也没得事。"心与法尔境相合"的时候,客尘烦恼的妄念,无所谓聚,无所谓散。

刚才说的奶娃儿,你打他一个耳光,哇哇就哭,你逗他一下,他又笑,他的妄念,无所谓聚,也无所谓散,"法尔如斯"。我们凡夫越长大越不懂,笑了以后不笑了,心想:我刚才为什么对他笑?糟糕!他该不会说我神经病吧?一大堆客尘烦恼与妄念就来了,这个就是人长大了。大人一毛钱都不值,而且,大人变老人更可怕,所以人永远保持童心就是道。

禅宗有一个老和尚,收了一个徒弟,两三岁就把他带上山,长到二十几岁什么都不懂。有一天,老和尚有事下山去了,他的师兄弟也开悟了的,到山上去,老和尚不在,只看到这个徒弟,出家几年了,什么都不知道,气死了。于是就教他,应该见人要礼貌合掌,说一句"阿弥陀佛"。阿弥陀佛给他涂上去了,然后这师叔等不及先走了。过几天,他师父回来了,这个徒弟老远在门外迎接,给师父跪下来说:"阿弥陀佛。"师父一看,愣住了。徒弟说:师叔来过,他教我出家人的威仪,应该这个样子⋯⋯老和尚把师弟叫来大骂:我花了二十年搞一个玉石,永远不给他破一个洞,保持他完整,你来不到几天,就把他弄得稀烂,这一下完蛋了。

　　天真未琢，破了就完了，所以我们一般人如果能够成道，实无天理！因为心里头的道理太多了，讲难听一点是：脏的心思太多了。真的哦！我不是骂人哦！我讲了老实话，认为我在骂人，不是你疯了就是我疯了。所以，"心与法尔境相合"，这个时候才是休息，妄念是客尘烦恼，无所谓聚散。

　　"于本住大法性尽"，我们本来有的本性就是这个样子，是本住的；这个时候是无明尽，所以，《心经》上告诉你："无无明，亦无无明尽，乃至无老死，亦无老死尽。"十二因缘一路讲完了。你以为无明断了，才能成佛吗？错了！"亦无无明尽"，无始无终，你能这样懂了，悟了，就得到真正大休息的道理。

　　这个时候，"如旅客疲而求止憩，松懈一切而住，与休息相同"。他这个境界，等于我们在外面奔波了几十年，做官做生意，忙忙碌碌，搞了半天，好无聊哦！这样子的旅客，人生过了几十年的就晓得，"无物可离虚壳外，有人能悟未生前"！就像"旅客疲而求止憩"一样，算了，回来睡大觉吧！这一下，什么都不管，佛也不修了，坐也不打了，一切松懈，打呼睡觉去了。你有本事，睡得发了胖，算你本事大，我封你一个佛号叫"胖胖佛"。

　　你们现在学佛，打坐、修道，在那里紧张得要死，都在那里求佛，求一个境界，不能松懈一切。真能一切放下，这个境界就是与休息相同。你想，一个人如果这样休息下去，纵使身上有百病也会好的！真的，这样休息下来，年纪大了的，一定返老还童。

　　你为什么做了很久的工夫，但没有效果呢？我说的你不信，我只好找古代祖师爷说的，该信了吧！我现在活着不是祖师爷，我死了就是祖师爷了，将来的人把我的书拿出来，也坐在这里，讲给大家听。嘿！终有那么一天哦！说不定哪天我自己来讲自己的，也告诉他们：这位南先生，这么样地了不起啊。你们要注意啊！会有这样一天的，轮回中间就是有那么怪的。

"解释者，于根本义明白指示，广大指示。"什么叫作"解释"呢？对于根本的明心见性道理，明白地指出来给你听。就像这一本书，就叫作解释，其实再用不着我来讲了。因为你们不明白，我只好又来解释这个解释，所谓明白指示给你们听，"广大指示"给你们听。"了解者，说与前同"，前面讲过了，就叫了解，不必啰唆。这里括号中小字批注，"见心性休息"，是说在另一本法本上讲过了。

同乘大车入解脱城

"车者，如同引客于所欲处之乘、轮、轴等，引具殊胜时之异生于大解脱城之乘者是也。""车"就是我们一般翻译大乘、小乘的"乘"字。什么叫"引具"呢？"引"是接引、领导、带领；"具"是具足的众生。具足什么？福报具足、智慧具足，还要有暇满之身。"暇"是有清闲的时间；"满"是四肢五官都圆满健康的，叫圆满之身。所以说，暇满之身难得，在座诸位，今天要珍惜自己啊！五官俱全，不聋不瞎；如果你是个瞎子，不讲给你听的话，你也没有办法看；如果是聋子，你也听不见。在这个人海茫茫，二十世纪的末期，人人都忙得要死的时候，你能盘起腿来，听这么一个虚无缥缈的大圆满，这是多大的福报！暇满之身难得啊！要珍惜自己的身体，所以，一分一秒都不要荒怠。

有些人，情扯不开，割不断，那是你不肯割断，不是不能割断。什么叫割不断？肯不肯而已；非不能也，是不为也。孟子说：挟太山以超北海，是不能也，非不为也；与长者折枝，是不为也，非不能也。哪里有切不断的呢？切不断的是自己的心念，剪不断，理还乱，那是自己的心念而已。外面的事，要断就断，平常我不上这个座位讲课时，你跟我讲："实在没有办法切断。"我说："对啊！是啊！"那是跟你说假话。如果你要我说真话，我就眼睛一瞪："什么切不断？不要自欺了，你舍不得切断，非不能也，是不肯也。"切不断？这个社会非要你不可吗？你死了，社会上的人，难道也跟着死掉吗？照样活下去！也许比你在的时候，还活得好。

我常常感觉，我死了以后，你们照样修下去，也许修持得比我在的时候，还要好！我在这里，你们反而被我盖住了。

我们人活着，都要麻烦很多人，你说你不麻烦人，你是个出家人。那你才见鬼呢！你现在第一个就麻烦我；不麻烦我，就麻烦庙子上，也是麻烦别人。你可知道，从过去到现在，有多少人在维持这个庙子啊！你不麻烦人吗？那怎么可能？人都不知道反省，这个道理都不懂，怎么学佛啊！

在特别好的时候，就是"殊胜时"，比如我们二十世纪末期很混乱，并不是好的时代，但是，我们这一堂人，这两个钟头在这楼上，在我看来就是"殊胜时"、殊胜地。想想外界有我们这样享福吗？当然，各人立场不同，外面喝酒跳舞的人，看我们这一群是疯子。"异生"，就是众生，是一切各种不同的众生；人、马、牛、羊，统统叫异生，生命功能一样，只是生命的作用、相貌、业报不同。

他说：这个法门是引导这些众生，在具足圆满殊胜的时候，使他们到达大解脱成就的佛的国土，这里用"城"。其实，你懂了这个道理，叫如来国土也好，叫光明也可以，叫常寂光土也可以，随便你变化，意思是使一切众生进入大解脱领域，所以叫"车"子。

"《集经》云：谁乘于彼，令一切有情，皆入涅槃。如是所云也。"再引用佛经上说：大乘这只船或车，是哪一个人乘的呢？不是给诸佛菩萨乘坐的，是给一切未成道的众生，一切有情，使他成为佛菩萨，皆入涅槃。注意！这部车子，你如果悟了道，不要坐了，应该让位，给那些在车站上等的人坐。

"清净者，无有罪垢及法尔菩提心中，示一切法清净，清净平等大圆满道是至上，故名为清净也。"这句话注意哦！什么叫作"清净"？一点罪垢没有，一点脏的都没有，"诸恶莫作，众善奉行"，为善去恶，是纯善的境界，没有过错，以及法尔菩提心当中的无缘之慈、同体之悲。法尔的大悲心，表示一切法本来清净，不是你把它清净得了的，是本来清净的。所以，清净本性，是自性平等，清净平等，这个大圆满道是"至上"，至高无上，所以叫作清净。

"《真实名集》云：此乃清净微妙道，如是所云也。名称者乃系属字，示连接前后意义之字也。"清净这个境界，圆满清净，至微至妙，不是你去修来的，而这些至微至妙的清净是形容词，都是连接的宾词，不是主词。

"又于何安名？禅定休息者，乃名意义之部分。清净车者，乃名喻义之聚合也。"这是两个逻辑观念，禅定叫休息，透过名称的含义，又叫作清净车解。这些名称是比喻之词，把清净禅定境界，比喻为清净之大车。

由这些地方，你们研究佛经，看佛经的文字结构、文章的作法，那是非常科学的，几千年前，就这样有逻辑条理，这是一般人很少注意到的。写论文照这样的方法，非常清楚。实际上，现在不论中外，除了科学论文以外，我发现人文科学，没有一本论文像佛经这样条理分明，这样上下清晰连贯的。你们看一般世俗大的论文，似乎上下连贯，再仔细一看，毛病就出来了。而每一部伟大的佛经，不管多少卷，上下画一个表，那真是条理井然，大家要注意这一点。

敬礼的内涵

"二、礼赞，其略示前已示竟（见心性休息中）。又广示，初与体合解。"现在说本法门第一篇第二点"礼赞"，这个在"心性休息中"已说过，所以不再另加解释。"广示"，是广大的开示，开示是佛学的名称，就是打开来演示，用言语来表演，指出来给你看，示现出来给你们看，联结起来叫开示。

"夫具德者，乃自然之智慧也。"圆满具足福德智慧，叫具德者。所以说，想明心见性，但悟不了；就因为你想悟，所以悟不了。悟了以后，你晓得本来如此嘛！那是自然的智慧，并不是你修来的。

"普者，三世皆无迁变。"过去生没有变动，现在生也没有变动，死了再投胎未来生也没有变动，本性跟着你，所以，"不生不灭，不垢不净，不增不减"。你下了地狱，上了天堂，它都跟着你，你只要认得它，认得了你自己，你就成佛了，跳出了六道；认不得，它陪你下地狱，陪你升天堂，陪你变猪变马变狗，变女人，变男人，本性没有动。所以，叫作不动尊，这就是"三世皆无迁变"。

"身及智无离聚之密意，由妙贤（妙善）而不动。"我们现在的肉身，是生命一个重要的部分，我们最怕这个肉身死掉。其实，这个肉体有什么稀奇呢！这是个虚壳子，但是，你一旦进入这个躯壳里头，就出不来了，这也像是弥勒的楼阁，没有门哦！进去了也出不来。这个里头本来虚无！把自己解剖分析，里头哪里有个我呢！我在哪里？找找看！

"无物可离虚壳外，有人能悟未生前"，这个人可惜是古人，如果他是现代人，我非要请他喝一杯酒，至少要请他吃一碗猪脚面线。台湾本省人习俗，请客常常是猪脚面线。这两句诗真好，他说得真透彻，人这个身体是虚壳哦！现在住进这个房子的就是你，这个身体是物质的一部分而已；而这个智，则是另一部分哦！这两样配合一起就是身心。"身及智无离聚"，不生灭，要想使"身、智"永远存在，那可是工夫了！就是道家所谓的长生不老，与天地同休，日月并寿。

密法修成功，法、报、化三身，留形住世，可以永远存在，所以，《法华经》上多宝如来永远在。如何永远在呢？"身及智无离聚之密意"，真的密法是在这个地方，这是密中之密，用方法使身及智聚而不散，则永恒常在，使身与智要聚则聚，要散则散，等于道家所说的"散而为炁，聚而成形"，一切由我自在，你就成功了。"由妙贤而不动"，妙贤也翻成妙善，就是文殊大智的境界而不动。

有人说我是学禅宗的，其实我什么都不宗，我只是学佛的人，要学佛就取法上宗。但是，我也不是密宗，密宗也只不过是作为我的参考而已。

"敬礼者，了悟此义之谓也。"你跪下来磕头没有用，你对佛的真供养是"法供养"，佛希望一切众生成就，你真的用功到了，这就是对佛最大的敬礼。

"与道合解者：具德，乃自性菩提心全放（一切放下），法身密意也。"具福德圆满、智慧圆满，把自性的大悲心、菩提心完全放下，放下的也放下，空的也空，这是"法身密意也"。共有两层，第一层身与智无离聚之密；第二层自性菩提心全放，这是法身密意。

"普者，常时于此境中而不离也。贤者，未离法身境中显现一切有情本自解脱大圆满境界也。""普者",证到了这个,永远在这个境界中。什么叫普贤菩萨之贤?这个贤也叫"现",现在之现,呈现之现。什么是呈现?就是现量境,我们这个世界,一切万有,皆是阿赖耶识的现量;我们今天的身心,也是自己阿赖耶识的现量。其实,你说我们现在堕落了吗?沉迷了吗?没有!未离法身境中,自然呈现。一切有情本来就是在解脱,何必求解脱呢?所以,二祖告诉三祖:谁来束缚你?他就悟了,因为本自解脱。有人捆你,你才求解脱嘛!你说我业重,被绑起来,不能解脱,谁把你绑起来?是你自己绑自己,自己捆自己,所以不能求佛,不能求菩萨,只有求自己解脱,这才是真正的大圆满。

"敬礼者,精勤达到法尔中之修法之谓也。"你恭敬老师,顶礼老师,这些外表形式不必要,你要真正的下工夫勤劳去修,达到了自然本有之性,明心见性;修到了,才是真正的恭敬顶礼。

"与果合解者:具德,是无始本觉也,乃生死涅槃诸无上达到,而于顿成宝秘密孔中(法身中),内明身智无离聚而住者也。"证到了果位,福德圆满、智慧圆满,这就叫作证得了本觉,依教理本来就是觉悟,觉者佛也。密宗之大秘密,讲无始本觉,这个本觉是什么意思呢?就是生死涅槃。生死是凡夫,涅槃是佛,这是一体之两面,是由无上修持、无上智慧、无上功德才能达到的。达到哪里?可以顿成,达到立地成佛的秘密的这个孔里;也可以叫这个是法身的境界,这是个秘密的秘密,等于道家讲守窍,窍也是一个孔、一个洞。

不要把这个孔洞解释成有形之洞,这是无形的洞,万事最清净是在空洞的境界。如果解释成有形的,你色身的体内,都有那个秘密,打开了以后,心窍的秘密打开了,你就彻悟了。他说,这个是内明,身与智无离也无聚,到这个境界,坦然而住,你就成就了，成佛了。可是，非要身智两种庄严的秘密孔打开不可，气脉也要打开的，法身空性也要打开的。

"普者，于彼境中示密严，具五决定庄严者也。"秘密的庄严具备了五种决定：一、处，无上密严庄严土；二、本师，圆满受用身；三、眷属，得地三菩萨；四、法，大乘；五、时，常相续轮。

"贤者，由彼境中以大悲心变化六能仁（六道中度众佛），调伏于六种众生处。""六能仁"不是六通，是度六道众生的佛。有时候成了佛的，还投生畜生道，他故意进入畜生道来度畜生。成了佛的人，比你还要忙，你以为他真在那里清净吗？成功的人比凡夫忙得多啊！不忙的人是凡夫，凡夫才不忙，佛菩萨忙得很，因为，他在彼境中以大悲心变化成六道众生，来调伏六种众生，所以叫"六能仁"。

"敬礼者，恭敬献呈也！《秘密心要》云：智界不别故，以大悲连接，于六种众生，时处无尽现，如是所云也。"真正成就的佛，智慧与一切法界六道众生没有分别。"智界不别故"，成就了的人，他不管地狱不地狱，他看下地狱等于到极乐世界一样。他的大悲心接连不断地一个接着一个，在六道众生中，无穷无尽的时间，利益度化众生，十方世界，没有哪一处不到。你们要想学佛就要学这种精神，如果想躲开世界去成佛，成个鬼！鬼才躲开这个世界！这本经与《秘密心要》都告诉你了。

"敬礼广说者，自性本寂等句连以天空现日，乃赞佛及菩萨，是具有色之庄严语也。"真正的敬礼上师，敬礼佛，是要你自己成就了，证得法身空性，自己自性上的起用，万里晴天无片云，阳光普照，照遍三千大千世界，这就是佛菩萨成就的境界。那不是一句形容词，硬是有色相可以给你看见，那么庄严，所以在色界天才能成就。

为什么我经常注意到你们脸色不对呢？我们本身就有三界，腹部是欲界，胸部是色界，头部是无色界。你这个小色界都转不了，东一堆黑的，西一堆黄的，六道轮回都摆在脸色，可见你一天都在六道轮回里头转，色身不庄严。如果具足了如晴空日月那样的光明，就这么照下来，那个色身是庄严的，所以说，一望而知，你那个色界是对或不对。这是讲小的，大的更不要说了。

"三立宗者，为诸贤劫等句，其所作者，以其自性所说之严饰允许为解说敕论之义也。"他说，这个法本传下来，是为了这个贤圣劫当中，对一切好的法门做注解，是帮助修行成圣的人解说，但是，没有悟道不要乱说，悟了道的人，才可以做这个注解。

"其入境体义，及一切圆满结义，乃如其解释及摄义者也。"这是结论，就是使你们成就，这是解释这本法的人——龙清善将巴所做的序论，下次就开始讲本法门。

第二讲

惶惶对法王
普贤如来　身智合一
不变的光明清净
是智慧 非工夫
环境和季节
修行的处所

第二讲

今天开始《大圆满禅定休息清净车解》的正式法本研究。像这一类的法本，在密教本身是看得非常严重的。换句话说，修这个法门的人，先要检讨自己功德是否够。所谓功德的问题，学佛首先注重修"行"，就是"行门"的功德，自己的功德是不是够，这是大家首先要检讨的。

惶惶对法王

很多年前，曾在杨管北先生家里讲过这个法本，但听的人只是当文字听过去而已，没有确实去做。后来又讲《华严经》，参加的人，老实说，听过如秋风过驴耳，听了就过去了，毫无用处。这也就是我经常感觉到的，一般学佛的人，因为自己功德行愿不够，所以用功不会有进步。这一点大家要特别注意。一般所谓用功不上路，光想在工夫上求，是求不到的。"行"的功德没有实践，大家为己的心思多，为别人的心思太少了。所以，如果这样能够成佛，实无天理，那我也就不学佛了。修行第一讲"行"，行门是要利世利他，不是先利己。

诸位手边有我的诗本，诗与文，我素来并不好，不过，平常也喜欢作作诗。以前我在北投杨先生那里，讲完了这些，也讲完了《华严经》（一九六八年十月廿八日），在回家的路上，心中非常难过，当时就作了一首五言律诗。现在提出来，只是跟大家介绍行愿的道理，不是跟大家讲文学。

蓦忆平生事　秋风拂面凉
不堪尘扰扰　何况世茫茫
戚戚存悲愿　惶惶对法王
凄清终古月　寂默照炉香

那时正是秋天，忽然回忆起我这几十年当中所做的事，看起来都在弘法利生，大家也跟着学佛，究竟学得如何，个人肚子里有数。当然，以诗的立场讲，是有很多牢骚、很多的愁烦、很多的不满。这四十个字当中，就是对于听者不满，对于自己不满，对于佛法以及时代文化之衰败与低落，更有无限的感慨。

这一首诗作得并不好，中间的四句对仗，都是双声迭韵，照中国作诗的规格讲，是有问题的。但是，我这个人素来是不守规格的；因为，照规格作出来的诗，修整太厉害了，就有一点作假了。当时作得很自然，现在事隔多年，我经常夜里也念自己作的诗，"不堪尘扰扰，何况世茫茫。戚戚存悲愿，惶惶对法王"。后两句"凄清终古月，寂默照炉香"，无限的凄凉，无限的寂寞，也无限的孤独；感觉古来的大道，都是非常凄凉，真正向道德路上走的，几乎没有人可以走，也没有人愿意走。自己回到佛堂点一支香，正巧月亮照到香炉，四顾无人，感慨真修行的人没有找到，接佛棒子的人更没有。

今天一早我就一直骂人，好像比虚云和尚骂得还厉害。虚云和尚骂人，是从山门外骂到厨房，转一圈又从厨房骂到山门，一路骂下去，而且，庙子很大，全山到处骂遍了，看到谁都骂。今天，我也大有这种味道，当然，也是由于感慨的地方太多。

普贤如来 身智合一

　　　　大圆满禅定休息清净车解。印度语,麻哈、生底、德拿、毕辛达、萨耶、哲底、饶塔、必宿打、噶、拉马。西藏语(今译汉文)名称大圆满禅定休息清净车解。敬礼具德普贤如来。

　　这个法门是从普贤如来的系统下来的。在密宗,普贤如来叫金刚萨埵,是最大的一尊佛。这个"大"并不是阶级的大小,不像世间法地位之高低,而是愿力最大,心境最大。所以,显教《华严经》,最后称普贤是大愿王,重点还是在于行。密宗修法的程序上,先是皈依上师,然后才皈依佛、皈依法、皈依僧,而以上师的传法为尊。

　　这个法本的本师普贤如来,有些初学佛的人,也许要问,我们只晓得普贤菩萨,怎么普贤也称如来?在佛教有四大菩萨,文殊代表智慧,普贤代表大行,观音代表大悲,地藏代表大愿。没有行就不对。这四大菩萨,早在释迦牟尼佛以前已经成就,因为释迦牟尼佛降生在娑婆世界成佛,四大菩萨凭他们的愿力而来辅助,现身为佛的大乘首座弟子,所以称为菩萨。此处称为普贤如来,是以过去已成就的名而称。这个法本,是向上追溯到释迦佛以前的诸佛菩萨,都是依此而修成佛道,而且强调以"行"为主。现在看经文后的小字解释。

　　"自性本寂离戏之空界,顿成身智自性极妙严,诸作千光照摄调伏界,佛子智悲如日喜顶供。"首先认识自性本空,不是你去空它,是本来寂灭,不必另求涅槃。真正依密法来讲,等于显教禅宗悟后起修的道理,悟到了自性本空,即是离戏的境界。

"离戏"、"戏论"都是佛学术语,你认为本性是空,就落在一边;认为有,又落一边;即空即有,亦着一边;非空非有,亦是一边。这四边都是儿戏的话。实际上,自性说是空也对,有也对,非空非有也对,即空即有也对;换句话说,空也不对,有也不对,非空非有也不对,即空即有也不对。所以,一切皆是戏论,离戏论就是道。本来如此,这个道理要注意。

所以,大家坐在那里,拼命想断妄念,那是你自己在玩游戏;那你说我不断妄念可以吗?那更在游戏。所以空、有、非空非有、即空即有,都是在儿戏境界。换句话说,没有成道以前,念佛、持咒、修定,各种法门,都是在儿戏境界,自己跟自己过不去;真悟道的人,坦然而住,本来就是,自性本寂,离了戏论自然空。空只是形容词,有个空的境界,又是戏论了。

如果真明白达到自性本空,言下顿悟的话,顿悟就顿成,当下三身都成就了。顿成什么?身智合一。上次讲过,有些人理论上好像悟了道一样,天台宗讲那个是"理即佛",你悟的道理是佛的道理,可是你没有证到啊!所以没有用。也可以说,这只是相似于佛的境界;光是智到了没有用,要身与智合一,身是四大合拢来的。

显教的道理不大管身体,既然悟道了,何期自性本自具足万法,身体也在万法之内。但是你不要搞错了,"自性本空",你才不空呢!你空得了什么啊?自己骗自己,都是戏论。真空了,不但智空,身也空;证到了身空以后,身智还要合一呢!还要起用,所以是三身成就。智是智慧,是"法身";身是四大组成的身,也就是"报身";报身、法身都成就了,才起千百万亿化身之作用。所以,身智合一顿成,才是真正悟,是证道。

后世禅宗随便讲顿悟,悟了什么?很多朋友说我是禅宗,我不承认。我说我不是禅宗,而且我也不大同意禅宗;当然我也不是密宗，我也不同意密宗。我是一个学佛的人，什么宗都不管，那只是个方法，不是究竟。说到究竟，就是我们学佛要三身成就，光是意境上之清净，那算什么呢？那又何必学佛呢？读书道德修养高的人都做得到，尤其我主张大家学诗词，文学到了那个境界，心境自然会清净。就如在座的焦金堂先生，一天背一首禅宗的诗，已经背了几百首，可以出一本书了，一年就有三百六十几首，他心境自然到达了清净，这样由诗就可以进入。

但是，真正成佛的境界，是要转变色身的习气，身智俱成；身和智是一体的，也就是心物一元。这个心物一元的自性，由真空到达妙有，达到了美妙庄严的成就，才是佛法的极点。

一切的作为，像是千百万亿种光明，自然发出智慧的光明，"诸作千光照摄调伏界"，也可以说是有相之光，也是无相之光。成就了的人，你本身发出来千万亿种的光明，普照三界，摄伏一切的烦恼，调伏一切众生。"身智妙严"这四个字是成果，要注意！成果如何达到呢？要智悲双运，要智慧的成就，也要大悲心的发起。大悲心不是专为己，是为世为人，要真正发起利世为人的大悲心，当然不是动辄掉眼泪就叫大悲心。智与悲像两个车轮一样，必须双运才能起用。

所以说"佛子智悲如日喜顶供"，智悲双运是因，像太阳一样普照，达到了极喜的境界，达到了顶巅，这个法门是值得我们供奉遵守的。

"为诸贤劫异生众，由于其道解脱城，决定超出之法者。"这个法门是为了这个劫数中的众生，使他们在修法道路上，真正得到解脱，这是确定可以超出三界的法门。

"明此自性大圆理，清净车辂之解释。"这个法门是告诉我们，真正彻底地达到明心见性，得大圆镜智的成佛境界；这也是使我们真正得到解脱，而达到涅槃清净究竟之果的大车子。

"夫一切如来广大圣言之顶尖者。"每个法门都赞叹自己是很高的,这个法门也一样,这是一切如来最广大圣言境界,是至高无上最顶尖的法门。

"是自性大圆满法门故,其理真实。然于一凡夫实解如何受持次第,使达到所谓大圆满禅定休息究竟故,所以用此解释明白指示要门之理也。今初敬礼。"这一段文字易懂,不另解释了。这种法本,同《四书》等古书一样,小字是解释开始的偈语"敬礼具德普贤如来"。

不变的光明清净

本性等空清净界,胜法不动极离戏,光明心性菩提心,敬礼体圆无迁变。

这是偈子,我们看《华严经》《楞严经》等经典,在梵文的原本,都是先来一首诗歌一样的偈子,后面的长文是解释。后来传到了中国,以解释的长文为主,把歌唱的偈文放在后面做结论,恰恰与原始的方法相反。现在这个法本的翻译,是依照原始的方法,先说偈子,然后加以解释,这是印度梵文本的方式。

"盖大圆满之体者,乃心性自然之智慧。"这一句话就说完全了,什么是大圆满?明心见性才得到大圆满;真见到自性之体的时候,才是大圆满,也就是心性自然之智慧。

"不动离一切戏论之边。"心性之体,本来如如不动,本来是不动尊,不沾边,离一切戏论。住空境界也不对,住有境界也不对,空有都不住,自然而住,一切都不沾,就到了。这句话大家注意哦!你用功打坐,搞了半天,都在沾边啊!佛法是无量无边,大家坐起来都是有量也有边;岂只是有边,范围还小得很呢。

"其本体为绝一切分别遣除之性。"自性的本体是怎么样呢？当然，是绝一切分别，也绝一切的"遣除"。什么叫"遣除"呢？我们坐在那里打坐用功，妄想来了，讨厌！把妄想排开；念头来了，把念头排开。你心里都在遣除，都是用遣除的工夫。这就错了。所以，大家都是白用功，因为见地不够，见地方面不了解。本体本来是"绝一切分别"，也绝一切遣除；换言之，就是本来没有分别，用不着遣除，如果加上用工夫的方法去求道，早已经离道太远了。道本来是离一切分别，离一切相，本空啊！空到什么程度呢？

"空而如无方分之天。"空到没有东西南北，没有任何方位的分别，像太空一样，没有边际，无限的大，无量无边。如果你心里说，今天已经求证到那个本性了，那个境界是无量无边，那样想你早就该打耳光了，那已经是有量有边了；有个无量无边，那已经又落边了。

"明而如无遮障之日。"自性的光明，等于万里无云的晴天，一点也没有阴影的遮障。那么，自性本体的功德呢？

"功德如圆成本具之宝。"刚才讲修成功需要功德，明白了自性的话，功德本来有，自性上面具备了无比的功德，不是另外去修来的。六祖所谓"何期自性本自具足"，本自具足万法，也具备了功德。当然，在没有明道以前，你也不晓得自己有没有功德，所以不要妄自断定自己没有功德，也不要妄自断定自己本来已有功德。这个法本告诉我们，自性本体的功能是空的、光明的，也是具备万有的。"功德如圆成本具之宝"，"圆成"两个字，就是从唯识所谓的圆成实性而来。"本具"，是自性本自具有这样之宝。

"生死涅槃，何方未成？何方能现？"如果在显教，就会翻译成"生死涅槃，何方未了"。显教讲空的一面，所以会翻译成"未了"；密教是讲起用有的一面，所以翻译成"未成"。都对！换句话说，你明心见性以后，无所谓生死，既无所谓生死，你又何须要求证涅槃呢！你本来就在涅槃中嘛。"何方能现"，你又何必一定要求那稀奇古怪的功用呢？你本来就是道种。

"其体住于法界，若识自性真面，即以无迁变义而敬礼也。"自性本性，大家想求一个"体"，你求一个"体"早就错了。所以，《法华经》上告诉我们："是法住法位，世间相常住。"自性本体在何处得见呢？无处不在，哪里不可以见性啊？你明白了，处处可以见性；"其体住于法界"，住于法位，本来没有动过。若识得自性的真面目，那才晓得我们从无始以来，直到现在，没有变动过。

没有悟道是因为自己迷糊了，自己何以迷糊？《楞严经》上说："如人迷方，因方故迷。"等于一个人走路，把方向搞错了，因为有个方向观念，所以找不出东西南北；如果没有方向观念，根本就不会觉得自己迷掉了方向。这个道理比喻得非常妙，要在这个里头参。世上的人走路迷失了，因为有方向观念才使他迷掉了方向，相反的，你没有方向的观念，这个宇宙本来是圆的，你哪里会迷掉了方向？这个道理要懂得。这个懂了以后，就晓得本来无变迁。接着他引用《遍行本续》这本经典上的话：

"如《遍行本续》云：吉！汝导师教遍行王，三世佛性之法界，生死不舍悲无方，敬礼汝师遍行王。"这里的"吉"，是一位祖师菩萨的名字，如同《心经》里的舍利子一样。这是说：吉！你的大导师普贤佛教我的，我们的体性是无所不在的，起用时发救人利世的大悲心，发起利人利世之大行愿，过去佛、现在佛、未来佛，一切佛的佛性在哪里？本来在法界里。"生死不舍"，一般人学佛想跳出生死，觉得这个世界好苦，不想再来受生。这种人应该叫作愚痴笨蛋的学佛人，根本违反佛法的原则。

成了佛到哪里呢？涅槃！涅槃是钻到盘子里去吗？不舍生死！不舍生死到哪里呢？永远在法界中。所以，生生世世不舍生死，不舍众生，永远来救度，救度了也等于没有救度。所以你们在座学佛的佛婆婆、佛公公注意啊！一天到晚想专修，你要专修到哪里去呢？你哪里懂得修呢？都是乱搞一场。我骂他们是"佛油子"，一身都散发着佛味儿，真的佛法反而不懂。

"生死不舍悲无方"，不舍生死才是大悲心，也就是说，在生死轮回中救度众生。如果你怕吃苦头不来了，难道我不怕吃苦吗？我的苦头比你更多，而且一天到晚盯着你们，还要讲好几次话，那我不是自找麻烦吗？我吃饱了饭不晓得舒服吗？我这个精神你们不学，只晓得学自私，你到哪里找"佛"去学啊？你能学到像我这个"凡夫"的样子，就差不多了，还想学佛！

所以，"敬礼汝师遍行王"，你要敬礼你的导师普贤"行"，这个"行"愿最难了。嘴里讲大悲、六度，比唱赞子，比什么都好听，在行上一点都做不到，那怎么叫学佛？所以，他说，你要顶礼你的导师遍行王啊！

"《笃哈集》云：唯一心性诸种子，彼现三有及涅槃，所欲之果能与之，敬礼如摩尼宝心。"《笃哈集》这本经典上讲，你要知道一切唯心，一切心性的种子爆发了，就像善行的种子爆发了，大悲的种子爆发了，才可以谈到学佛。种善因得善果，种佛因得佛果。我们平常一天到晚在颠倒中，所以我现在规定，这里一个月两次，阴历的十五、三十这两天，举行"布萨"，就是严格地检讨自己的错误。现在规矩很严哦！参加静坐班的居士们以《四书》为戒本，出家人以真正的戒律为戒本，一条一条的绳子，越来越捆得紧，受不了的赶快告假。我后面还要捆紧，真学佛就要有这个精神。因为现在不只佛法，整个国家民族，整个传统文化太衰败了，我只好扮演这个角色，使你们警觉一点。道理是什么呢？学佛就是培养你心性的种子向善，善因才能得善果，而善因主要在于善行。

所以说，我们现在的物质世界、精神世界，欲、色、无色界这三有，以及佛所证得到的涅槃境界，都是一心的变相而已。跳出三界外，你跳到哪里去啊？有第四界可跳吗？假使跳得出三界外的话，你不是跳出自心外了吗？事实上，都还在自心中；不过，不受境界的变化而转，能定而做主。虽受"现三有"而不住三有，就是跳出来了。这就是涅槃，涅槃本来在这里，所以他说"彼现三有及涅槃"，你所要求的成佛之果，你懂得了这个，才可以拿得到。所以说"敬礼如摩尼宝心"，我们真正拜佛是拜什么佛？拜自己的心，拜自己的本性。不过，上面有一个佛像，因形相的影响，使你起一种景仰，最后回转来晓得不是拜他，是拜你自己，你的心是无价之宝。

"《宝鬘集》云：其如水置水，酥入酥随化，我之自证智，妙见如是礼。如是云也。又所作立宗者。"密宗、禅宗只是一个路线的问题，你哪里去真得到明心见性呢？你们打坐都怕妄念是不是？妄念怕什么？如水倒在水里一样，找到了，妄念哪里会把你们障碍住呢？笨死了。所以你们上座都是在冤枉用功，如水倒在水里一样，牛奶倒在牛奶中一样，哪里能停留！一天到晚坐在那里除妄念，吃饱了三餐饭，干空事，在造业，哪里是在修行！所以，修行要见地、智慧。现在直接告诉你们，这真是密法，水倒在水里，牛奶倒在牛奶中，你除什么妄念？哪里有个妄念？懂得了这个才是自己的"自证智"。唯识所讲的自证智，如果信不过，那就没办法了，你只好千生万劫修去吧！

所以，要顶礼自性，恭敬自性，学佛首先要得这个见地，妙见，要顶礼自己的智慧，"妙见如是礼"，这就是密法里的密法。

所以，西藏密宗恭维我们禅宗是大密宗，那是真正的大密宗，直指人心，见性成佛，现在都给你们指出来了。你想除妄念，除烦恼，就已经被烦恼骗住了。你不理它，那个烦恼"如水置水"，它本空嘛！如"酥入酥"，不理它自然而化；你想化它、空它，早不空了。这是普贤如来的境界"普现"，到处都呈现出来的，很容易看得清楚。

你说：这个道理我也懂呀！但我信不过。那你不要问我，你自己既然信不过，问我有什么办法！信不信得过是你啊！我没有办法帮你信得过。

如果你确实信不过，赶快拜佛，赶快磕头，赶快做好事，做到你智慧明利了以后，再回转来就信得过了。信得过是靠智慧，也靠功德，所以信心发不起来，是你智慧功德不够啊！

是智慧 非工夫

> 如来密意极希有，为各自证智悟故，摄集续论要门心，演所行持须谛听。

诸佛的密意是什么？一切众生本来就是佛，这是诸佛的密意。大家要信自心自性本来是佛，佛是要你自证，证到自心本来是佛，这要大智慧来开悟的。开悟开个什么？就是自己把关闭的、迷住的心，打开了，这是无上的秘密。你以为拿个咒子给你念念，头上给你滴一点水，叫作灌顶吗？灌个什么顶？天天到理发店洗头，理发师天天为你灌顶。灌了有个屁用！死了还是烂肉一堆。密法在你那边，真把密意懂得了，才是大密法，你们偏偏要重形式，好笨哦！所以，叫我们"谛听"，仔细听。

"夫自证智者，乃此要门之所言也，我当以所修习者，为诸后来者演说其义。盖此义为一切三世如来之母故。"注解这本经的人，发大慈悲，为后世有心修学的人，说出他自己的修行经验和道理。这个道理，就是一切三世如来之母，也就是说，依此义修习才能成为如来，三世如来都是从这个义理而诞生。

"《摄经》云：过去未来佛，十方所住者，共道波罗蜜，其他即非是。"《摄经》说，这不是众生之共道，而是十方三世一切佛成佛之共道，是波罗蜜多到彼岸的法门。如果，离开自心自性以外，还有法门可得的话，那是魔道、邪道；因为除了自性自心之外，其他法门都不是。

"彼又赞佛母云：不可言思智慧到彼岸，不生不灭如虚空体性，各各自证智慧之行境，敬礼三世如来之佛母。"佛母在哪里？就在这里。佛母这个境界，自心自性，本来是不可思议的。佛法说不可思议，这不可思议是方法，就是说，你要明心见性，不可以用思议去推测，不可以用逻辑的方法理论去思辨，所以叫"不可思议"。大家一讲佛学，就把这句话讲错了，在观念上把"不可思议"，变成"不能思议"。佛经上没有告诉你不能思议啊！只告诉你，不可思议，是遮止的说法，这个法门你不要乱修而修错了。

所以，大家一上座，不管修哪一宗的法门，都在那里思议，对不对？明明告诉你不可思议。这是不可思议，智慧到彼岸的法门，要了解自性本来不生不灭，它自体本如虚空，本来住虚空的。如果修持的境界上，造成一个虚空，已经不是它了，那是你妄心造出来的，是在那里思议出来的。所以每人要在自己的心地上着手，个个自证智慧，这个修行的法门，这个境界，才是一切佛之佛母，一切佛都从这个来。所以，我们大家念的《心经》说，"三世诸佛，依般若波罗蜜多故，得阿耨多罗三藐三菩提"，都要依这个智慧而成就。

"夫于此大圆满,若到彼岸,尚有何行?盖智慧到彼岸,即是大圆满也。"智慧到达了彼岸,就是自性真达到了大圆满,更没有另外修行的法门。所以,我经常跟大家说:佛法的成就是智慧的成就,不是工夫!工夫是境界,是智慧的附属。境界是报身,是色身。

"然安立为三世一切如来之真面,乃由彼所出生故。"所以说,"安立"为过去、现在、未来一切如来的真面目,都是由般若智慧所生。

"如《遍行》云:吉!我即无作如所有真实,离诸一切增益损减义。"所谓我,就是一切无作、无住、无愿,这是大乘的法印。如果是有所住、有所作、有所愿的境界,就都不对了。"我即无作如所有真实"是什么意思?如所有性,一切万法即真如,一切世间也就是佛境界。《楞严经》上告诉你"离一切相,即一切法","如所有真实",这是真实的。要注意哦!一切的世间法,此中要离开一切增益,就是没有增加。我们大家学佛都在增加,以为今天多打一小时坐,多念一卷经,多磕两个头,就多增加了一点功德,那是妄见!贪心!佛法是不增不减。你增不起来,也减不掉!你想把它空掉,空到哪里去?如果佛法有个东西给你空掉,那就不叫佛法了,那叫世间法。"离诸一切增益损减义"的道理,才是真正的真我,显教叫你"无我",叫你不要执着这个妄心生灭之我。妄心生灭,如何空呢?如水放入水里一样。

"三世如来皆由我生故。"所以,释迦牟尼佛下生的时候,就传了密法,一手指天,一手指地,说:"天上天下,唯我独尊。"这句话说完全了,三世诸佛就是我,这个我是无我,无我即真我。

"决定指示为如来佛母。"彻底地了解这个道理,这是诸佛之因，也就是诸佛之母。

"以上入所作本法前段之因已示竟，现说其本体分略示及广示二种。"下面再告诉你如来心性本体之相。

"初要门体之集要而略示者。"开始说的是简单的部分，上面是大原则，先要懂得顿悟法门，顿悟不懂的话，再告诉你渐修，这是秘密。渐修怎么修呢？下面就是"第一金刚理示修等持之地方"。

环境和季节

> 山巅树林海洲等，四时处及相合处，一心不动寂三昧，修习光明离戏者。处所人及行持法，由三种性而成就。

这和中国道家所讲法、财、侣、地的道理一样，第一修持要找地方，环境要舒服，山顶或树林海边，气候要好，得其地，得其水，"一心不动寂三昧"，得三昧境界。然后"修习光明离戏者"，要想得定，还要好的环境，才能得到自性的光明；"离戏"，是"空、有"这些乱七八糟的道理都去掉，证真佛。"处所人及行持法"，修行地、同伴及行持法，就是道家所说法、财、侣、地都要具足。"由三种性而成就"，一个人修道，渐修的开始，当然先要把显教、密教的教理都要学会，然后再说专修。有人一天到晚想住茅棚、闭关，有什么资格闭关？经教都没有通，修法更不懂，住茅棚还差不多，闭关怎么闭得住呢？关在里面享福，享完了福，来生变猴子、变牛。你以为我这是在骂人吗？大慈悲才给你讲真话，平常骗骗你，大家应酬一下，何必骂你！骂人很吃力的，你知道吗？

"彼诸欲求解脱者，于四时合意之处，平等而住甚深三昧，即决定成就。"想求解脱的，气候的调整非常重要。比如像今天的天气，大家都感觉不太舒服，为什么？湿度大，所以我赶快把除湿机打开，那个房间就像天堂了。外面下雨，湿度增加，你工夫不到，就妨碍气脉，毛病就来了。所以选四时合意的地方真不容易，其实要自己晓得调整才行。修法呢？要"平等而住甚深三昧"，诸法平等，谈何容易！如果能这样修，这一生必定可以成功。

"但何处为修习处，以何为修习人，及所修何法三者，为成就圆满之轨法，故建立金刚之理体也。"人的条件、地方的条件及所修的法，就是法、侣、地三种。先要得法，才能说你本身条件够不够，地点合不合适，所以渐修当中，要建立金刚之理、金刚之体、不动的道场。

"现于是等次第广为演说，于首方面，何处为修习处。先指示四时处之次第者。"下面经文先讲修习的地方。

> 初处寂静而喜愉，合诸四时之瑜伽；夏季雪山山顶等，竹木藤条草舍等，清凉处舍内修习。秋季林中山岩堡，温凉均匀屋及处，随合衣食与行动。冬则林内岩洞等，土屋低所温地处，随合衣食与卧具。春季山林海洲等，随顺温凉均匀屋，衣食行动极勤合。

密宗也教你们看风水，春夏秋冬早晚变化都不同，有些地方初住进去很喜欢，很寂静，很舒服；但是要坐一下，住一下，慢慢看，是不是真舒服。如果住久了非常烦，有魔障，那就不行了。有些地方开始并不觉得舒服，住越久越舒服，一定能得成就。密法告诉你，看地方非常简单，丰林茂草，百花开放，花木特别茂盛而又清幽的，一定是好地方；在那个地方，也不要你摆罗盘、看风水。这也就像看人一样，一群人中，突然看出一个特殊的人过来，把你眼光吸住了，这个人一定是人才。

"合诸四时之瑜伽。"夏天要找凉快的地方，像雪山山顶等地方，现在可以用冷气调整了，科学发明对修行人帮忙很大，从前没有冷气，夏天只好到雪山去修。夏天为什么用竹木、藤条？这一些都是凉快的东西，现在有冷气了，方便多了。所以现在修行人更有福气了，但要晓得调整，不要老是固执，有冷气也不肯用；或者一有冷气就成天吹，吹得很冷，不冷不叫作冷气，那当然中了冷气的毒了。冷气机是为了调整气温，凉爽一点而已。

"秋季林中山岩堡，温凉均匀屋及处，随合衣食与行动。冬则林内岩洞等，土屋低所温地处，随合衣食与卧具。春季山林海洲等，随顺温凉均匀屋，衣食行动极勤合。"温凉均匀才使你好用功，太冷太热都不能用功。"随合衣食与行动"，所以天天骂你们不懂得调整，修行人自己的身体有一点不舒服，就要懂得医药。开始学修行有那么容易吗？你这个身体随时都在痛苦中，自己又不懂得调养，生了病还不理，想靠打坐做工夫硬挺，你的工夫能挺得过去吗？很多笨蛋就那么干，自作聪明。在你没有成道以前，没有跳出三界外，尚在五行中，你那个肉体能抵得住物理的变化吗？要硬挺，真笨！有时候看到人那么笨，心里想活该！他要把笨当聪明，不是活该吗？

所以，此处告诉你，衣和饮食都要注意，自己也要晓得运动，经行的地方都要有。冬天要暖和的地方，树林内、岩洞比较暖和；现在不然，科学发明已有暖气了，所以要把自己保养得好好的。我经常讲，修道人是世界上最享受的人，最自私的人，最讲究的人，而且最爱干净。为什么爱清洁呢？因为不能让细菌进来而致病。所以你还没有修成功，不要自作聪明，一定要春夏秋冬四季殷勤照顾自己，要合适，才能修行。

"如上乃大上师胜喜金刚所作之甚深四季瑜伽修法中所示也。"这是大上师胜喜金刚传给后世修行人要注意的事。这一类的思想方法,在秦始皇以前,周朝的时候,中印文化已经交流了,也是中国五行思想与印度地水火风四大的观念交流。

"夏季乃火时,内外四大皆燥,故住所及行动应依清凉者。秋季乃风时,内外四大皆成熟,故应依清净分明之处所及受用。"夏天属火,秋季风多,二季应该如何,有些密法还没有讲。

"冬者乃水时,内外四大皆寒,故住处及行动皆应依温暖者。春者乃地时,内外四大皆向上生长,故应注意于寒温均匀之处所及行动。如是为住内外缘起二轮故也。"冬天属水,四大皆寒,要保持温暖;春季在五行中属木,它用地水火风四大来配合。这个地,并不是讲土地之地,就是说,地也等于是木,因为地是生长万物的,木则是生生不已的,是同样的原则。

何时应该打坐,或应该做何种运动,都要注意。"如是为住内外缘起二轮故也。"要内缘起,就是内在的修心,外在的色身也要照顾,要使色身圆满,因缘殊胜。

"如《时轮》云:外境如何,内亦如是。"《时轮金刚》这个法本,直接承认这个原理,就是环境会影响心理,所以没有修成功的普通人,要特别注意修行处所的选择。

"复次,指示何处为吉祥处所之差别者。"下面指出哪里是吉祥处所。

修行的处所

是故内外一缘起,依悦如意寂静处,山巅心清而宽广,醒沉处所生起应。雪山心清生起明,修观之处碍难少,林中、心住、心性生，修止之处最安乐。山岩厌离无常甚，清明力大止观运，河水岸畔心向短，决出厌离能新生，尸林力大速成就，无论生圆胜吉祥。

外在的环境要与你内心修行的条件相配合，这是因缘凑合，要你觉得高兴愉悦，一切如意；要在买东西也方便，而且绝对清净的"寂静处"山顶上修。前面境界好，眼界宽广，尤其在西藏雪山顶上一站，看这个世界一片白银，像琉璃世界，胸襟自然宽广。"醒沉处所生起应"，大昏沉的人，要跑到山顶上去修，以减少昏沉，保持清醒。

禅宗祖师有一个故事，明朝末年密云悟大师，得法弟子叫破山明，法名叫海明禅师，四川人。他参禅很多年没有开悟，而且打坐有一个大毛病，一坐下来就昏沉，话头虽在心里没有掉，可是就是昏沉。后来他听说密云悟禅师在宁波天童寺升座，于是他就离开四川，走了好几个月的路赶来参学。他是修头陀行的，也不住庙子，戴着斗笠，背着蒲团，随地打坐。到了湖北破头山，打坐修持还是昏沉。他想：十几岁出家，这辈子这样修持，又昏沉怎么办？最后他跑到破头山的悬崖边上打坐，下面是万丈深渊，心里想这样就不会昏沉了吧！若再昏沉，就要掉下去了。结果，照样昏沉，昏沉久了就掉下去了。这一跌，跌断了腿，所以，破山明禅师是个跛子。

后来到浙江，见密云悟禅师开悟了。不久清朝入关，密云悟禅师圆寂前，把衣钵交给他，要他维持下去。于是他赶紧逃回四川。秦良玉是他的皈依弟子，破山明禅师在乱世当中，跟着这女弟子打游击战。后来张献忠杀到重庆，杀人如麻，破山明请人带信给张献忠，要他停止杀人。张献忠说："那可以啊！叫禅师吃肉！"见了面，张献忠就吩咐人端了一碗肉上来，他拿起来就吃了。张献忠也守信用，就此停止不杀人了。也只有破山明才有这个勇气，这一段正史上没有记载，但事实上都是真的。

"雪山心清生起明，修观之处碍难少，林中、心住、心性生，修止之处最安乐。"在高山上修，容易进入光明定，这是因为环境的关系。所以中国道家说"神仙好楼居"，喜欢住在楼上。当然，古代的楼不是现在的楼，现代的楼，神仙才不住呢！四面封起来，空气不流通。要修观想法门，到高山顶上，清明的地方，没有障碍，才可以修。在森林里，心容易住下来，心境清净的境界容易得，要想修止得定，森林中、山林中最好。所以我常常说，禅堂光线不能太亮，太亮时修止不易得定；若要修止，光线要暗一点。

但是，他讲的只是原则，不要上当啊！山林里湿度大，坐久了容易得风湿，要晓得调整，所以，道家注重用"银汞、硫黄、石灰"，这些都是吸湿的。像我在峨眉山闭关时，就买青冈木烧的木炭，放在屋内吸湿气，半年后用炭生火，炭中烧出来许多水。生石灰与炭都是吸水分的，这是我传给你们的密法，是上过当才知道，多少辛苦得来的，讲代价都是很贵的；就像吃药，也是吃了很多才知道的。如果在树林里头修，太阳下山后，就赶紧把窗子关上，早晨四五点钟太阳出来才可以打开。因为树木在阳光照射时，才会吸碳吐氧；没有阳光时，树木和我们人一样，是吸氧气，排二氧化碳气的。所以，越是树木茂盛的地方，夜里空气越坏。

我平常传你们法，随便讲，你们不稀奇；如果要你们磕了头，拿了红包，然后再告诉你们一点点，你就当宝贝了。人就是那么傻，我在法布施，你们得到了要晓得珍重，要知道恭敬自己。

林中为什么身心容易定呢？"林中、心住。"像我学佛与你们不同，我也在山林里头住过，我自己就研究过，山林里头湿度大，心反而容易定，因为阴气盛，念头不大容易起；不过并不高明，因为还是受外境的影响。这是我传给你们的秘诀，你们一辈子也求不到。为什么你们一辈子也求追不到呢？因为，你们也不会去住山，也不会肯下这样的工夫。你们学佛要求的是什么呢？最好打坐三个钟头，就有了神通光明，然后觉得上对得起三世诸佛，下对得起后代子孙，哪里肯吃一点苦头！哪里肯牺牲世法上的功名富贵和享受！要知道，种什么因，得什么果，很简单。我专搞这种事，当然懂这一面的事；你们专搞那种事，当然懂那一面的事。"林中、心住、心性生，修止之处最安乐。"虽然他是那么赞叹，也不尽然，也许是因为西藏地区的关系，我把其中的利弊告诉你们，不可以全信，不可以不信。

"山岩厌离无常甚，清明力大止观运。"住山洞也不是任何山洞都可以乱住的，各处地理条件不同，不可乱搞。在中国而言，山西纬度较高，那个山洞都是冬暖夏凉，那就可以。这个法本，是印度北部与中国西藏，那当然可以；冷气暖气都不要，自然调整。在东南区域住山洞的话，那你是想死，住上三个月，一身都发黄疸病，湿气太重太重了，不要上当。这又是我的秘诀，多少辛酸过来的，不是简单的。当然，在山上住，越看人世间越没有味道，所以可以止观双修。

"河水岸畔心向短，决出厌离能新生。"水边林下，假使在湖南洞庭湖边，那湿气很大，要注意！五湖边上湿气都大。但是，在湖边河边打坐，我试验过很多次，尤其年轻时在西湖边上打坐，月亮出来，水边上一坐，清潭月影一照，那个心境自然空了。可是，要防止湿气侵入，必须注意保暖；尤其你们出家人，光着头，一定要戴观音兜。在河水边修定，心里容易清净，就是水边林下容易有出尘之想，对于人世间自然会生起厌离。

"尸林力大速成就，无论生圆胜吉祥。"最好修行的地方是乱葬岗，棺材破了，白骨出来了，在那种地方修成功最快。尤其修白骨观，经典上记载，成就的四果罗汉，几乎都是从尸陀林中修出来的。同时戒律中也可看到，有些比丘住在尸陀林里，照样地起贪嗔痴慢、淫欲、发财之念，看到白骨也风流，看久了都一样。但是，初修者在尸陀林中最好。所以，显教、密教再三赞叹尸陀林。尸陀林找不到，至少是在冷庙孤僧之处，凄凄凉凉的地方，那才是修道的好地方。如果怕凄凉，有悲感，你就不行了，要能安于凄凉，才会有成就，真的。所以，你们大家学佛是学着玩的，我陪你们玩玩，你们也哄我玩玩，如此而已。哪里有人真的学佛？把你丢到尸陀林试试看。不要说是尸陀林，今天晚上把你送到阳明山公墓打坐，你有本事在那里打坐的话，我就服了你。如果在这种地方办不到，过不去，你就免谈了，还说什么了生死、不恐怖。你坐在房间里，电灯一开，沙发一坐，多舒服！说在墓地上修道，就发抖，你还说想修行吗？门都没有。

所以他说，只有在尸陀林修的，无论生起次第、圆满次第，很容易成就，显教、密教都再三赞叹。如果有人说要学神通的，第一步先学会在死人棺材上睡觉，才能告诉你修神通的方法；去不掉生死恐怖之心，你能修得成功，那才怪呢。

"此等住处，初学或中学或圆满具足之瑜伽学者，按如所说。"中学是学到一半。应该注意的事项，前面都说过了。

"知依地步而行，则殊胜之见定能增长成就。"要知道外界的环境可以影响心理，依地而有不同，一步有一步的工夫，要修心境空灵，必须在高处；欲使心境凝定，要在低的地方；光线、处所、气温，都要晓得调整，我们凡人只好靠外界影响自己。如能按照这个修习步骤努力，定慧才能增长，才会悟道。

"盖是等住处之功德，能为修道之伴助故。"上面讲的是住处的功德，尽管说物质环境不是道体，但是，初步修行还非依他不可。

"又人各随其功力，依所知之处者。"下面讲的是配合你的工夫，配合你修道成就的程度。

第三讲

不合适的修行处所
四种坛场
光线与修行
修止观的地方
谁是法器

这里《大圆满》是讲地点的问题，实际上与道家的观念有相同之处。

不合适的修行处所

城市、空房、一树等。人、及非人、部多、行，初学散乱而障碍，坚者能助赞为胜。庙宇梵塔魔王处，心乱妄念嗔等生。沟穴诸等女妖处，沉掉太甚贪欲生。一树等所女空行、岩、及山头、魔鬼、处，谓心扰乱缘碍多。秽神、恶龙、地神、处，湖边、草地、树、药、林，适意花木庄严者，初喜后即碍难多。

初学修行，在城市中是不容易的。那些很久没有人住的空房，或古老的房子，或是庭院中只有一棵树的房子，都不好。因为住在这种地方的，有人、非人、及"部多"——就是变化鬼。在这种地方修行，初学的人，容易散乱，障碍重重不能进步。除非出家的头陀，或有道之士，有定力的或道力坚固的人，才能够得殊胜成就。

"庙宇梵塔魔王处，心乱妄念嗔等生。"有些神庙，乃至有些佛教的寺庙，古老的梵塔，等等，也不一定适于修道，因为有些是魔王所住的。魔王当然会化成出家或者有道的人，不会直接现魔形让你看见。如果在这种地方修行，也容易散乱，而且越住烦恼越大，脾气越大，不行的。

"沟穴诸等女妖处，沉掉太甚贪欲生。"有些房子前面，有特别的阴沟，有空洞的穴道，这些地方容易有女性妖怪居留，修行也不容易得定，不是昏沉就是掉举，而且淫欲之贪念容易生起。换句话说，湿气太重的地方，修行也不行。

"一树等所女空行，岩、及山头、魔鬼、处，谓心扰乱缘碍多。"所谓空行，就是能飞空自在，变化无边的，其中有好的，也有坏的。有些旷野、高山上，山涧上，多树木的丛林，好的地方是女性成就的空行母所住；但有时候是邪道所居的，比如说是夜叉。中国翻译的夜叉，不是鬼，也不是神，而是非人；是与人类不同的生命力量，神通本事皆比人类来得大。男夜叉都很难看，叫作夜叉；女夜叉又叫罗刹女，很漂亮的。罗叉也是夜叉的别名，稍稍变一点音。山岩及山头并不一定好，是魔鬼所住的地方。这些地方，你开始住进去蛮好，好像可以修道，慢慢地心被扰乱，障碍的因缘特别多，永远不能成道。

有一个和尚，在大陆出家，住了几十年茅棚，在香港大屿山也住了二三十年，杨管北先生没有过世以前，还特别请我去住他的茅棚，为他打七。现在事情已隔了十几年，昨天收到他一封信，我也懒得回信，如果是一个笨人，住了几十年茅棚又有何用？我告诉他：你住的茅棚，地方不好，修持也不对。你们以为修行很简单，大家就随便讲修行，注意哦！心行没有变，那是白修行的喔！随便讲修行，是不容易成功的。所以，找地方也要注意，"岩、及山头、魔鬼"等等地方，心容易扰乱，碍缘非常多。比如，那个茅棚和尚，几十年也没有把道理弄通，又有何用？戒行好，行持好，理不通透又有何用？

"秽神、恶龙、地神、处。"这种地方，看来像是修持的好地方，高山顶上，独木一林，风景好、清净；可是，心扰乱障碍的因缘特别多，而且这种地方不算是好的正神所住的，而是秽神、恶龙，乃至于地神的所居处所。神的种类很多，包括地神，也是一道，都属于天道和阿修罗道当中所变的。

"湖边、草地、树、药、林，适意花木庄严者，初喜后即碍难多。"像水边林下，丰林茂草，很好的树，乃至出产药材的地方，你躺在地上一看，地面上那个草长得特别有一股气象。这种地方，你开始一看，欢喜得很，住久了也不好。这种地方，要自己去体会。下面是注解：

"上为世间天魔凶鬼者所住，彼等处道力坚固之瑜伽者，方可以之而住。"当然，你有道，有定力，地狱中都可以打坐，魔鬼之中都可以修行。这里是讲初学的人要注意的，若是你有功力了，那又另当别论。但是有功力的人，虽说扰乱影响不了他，但受扰乱也是很麻烦的。在一个坏人的环境中，虽然你不会变，不动心、不动摇，但是，坏人总归是坏人。坏地方总是有麻烦的，除非你有愿力，想度这些坏的天魔、鬼怪。你如果有这个愿力、定力，那就可以。

"以外初修学者，若作常住处所，则不可也，故应当舍弃于是等处。"开始修学的人，不可以住上面讲的这些地方；就像普通房子一样，不对的硬是不对，你硬要去住，你就去住吧！多病、多烦恼、多出事情，你愿意去干，这叫"业"。当然，我也常干这个事，我几十年住的房子，从来没有好风水，我不在乎，我懒得去找，魔也好，鬼也好，我这个人也没有道，他是鬼，死了我也是鬼，与他一样。但是，你们不要乱搞哦！这个东西不是好玩的，普通的房子也是这样，初学的人，绝不能住这些有问题的地方。

"若夫常住之处，如严天药龙及喜向善法之非人所住之地，乃妙善也。""严天"是指庄严的天人，他们所住的地方，乃至于善心的药叉，及天龙所住的，还有些是鬼神住的地方，是好地方，鬼也有好鬼，魔也有好魔。"喜向善法之非人"，非人不是人类，可是有些非人也喜欢修道，那就可以与他们同住一起。

我年轻时，在峨眉山上住，有个和尚朋友告诉我，他在峨眉山的最高峰冰雪岩专修的一段轶事。山上一年到头都是冰雪，这个地方很好，四面有水，山高水深，流水很大，是由雪山上融化下来的水。山上有如一个小岛一样，传钵老和尚在此盖一个茅棚。传钵老和尚与虚云老和尚齐名，都是禅宗的泰斗，他因为被一个人追杀，就跳下舍身崖走了。老和尚走了以后，山顶上有一个狐仙，就住进去了，为老和尚看房子护法。这位法师进去住，先向它祷告，也得到许可。他怎么得许可呢？法师告诉狐仙：我把香摆上，如果不行，你就搬动一下，我明天来看！结果，都没有搬动。住进去以后，他在楼下拜佛，狐仙就在楼上也拜佛；后来他搬到上面拜佛，狐仙就跑到楼下拜佛，反正避开他，也不扰乱他。这件事是证明非人之类有些也是修道的，可以同住，当然有缘最好，等于得到护法。

"因能成顺缘，并能护不生违缘故。又观察住处者。"这个地方能成为顺缘，使你修道不会有障碍。下面再说如何观察住处。

> 总言住屋初适意，渐熟不喜悉地微，初畏不喜渐熟喜，力大速成无障难，较此他平（平常）无损益。

总而言之，你住的地方，开始非常欢喜，稍稍住久一点，环境熟悉，越来越不喜欢，说明这个地方对你并不利，地利很微弱。有些地方，开始住进去，空空洞洞的，使人有些害怕，不喜欢；越住久越喜欢，非常留恋。这种地方，与你有缘，力量大，使你很快地能成就，没有障碍，没有灾难。除了这两种以外，有些住进去，也没有好或不好，可以住。等于一般住家一样，大家住久了，也无所谓好，也无所谓不好，这些都是平平，谈不上好坏，只不过是个房子，可以住人就是，对于"地"的利没有什么帮助，无损亦无利。

"此乃最为紧要，若观察半月，即决定知之。"盖庙也是同样的道理，当年大陆上的大丛林、大庙子，那些出祖师的地方，一看气象就不同，这是适宜于修道的地方。

是故依处内心变，加行增减有二种，故说应勤观处所。

一切处所，外境都会影响你内在心理的变化，地点也是加行道之一，地方对了，你道力增加；地方不对，使你道力减退。

"又秘密道次第云，处所之性相，如是生出有加行增长与不增长二种。"所以说，修道的处所先要仔细观察，知道有益或无益。这只是讲看不见的一面，看得见的还有道伴的问题，没有道伴也不行，不好的道伴障碍就多，所以必须慎选。

"今略示四坛处次第者"，下面讲四种密法坛场。

四种坛场

复总四坛处分四：息处于意顿然住，增处意适有光耀，怀处夺意得贪爱，诛处心扰生怖畏。分门无量而离边，此乃三昧静胜处，余诸文繁不广宣。

任何一个密法都有四种：息、增、怀、诛，就是息灾法、增益法、怀服法、降伏法。任何一个密法，都包括这四法，这和喜怒哀乐的道理一样。像中国画的白衣观音，就是息灾法，增益法是黄的，怀服法是红的，降伏法多半是黑的。所以如果要修庙子，除了禅堂以外，还要有密场、关房，甚至于息、增、怀、诛四种修持，都要有坛场，密宗的坛场就是道场。

修息灾法的道场，要选的处所是"于意顿然住"，就是你一进入那个环境，意识自然清净了，这种地方，非常适合于修息灾法。"增处意适有光耀"，是增益法的坛场，那个环境特别地光明清净，使人心意舒适。"怀处夺意得贪爱"，就是适宜修怀服法的地方，一进去你的意念就被它夺去了，被它吸引住，而且会非常贪恋这个地方。等于青年谈恋爱一样，乌龟看绿豆，看对了眼，非常喜欢，眼光都离不开了。旁观者一看就知道，这两个家伙要谈恋爱了，魂都被勾去了一样。修怀服法的地方，不是教你们谈恋爱的，这是比喻给你们听。"诛处心扰生怖畏"，修降伏法的地方，那个环境一进去，你自然心生恐惧。在座年轻的人，读万卷书，行"半"里路也不到，哪里能看到这种地方！大陆有些地方，真是一进去，那个情境气势，那个风景山川，意念就被夺走了。有些地方硬是恐怖，一站到那个地方，全身毛孔都悚立起来了。

像我家乡有一个地方叫道士岩，碧绿万顷的一座山。我们小时候，一早起来就看那座山，很好玩，因为朝山烧香的人很多。和尚们早晨诵完经，把头伸出来，先看山脚下的人群长龙，数数朝山的香客有多少，才好准备午饭。山脚下的人由山路一盘一盘地走到山顶，他们的饭正好也准备好了。那里头有一条天成的石龙，从鼻子源源不绝地流出水来，那水天然的冰凉，非常甜美，再多的人也喝不完。可是，那些烧香的香客，谁也不敢对它不恭敬；如果你吐一口痰在水里，水马上停止不流了。和尚赶紧烧香拜拜，敲打法器，它才总算一滴一滴地慢慢流出来。就是那么怪，这个道理科学研究的也不知道。那个龙的地方，我们一进去毛孔就立起来，会起恐惧，就是阴森，令人肃然。像这样一些地方，修降伏法最好。

妄念多的人修道，在这个地方打坐最好，你自己不敢乱想，乱想就看到那个龙，像活的一样，眼睛像在瞪着你，当然住久了，像那些和尚们，也无所谓了。

"分门无量而离边，此乃三昧静胜处，余诸文繁不广宣。"总而言之，这是一个简单的说法，大概跟你们讲一讲，详细没有讲，不要认为听了这个，就是学过了大圆满，不要瞎扯，我也要留一手，不可随便教你们。真的，不是跟你们开玩笑，我还在考察你们。详细说的话，多得很，佛法没有那么容易，如果你们只稍稍听一点就会了，那我几十年不是就白搞了吗？所以，要分门别类地讲，有无量无边。这是对学道的人说明，初步要想修定得三昧清净，什么是最好的地方，什么是不好的地方。其他还多得很，"文繁不广宣"。以下是注解：

"处境所显之诸处所，亦含有四坛法故。"任何一个环境，在修息、增、怀、诛时，各有不同的方位，而且还要配合四时春夏秋冬，乃至配合一天的上午、下午，上半日、下半日……那是很严重的！

"息坛处者，心自然住下，顿然生起无念等持境。"一个适合修息灾法的地方，你一进去，不要放下也自然放下了，自然可以达到无念境界。由此可以告诉你，物质环境对人的心理影响多么大！所以，到了这个地方，顿然达到无念的境界；而且，能够平等保持这个无念的定境。像你们修持久了，偶然有时候，有一秒钟达到了无念，然后，三年再也碰不到一秒钟这样的境界，这有什么用？那就是不能等持，要能"等持境"才是工夫，否则就是瞎猫撞到死耗子。

"增坛处者,地方光耀大,故心喜而为所动。"修增益法的地方,光明照耀非常明亮,自然产生欢喜,这种地方修增益法,修观想法,非常好,也使你身体慢慢健康。像这类的地方,有些是地下有某种矿物的关系。

"怀坛处者,意能生起贪欲。"修怀服法的地方,使你能生起贪欲的意念。贪欲包括很多种,有男女贪欲、饮食贪欲,等等,使你自然起一种争取之心。

"诛坛处者,畏而防虑也。"修降伏法的地方,一进去那个环境,自己都恐怖,起心动念都小心翼翼,真是戒慎恐惧,不敢放肆。

"又其形为圆者、四方、半圆、三角。其色白色、黄色、红色、绿黑。又彼息法等之息法,若区分之则有十六,又再分之则无量数。"修法的时候,在什么道场,要什么形态,要什么颜色,都有分别的。比如"息、增、怀、诛"这四个法门,每一个法门的地形、方圆、大小,等等;用什么颜色,要详细分别,一个法门,又变出十六个。实际上,同中国的《易经》八卦的变化一样,二八十六……八八六十四卦,一直推演下去;再详细地分,就有无量无数的分法。

"如上所宣者,则可已也。"他说普通一般人修法,大概懂一点就可以了,不用详细说。

"此乃是示所依息坛处增长三昧之法也。"现在修禅定最重要,上面所讲息念法当中,可以帮助你息念清净,得定,所以"息"法是增长三昧的法门。

"又于彼处所,其建筑工作次第者。"曲径通幽处,禅房花木深;关房、禅房,都是要有一套设计的。如果随便找一个房子,想打坐闭关,那是瞎想、做梦,那不一定是适合的地方。

光线与修行

> 于彼息处禅定室，寂静持意建造合，半方通光最吉祥。

修禅房有一定的原则，格式可以变更，但光线最重要。建造一个清净的禅室，容易息念得清净，先找最寂静的环境修建，格局建造要非常合适，"持意"，才能与一念专精的境界相合。如果讲风水，严格地讲起来很困难，不管阳宅、阴宅，不可能同时有利于全家大小，或全族的人口；虽然风水的道理是不可否认的，但是最重要的还在于修德。俗话说"福地福人居"，有它的至理，你道德不行，再好的风水宝地都没有用。古语说，一德、二命、三风水、四积阴功、五读书。如果你有两个钱，就能找到好风水，就可以飞黄腾达，那还有天理吗？所以修德最重要，德行不好想修道，也是不可能的，尤其那些只讲大话的人，修死了也没有用。

光线最好不要太亮，太亮容易散乱，也不能太暗，太暗容易昏沉；"半方通光"，阴阳各半，也要阴阳相合，就是最适宜的了。

"此禅定室，于半方通光明朗，三昧境中生起而碍难短少。"这样的禅定室，容易得定，容易生起三昧的功德，障碍困难也减少了，病痛也减少了，等等。

"又特于各异之昼夜加行，指示其处者。"下面又特别指示，白天修行，与夜里是不同的，要注意不同的事项和原则，如果能把握这些原则，可以加速修行的成就。

> 夜间瑜伽黑圜室，高处圜室内中相，北方置枕涅槃寝。

第三讲

白昼处显瑜伽者，雪山流水林等地，屋视极明天界广，心清分明寒温匀。

瑜伽叫作相应，修道打坐也是瑜珈，念佛也是瑜珈，心性相应合一，身心相应得定，都是瑜珈。所以瑜"伽"士是指修道的人。瑜珈是代表普通一般修持的方法。夜里修道，纯黑暗的地方最好，而且要圆形房间，里面空空的，只有一个蒲团，行香绕圈子，不会碰到墙壁。夏天在里面打坐，可以不穿衣服，省得麻烦。如果是闭黑关，则白天夜里都看不见，伸手不见五指，大概几天以后，就可能像庄子所讲的"虚室生白"了，两个眼睛如电灯一样，看得见。当然要修得好才行，这是有特别方法的，不要乱搞，乱搞会出问题的。闭黑关七天以后，一定要开关。这样修七天下去，大概墙壁就如同玻璃一样，不会有障碍了。如果准备涅槃的修行人，睡觉的时候，枕头放在北方。

白天修道在明亮的地方，越亮越好，在高山顶上，视野开阔；或者在雪山流水奔腾之处，这是观世音菩萨的海潮音。如在海浪滔天的孤岛上，心境容易清明，但是必须随时注意调整衣服，寒温要恰到好处。有时候跑到山顶，万丈悬崖的地方，那里打坐不能盘腿，那就用狮子坐，像狗一样趴着；你如果不那么趴着，算不定人就栽下去了，不要说命没有了，连骨头也没有了。

"夜间圜室作法，或有喜如日轮者，然行住极不方便故。今作法者则于中央以二层圜室围绕，其门由东南西而入，中央之每方，作一肘一箭长，门造于西，圜室之内层围绕者，门示向南，外层门向东，其四方对直各开四窗，于他时间，亦可显明。"我们人有方位的习惯，夜间在圜室里修行，很黑，里头没有一点光；有时候一出定，或者睡醒后会乱闯，闯到墙壁。所以，后世有些人改了，在中央两层中围绕，就是说从门进来的时候，看到是方的，门由东南西进入，四面有窗，可以配合日照、风向而调整。这东西没有看过，画也画不好。

"且如需绕行等，亦极为有用者也。"要自己转圆圈行香，跑到外围的圆圈转起来，也很有意思。

"若内心端正而坐时，则关闭之，遂面向北方而修法。"真正入定的时候，四面窗子全部关上，要无风。那个时候，可以面向北，进入涅槃境界那个状况。你们平时修行，虽然没有真正入定，但是这个原则也必须把握；至于什么时候要关窗户，就靠你们自己去体会了。修行打坐，常常怕风，如果不小心，反而很容易感冒，这方面诸位都有经验了。

"白昼住处，圜室之上盖平台半屋向南方，视线极明而修法，即易显殊胜三昧也。"白天屋子半面向南方，视线要光明，在高楼顶上可以修，但都市不行。眼睛张开的话，那是修观空而定。观空时，眼珠子有平视，有左右视，有凝视，方法很多，不是那么简单，不要以为听听经，就是学了佛法。所以有人说，他跟某人（我）学过，我说千万不要这样讲，出去反而给我丢脸，真正的修法我也没有教过。老实讲，现在讲讲原理可以，真正的修法，一步有一步的工夫，一步有一步的征兆，一步有一步的对治法门。像观空而定，眼睛就很难，比如说象王视的方法，尤其是在高山顶上，一坐一定，人马上就化空了，与虚空坦然合一。"于彼妙止共处作法者。"

修止观的地方

止时静室墙围绕，心性自然生处祥，观时视线勤分明，常常意乐与时合。

这是共同修行的大原则，每人根器不同，年龄不同，业力不同，修法、教授法完全不同，所以不要随便去当老师哦！一字之差，五百年野狐身。孟子说："人之患，在好为人师。"千万注意。现在讲大家共同的方法，要修定的地方，最好是静室，有围墙的地方，跟外境隔绝。佛教所谓的闭关，"闭关"两个字是中国《易经》上的话，不是佛家创造的。复卦中说："先王以至日闭关。"我们上古的帝王，在面临严重的问题，或者碰到国家大典的时候，斋戒沐浴闭关；所谓"至日"，解释为冬至、夏至二日。清朝也有皇帝在养心殿静坐之事，皇后、妃子、宫女，一概都不能进来。不过，皇帝斋戒沐浴打坐，不是盘腿，而是端容正坐，慎重地考虑问题。所以有正心殿、养心殿等，各朝代名称不同。道家不叫闭关，叫入圜办道专修。平常你常听我讲，学佛要专修，什么叫专修？专修就是这样，不要说人，连鬼都看不见，那才叫专修。你以为万事不管，整天打坐就叫专修吗？笑话，如果这样修得成，我就不姓南了。

所以，修定的地方，要环境内外隔绝，心性自然生起吉祥而得定，这是由外打进内的修止、修观的地方，要开朗，不能封闭，是要"观时视线勤分明"的地方，像旷野高山顶上。所以眼睛瞪得像达摩祖师的画像那么大，你以为画得不对吗？告诉你们，有道理的，而且，修定到了某一步工夫，他眼睛自然张开了，闭不起来，非张大不可，大并不是在看东西。

道家的画像，"只眼照乾坤"，有个神仙，对着一个葫芦口，一只眼睛那样子看，这也是一个工夫修法，到某一步工夫时须要这样，只用一只眼。所以，两只眼要训练，像打枪瞄准一样，要会闭一只眼。有人只能闭一只眼，如果右眼不能闭的，是右边的气脉不对；左眼不能闭的，是左边的气脉不对。所以，观的时候，要"视线勤分明"；而且那个环境使你开心、远大，因为又光明，风景又好的环境之故。"常常意乐与时合"，这时意境上会生起快乐之感，但是随时随地要配合。

"彼静室外边之四方，于任何一部，有宽坦平地所来之旁，以树等墙篱，仅及腰围绕，妙止自然而生也。"这是在大陆农村自然环境的修法，是以树枝林木做围墙的房舍，中国古人舒泰的环境，都是竹篱茅舍。为什么用竹篱呢？因为住宅庭院，以种松、柏、竹为最好，其他杂树多的房子，住久了并不一定吉利。竹篱，夏天清凉，但是蛇多，所以古代喜欢养白鹅，因为蛇怕鹅的粪，故而蛇不来。老虎住茅草的地方，不住树林地方，树林中有鸟，鸟粪便会使老虎脱皮，痛苦得很。所以一物克一物，这些都要懂，这些书都要看。孙思邈的《千金要方》，关于修道人环境的布置，种什么药草，都告诉我们，配合得刚刚好，那才是修道的好地方。

"又彼方之高处，作小台可视远处而坐，是自然生起观境也。"在高处造一个阳台，远远望出去，晴空万里，在那里打坐，这是修观。道家有采日精月华方法，也是修观，吸日月之精华效果大得很。"又示生起止观之地方者"，下面说修观的地方：

树等低遮妙止处，雪山高处观慧处，如是分别极勤知。

大致上说，低洼的地方，树林深密的地方，修止较容易，雪山高处适于修观。但是要配合自己个人情况，如果是平常思想不够，智慧不够的，不要老是修止修定，而是要去修观的；脑子灵敏，学问好的人，赶快找地方修定。岂但要了解地方，还要了解自己，那是最难的。还要细察自己，哪两天兴趣特别高，智慧特别好，写文章的人，文思来了，赶快修定。哪两天情绪特别低，人也闷闷的，不舒服，赶快修观。"动时修止，静修观"，要晓得调配，这才叫专修。

"住于何方处所，若树林及岩山背等，意能内住之诸方所者，是为妙止修而相应处。"有一种地方，能影响你生理与心理向内收的，这是修定的地方。

"若地方高，而自性清明广大，应知此为观慧之处所也。今当以如是语使知住处之取舍，摄其义者。"在高的地方，自心又清明，则是修观慧之处。大原则如此，详细还多。归纳起来，就是下面所讲的。

> 总之地方静室者，何处决出离心短，三昧增长加行处，依合真实菩提处。何处覆善、烦恼长、惑乱、愦闹、今生转、恶业、魔处、善知舍。此皆自然莲师云，欲求解脱等应知。

总而言之，学道的人，修行的处所很重要，哪一些地方能够使你生起出离心，迫切地想跳出红尘的决心，就是好地方。在座很多学佛的，你说哪个人够得上条件呢？学佛有一个条件，首先发出离心，你们哪一个发了出离心啊？不过是想给自己增加一点寿命，增加一点福报，甚至于高明一点说，无所求，只想求一点智慧。你说自己求不求呢？贪不贪呢？智慧比福报还要大，智慧不是钱买来的，是多生累劫修得的，而你想求智慧，完全是进账的心理，哪里还叫出离心！所以修行必须要找一个环境，使你真切能够发起出离之心。出家要修头陀行，就是为了求出离心，夜里要到坟地上用功。像古代那些荒冢，棺材破了，死人骨头都露出来的，那种地方，才能够生起出离心。我们现在学佛的人，哪里有出离心呀？佛也要成，道也要修，钞票也要，名也要，一样都舍不了。吹牛吹得大，理论讲得高，但是想学佛成功，那是不可能的。所以，好的地方静室，有些会影响你发出离心，有些是使你三昧能够增长，很快得四加行——暖、顶、忍、世第一法。"依合真实菩提处"，所以，最适合修行之处，才能够真悟道。

"何处覆善、烦恼长，惑乱、愦闹、今生转，恶业、魔处、善知舍。"有些地方能够"覆善"，覆盖了善念，反而使你越修越障碍善业。我看有很多庙子是不能住的，越住心里会越脏，慢慢住久了，烦恼会增加起来，这叫作"覆善"。还有些地方住了会"惑乱"，迷惑散乱更重，智慧更不开。"愦闹"，环境太闹的地方也不行，有些清净的庙子，变成了愦闹的地方。有些庙子住着三个和尚，结果三个和尚没水喝，一天到晚闹意见，那就是愦闹的地方，不能住的。今生不但不能成功，还会加重恶业。有些地方你住久了，"善知舍"，你那智慧，善的方面都会丢掉的，越来越差了。因为思想走入了错路，一个观念错了，他不知道，越来越钻进错路去。

"此皆自然莲师云，欲求解脱等应知。"这是莲花生大师所传的，释迦牟尼佛涅槃第八年后，再来投生，不从娘胎来，从莲花苞中化生，永远肉身存在，他就是密教教主莲花生大师。大师亲口传的，说你们要想学佛，学解脱道，应该都要知道，修道的环境是如此之重要。

"于彼何方及住处，若善法增长，特别生起信心及决定超出者，指示彼即相似真实菩提处故。"这是告诉我们，一个修道的人，能够得到一个好地方，也要有福报，也要有善缘，所以，有些地方，可以使你得到相似的道业成就。

"于何处争斗及染污增上，令生之诳惑及愦闹转盛。"有些不对的地方，比如有些庙子，那当然是菩提道场，修道的地方；但是，只是相似，不是真的道场。住久了以后，反而人与人之间，斗争很厉害，染污更厉害，贪名贪利养等，很多花样，并且还生起自己欺骗自己的行为，在那里枉住一辈子。

"应知舍离此恶业魔之住处也。"这种地方必须及早舍离，所以，选地方时，须晓得这一些都是魔障。

"大上师莲花生所作要门之《见道堡鼍》指示心要云。"这些选地的要点，在一本密教的经典，就是密教教主莲花生大师所作的《见道堡鼍》中，对于修道见道与风水地段的关系，有一个指示法要说："修法于住处亦最紧要，若欲成就上上善及至上三昧者，较此殊胜者不可得也。"任何的修法，住处都非常要紧，要想很快地成就，处所不细加选择是不可能的。

"故凡于何处，若争斗及不善增长，即障碍解脱道，应努力舍弃，譬如如上所云也。"住的地方不对，是非多、烦恼多，人我斗争厉害，乃至不善业慢慢增长，这种地方障碍解脱修行，应该勇敢地抛弃。

"尾偈云"，末尾一个偈子说：

"自性极寂方所处，净水苦行德资养，此生惑乱愦闹离，愿修甚深法三昧。"地方要合于自性清净寂灭的境界，犹如净水一样，帮我们洗涤内心的污垢，使我们修苦行，马上成就功德。因为好的地方可以帮助我们，使福德增加，智慧增加，帮助我们"即生成就"，这一生离开惑乱愦闹，修甚深的法门容易成就。

"住处现各苦恼处，轮回城围齐舍弃，解脱净圣菩提处，涅槃行相获安乐。"所以，住处很重要，因修道的住处不对，会引起各种的苦恼，本来修道是为了要跳出轮回，超越世间，才能得解脱得菩提，获安乐，所以，不对的地方，赶快舍弃。

"今似我众无利益，恶时绕及世界显，舍离此生惑愦闹，愿开秘密四宝门。"这四宝就是法、财、侣、地，也就是四皈依，皈依上师、皈依佛、皈依法、皈依僧。

"第一金刚理示修等持之地方终。""金刚理"，是千古颠扑不破不可变易的至理，这是第一段，告诉我们修持的地方，以及环境的关系。

"第二金刚理示修等持之人。今当指示以何者为修习之人，说具闭关法器之世人者。"第二是说修持本人及道伴，什么人够得上修道学佛，严格地说，是哪一种人，才够资格闭关专修，是这种法器。

谁是法器

第二修习之人者，具信、决出、勤、厌离，厌弃生死、求解脱，置今生心、求菩提。远闹、散、乱、烦恼、少。净显、诚信、心量广，具坚恭敬彼诸众，殊胜解脱令其成。

所有这些条件都具备的，才够得上是个法器。上师选择传法的徒弟，要选这样的人；专修要找一个道伴，也是找这样的人。第一是"具信"，有正信不是迷信，教理通达，修法懂，具正信之善根。"决出"，有决心出离的，有跳出红尘，跳出三界，即生成就这种决心的人。"勤、厌离"，随时随地勤于厌离这个世界，厌离这个三界。如果你说有时候，自己灰心得很，很想走开，那不叫厌离心，那是你不如意；当你如意了以后，你才不想走开呢！如果做生意，环境、名利场中，一切如意，你还会想走开吗？厌离心还要等哪一天，还等什么时候才有吗？你说"我只要明天就行"，还要等明天，这叫厌离心吗？

所以，在我自己想，人真有厌离心难！这是学佛的第一个条件。你说我很讨厌他们，讨厌不是厌离，那是你内心非常恶的业，是嗔心、痴心的一种。厌离心是真看通了，看通了这个人生，有离开超出之感，那不一定是出家，不一定是入山。可是，真正的厌离心生起,这个里头包括了很多戒律,包括了菩萨戒很多条件。

真正专修,不管在家出家,随时随地有出离心,想跳出三界外,有厌离心,厌离世间法,但不是嗔恨心,嗔恨心和厌离心是不同的。要跳出轮回,先要明白这个生死,非常恳切地追求,厌弃这个生死,这是厌离心。你说,我最怕死了,那是怕死,不是厌离生死。既然怕死,为什么不把生死问题搞个明白?究竟父母未生我以前怎么来的?死了以后到何处去呢?要穷追根底,这叫作厌离心。怕死是凡夫心,而厌弃生死则是绝对的求解脱之心。

"置今生心、求菩提",就是要下决心,说这一生非成就不可,不是说这一生不成功来生再来。所以这一生要即生成就,所谓大威德大勇猛,这就叫作大勇大猛,非大彻大悟大成就不可!

"远闹、散、乱、烦恼、少。"远离愦闹的环境,找极寂寞、清净的地方,离开一切散乱,离开一切烦恼,这样才可以够得上是法器,也才可以做道伴。

"净显、诚信、心量广。""净显"是福德资粮,心地干净,内外一致。"诚信",绝对地至诚信仰三宝,信仰四皈依,有人说"我绝对地信仰上师",对不起,我不是上师,我也没有碰到有人真信仰过我的,真迷信一个人很难哦!我们佛像供在那儿,哪一个人肯迷信那(佛)就是自己的老师?觉得他随时在这里管着自己,做到没有?没有这个诚信而能够成佛,那是不可能的,所以诚信要到这个程度才行。不过,诚信的人往往变成"我是他非",认为自己对,别人错,因为看到别人不跟你那么拜,就讨厌。这是不对的,要"心量广"大,包容万象,这是条件。

"具坚恭敬彼诸众,殊胜解脱令其成。"而且要有最坚固的恭敬心,对法对佛对三宝,乃至最坚固的恭敬,恭敬一切众生,恭敬一切大众。这样的人，才能够得到最难得的殊胜解脱。

"若有具信勤决出离者，如法之田土相似，盖无土则无法，若具厌弃生死者，是乃入法之门也。"出家人能够具备这样，就叫作福田僧了，才能给众生种福田。

"应须追逼于解脱之道，具求寂灭乐者，如菩提之种子相似。"对于修道想求解脱之心，是迫切的。要追求寂灭清净，享受那个寂寞的快乐，这才具备了修菩提道的种子。

"此生心置之舍离贪著者，则决成拔出轮回之方便，欲求究竟菩提者，如三种缘之水与粪料相似。"要决心此生成就，这个人才够得上求菩提。换句话说，人要具备这三种条件，有田地有种子有肥料，才能够生长；学佛的人也要有三种缘，厌弃生死，有恳切的出离心，有即生成就的追求。

"由染污愦闹而寂静者，即可发生违缘自退之秘诀。"如果你在世俗法中，随时随地，心地能够修寂灭清净的法门，那样就可以发现退出人世间的方法，自己会有智慧。

"具诚信净显者，于善业之收获，顿成增长之因缘。"一个人真对于佛法僧三宝，发生真正敬信，而且正心之念内外呈现的话，善的道业，自然一天一天地增长，自然会有收获，自己也会知道。自己善心的增加，无论是在做事或修道，因缘都晓得了，善心越来越增长。至于说，搞几天又有烦恼来，病痛来，就是你的恶业在增长，自己还不懂！还不知道忏悔。

"具坚固心与恭敬者，能使解脱之果速成熟者也，故应知此为殊胜器。"具坚固心而不退转，乃至依止上师而不退转，像木讷祖师，那个上师那么赶他、那么打他、那么整他，他硬不跑。有这样根器的人，修道才能有成就。这一种人才够得上是学佛的一个法器，上师选择弟子，是要选择这样的法器。

"如《遍行》云：信、三昧誓、极精勤、悲心、随喜、无厌退，身及妻子眷属等，皆不贪爱信乐供，彼等乃信誓印故，具真实义施与之。"愿力坚固，永不退转，勇猛精进，还要能慈悲喜舍。修菩萨道最艰难，连自身、儿子、老婆，什么都可以布施出去的。

有一位朋友很滑稽的，他说对我怎么好，怎么好，有一天把我整得火大了，我说：你真对我那么恭敬吗？你把儿子供养给我吧！他说：那做不到！我说：所以你吹大牛。当然，这是说笑话。又有一个人说：老师！我身口意供养你。我说：你不要随便乱讲，你讲了，你的身体就属于我了。我明天把你卖了，你就要让我卖，因为你身体供养我了，主权属于我的。所以不要口头讲出佛法的话，有口无心，犯了一个戒，欺骗自己，欺骗别人，佛法都变成口头禅了。

"彼等乃信誓印故，具真实义施与之。"真的恭敬、真的布施、真的供养，谁能做得到？

"又附所应舍弃之器者，彼本续云：指示非器邪人者，喜世间法及名闻，我慢、不敬、心短退、放荡、贪物、无有信。"这个经典附带说明反面的状况，就是应该舍弃不是根器的人，叫作非器。那些爱喜世间法，贪求名闻利养恭敬的，都不是法器，喜好名利，喜好人家捧，喜好人家恭维，喜好人家对他的态度好，我慢贡高，不恭敬，很短视，心短就是现实，容易退失。另外放荡、心放逸、贪物、贪求物质享受，没有信心的人，都要舍弃。

"自度行持欲强求，圣教普宣不相合。"这一类的人，他看自己非常伟大，上师要观察，这一类人教化不了，不要强求。所以，佛经的圣典上讲，这一类根器不相合的，只能顺他的根器走，给他种一点善根，他生来世再来吧！

"增损自他念坏心，此即不示极秘密。"这一类法器的人，不可以随便传法给他，实际上，随便传法给这类的人，上师犯戒。不过，上师慈悲，自己背过，自己要受罪的，因为，对象不是法器。而且，他学了以后，去玩嘴巴去了，也害别人去了，尤其是密法的修持，绝不可传授。这是讲法器与非法器的差别。

"又具器者，指示所行之法如何。"下次讲如何是法器，听了以后，自己要赶快修持，使自己能构成法器才行。

第四讲

对无念错解
修无念三步骤
持法 采法 空无所住
如何修空
人身难得快修吧

我们已讲到这本书的十九页，关于修持人的条件，也就是什么样的根器，才可以修持这个法门，哪一种根器，才可以修持大圆满禅定的修法。修这种法门的人，首先要戒律清净。戒有哪几种呢？出家的有沙弥（沙弥尼）戒、比丘（比丘尼）戒，还有大乘的菩萨戒。这三种以外，还有密宗的十四根本大戒。这四种戒合起来，最重要的是菩提心戒。今天本来是讲这个，由于因缘特别，把二十一页"声闻、菩萨、与持明，三种律仪不违犯"的这一节，暂时搁下，先讲第五十七页的修无念法。

对无念错解

　　我们本来讲到大圆满禅定的修法，就是我们以前曾提出过的，不管哪一宗哪一派，学佛法有三个步骤：见地、修证（工夫）、行愿。现在本法门，专讲如何得定，本法门得定的修法，就是大圆满得定的方法。这个法门，虽然也包括见地、修证与行愿，但是，只修色身、报身，就是把父母所生的现在这个业报之身，转成诸佛菩萨的色身成就。证得法身之后，再有化身神通起用。

　　前面我们曾讲到修持法门的选地，修持人的条件，修持人的法器。修行法器下面就讲到修气脉，转这个色身，达到大乘定的境界。大乘定境界的四个条件：空、乐、明、无念，缺一而不可。诸位都做工夫，修止观，或者修道家，或者修密宗，或者任何一个方法，假使能够坐十天半个月，枯木禅坐法是没有用的。像那样修，不要说一辈子不能成功，十辈子也不能成功，必须要空、乐双运。空是意识境界，而报身肉体要转成快乐。你们坐了半天在那里硬熬腿，那怎能叫乐？那叫苦啊，空嘛空不了，在那里打妄想；乐也乐不起来，在那里熬身体。不然就是这里酸麻，那里胀，都在受罪，所以要空、乐才行。身体真得定就发乐，不想下座；这种空、乐、光明，比世间任何之乐，比男女媾合之乐，还要乐个十倍、百倍、千倍。

大家现在打坐修止观，不管你是天台宗、禅宗、密宗，什么宗都不管，眼睛一闭黑洞洞的，那有什么用？没有在一片光明中，那是阴境界。定必须空、乐、明、无念，没有妄想。大家坐在那里，有许多人工夫做得真好，一天到晚在那里除妄想，除也除不掉，妄想又来了。本法门先告诉你修空、乐、大定，然后进入光明定，进入无念定。

今天因为特殊的因缘，先讲修无念法，就是有为法。注意这一句话，真的无念是没得方法的，有方法已经不叫无念了。既然无念，那还有佛法可修吗？但所谓无念，也不是断见。如果说，无念就是无法可修，什么都不知道，那在见地上是断见，是唯物思想，外道见、邪见。如果做工夫做得什么都不知道，那不是无念，那是枯禅；如果身心境界上迷迷糊糊起不了念头，那也不是无念，那是昏沉。所以说，虽然讲既然无念，就无法可修，但是不要误解我这一句话。如果认为既然无念，无法可修，我现在就是无念，那是狂见！你根本没有到无念，到了就有象征。假使真达到无念，色身马上转变了，祛病延年，返老还童，不成问题。你的色身不能转变，可见没有达到无念；换句话说，色身真转变了，一定是无念。所以，以密法的修持，气脉没有通，你说自己已经证得无念，那是犯了大妄语戒。犯大妄语是下地狱的，不可以自欺欺人。

其次，大家都遵奉《六祖坛经》，六祖以"无念"为宗，一般人都错解什么是"无念"。他自己有解释："无"者无妄想，"念"者念真如。所谓真如就是正念还在，这就是《六祖坛经》上，六祖自己解释无念的定义。现在一般人一看《六祖坛经》的"无念为宗"，坐起来什么都不管，变成大昏沉了；这样大昏沉的修持几十年，下一生的果报变猪，猪牛就在大昏沉中，不要以为是修行！所以宗喀巴大师立戒，如果以迷迷糊糊"无念为宗"的话，他生来世的果报是入畜生道。你翻开《菩提道次第广论》看，宗喀巴这个话，我每次看到都给他打双圈，他太对了！因为当时有一批汉僧，到西藏去传禅宗，就把六祖无念解释错了。所以西藏的僧人都看不起，说汉地没有佛法，就是这样来的。但是，真正的禅宗大师没有跑过西藏，跑去的是被禅宗赶出去的，没有地方走，就跑边境，自己号称"禅宗"去误人。结果，碰到宗喀巴大师，当时痛棒把他们打出来，说把这样叫作佛法，那何必修持！那不是菩提正见。所以，这个要搞清楚。

为什么我要说上面这些话呢？现在再回来，刚才讲空、乐、明的步骤还没有讲，倒过来先讲无念的修法。但是，要特别注意，这是大圆满禅定的无念修法，不要认为禅宗的无念也是这样的修法，那就大错了。禅宗的无念，当下顿悟，无门可入，是无法之法，如《楞伽经》上所讲的，无门为法门。也许可以说，比大圆满法门还要高一等。

修无念三步骤

可是，话又说回来，虽然如此，对一般的修持人来讲，我认为,还是走大圆满的无念法门比较稳当。这一点要特别强调。现在,话都交代清楚了,念原文吧。

  第三指示无念法。前行如前而正行,射持修法三次第。射者心中心性明。阿或光团一寸许,猛声念哈二十一,达顶远离归于空,渐高渐散复不见。松懈其境平等住,刹那于彼断念流,即住于离言思境,力亦不见心离境。

第三步是如何修持得无念法。前面第一步是空,第二步是乐。怎么样做工夫证得空?如何修持得乐,得禅定之乐?现在先讲第三步。

"前行"是前面应该准备,当然,专修时要财法侣地,地有了,法也懂了,护关的道伴也有了;同时,空的境界证到过,禅定中也已发乐。专修无念的这个"前行",就包括了这些。所以,"前行如前",都是前面讲过的。现在讲如何做到无念境界的"正行",正修行。那么,大圆满禅定休息的方法,关于无念修法,他分三个步骤,射法、持法、修法。这个次第,是从有为法而到达无为。

什么叫射法呢?当然,我们现在是跳过来讲的,前面有个条件,就是已经到达色身气脉修好了,身体已经发乐,可以得定,坐几天都不想下座了。不下座并不是说,只是腿坐得住,而是一身发乐,有快感。尤其是心口以下到肚脐以上的部位,西方医理叫青春腺所在,那时每一个毛孔都在快乐。女孩子十几岁第一次来了月经,就算破身;男孩子第一次乳房发胀,性知识一开,就算破身,不是结婚才叫作破身。破身失去了童真,中国人过去破身,以女性十四岁,男性十六岁为标准。可是印度人不然,印度女性十二三岁就有月经,就可以结婚了,现在人更早。

昨天"教育部"送资料给我看，现在五年级的小学生，性知识就开了。时代到了这样，在座和我一样的老头子，要注意哦！我们的思想，已经落伍几十年了。这是目前台湾的情景，外国更严重。这也就是佛说的，末法时代要来了，性知识开得那么早，问题多了。但是当性知识一开，就破身了，这条青春腺就闭了。不晓得你们有没有经验，我深刻地记得，当我在青春的时候，早晨睡醒，躺在床上起不来，因为，这一条腺在里头发出令人舒服快乐的感受。后来我到处问人，有没有这种经验。少数人说有。后来找医生问，才知道这一条腺叫青春腺，男女都一样，没有破身以前会发乐的。

真得定以后，岂但四肢，全身八万四千的毛孔都在发乐，青春腺恢复了，人有快感不想动，那时世间的一切乐不能引诱。我们中国的文学讲"南面王不足以诱"，连皇帝都不想当，功名富贵都不想要，男女之间的事也没有了。换句话说，这是有条件的，是自己本身有自乐，也就是孟子所说"有诸己之谓信"，乐在其中矣。孟子这句话的确有他的道理，所以，我始终怀疑（相信），孟夫子已经到了这个境界，不然他讲不出来。

到了这一种境界，心中已经有光明了，这时才讲"射"法，像射击一样，射出去。什么叫射法呢？心中的心性已经明了。换句话说，是禅宗所讲的"明心见性"中的"明心"境界，不一定见性。这时初步破参已经到达，意念观想心中一个"阿"字；梵文、藏文、中文之"阿"字都可以。但是，这是有意去观想，不要黑色的光明。就在刚才讲青春腺这一条上（道家叫中宫），观想有一团光，大概把它观想成一寸的圆光，这是假的。如果是真得了定的人，回光返照，自然这里有光明，大而无外，小而无内，这就是明点、光明。现在，我想你们诸位大概还没有得定，有一个方法可以学的，大家全体注意哦！就是你们要修无念法。

大家先坐好，心境清净，呼吸调匀，然后把心念一提，气息充满，走天台宗路线，或走密宗路线都可以，然后观想所有的妄念，一直上来，从头顶出去。怎么样出去呢？吸一口气，大声吼"呸"！万籁寂静，此时就没有妄念了。当然，妄想再来的时候，提一口气，"呸"！眼睛一瞪，就没有妄想了。这是密宗特殊的方法，猛声念"哈"也可以。再不然是弥勒菩萨的法门，口咧开笑"哈哈哈……"把气哈光，所有的业气妄想一概出去，刹那之间妄念切断了。切断了就叫作止，要保持妄念不动的境界，这就是以有为法达到无为法的修法。所以讲"猛声念哈二十一"遍也可以。

再观想顶光从头顶上出来，"达顶远离归于空"，归到虚空，越向上越好，四大、肉体皆空了，"渐高渐散复不见"，渐高渐散最后了不可得。由于身心因"呸"、"哈"，稍稍还有用意的念，所以要妄想随虚空而散，万缘放下，无念而得定。"松懈其境平等住"，此时自然而住，能够保持一秒钟算一秒钟，一分钟就一分钟，一个钟头更好，可是，不是昏沉。"刹那于彼断念流"，用这个方法去修，刹那之间你的妄念像一股流水一样，"呸"！就切断了。我们的妄念停不了，思想停不了，"呸"！就空掉了。

当年，跑西藏学密宗，因为想知道这里头有否东西，所以各种法门皆学，需要多少供养就拿多少，要磕头就磕头。各种苦头吃了以后，学这个法时，我也跟着修，我肚子里笑，"呸"我当然会。"呸"了半天，同学问我：如何？是否比禅宗好？我说：呸！骗人的。他说你怎么懂呢？我说从小就知道这个法子，因为小时候穿长袍子，走夜路怕鬼，老辈子告诉我，前面要是看到鬼打墙，你把长袍子一甩，"呸"！走过去，前面什么都空了，有鬼也跑掉了。

所以，西藏僧人们问我：你觉得比禅宗好吗？我心里想，这些法子，我们汉人乡巴佬都知道。话是麽讲，这的确是有道理的。古代作战，交锋上阵拼命的时候，看到人家刀砍下来，根本忘掉了呼吸，一手挡过去"呸"！刀锋到你手上，就把它搞断了。难道肉体真扛得住吗？这是唯心所造的力量，加上这一身宿业。你看打拳的时候，有时必须要开口吐气，"呸"的这一声，不是拳的力量，这是精神的力量，就是这个道理。所以，这是一个非常妙的方法，可以顿时切断妄想之流，也可以说是非常平凡的一个方法，这要你好好去做才行。当然，这是个法门，不是究竟。刚才讲过，究竟无念，何必靠这些法呢？但是，因为你做不到无念，只好以有为法而修到无为境界。

妄念之流顿断，"即住于离言思境"，也无思想，言语妄念一概不起，平等而住，定在这个境界。这个时候，"力亦不见心离境"，力也不见，心也不见，业也不见，一切境界都没有，皆空，心离一切境界，到达真正的无念。

"于彼中脉内空上部，由如前所观想之心中。"有些同学知道，三脉就是左脉、中脉、右脉；四轮是脐轮、心轮、喉轮、大乐轮。由于心中观想，中脉上部空了。

"希有之五光团，到达头顶，即渐高渐高而去，最后则不可见。"本来初步得定的人，内在就有光明，你们在座有几位，现在都在光明中。从正月打七到现在，从他们的报告得知，他们都在光明中。你们注意，在稀有的五光团到达顶部，不要只守光明，这个光到达以后，"即渐高渐高而去"，就把它放空掉，最后连空也不可见，身也不可得，身体的感觉空了。

"厉声念哈二十一遍。"像有位同学现在的境界，不需要念"哈"，妄念本空的，不需要念了，你如果猛叫的话，不是吓死人嘛！家里人看到，一定把你送到精神病院，以为你发疯了。所以，修行要有专修的道场，要内行人护关，外行人一听，马上有人来问：那人恐怕神经了，为什么他一天到晚坐在那里！

"身心松懈，刹那即出生不可言思之光明。"身心松懈后，这个光明就不同了，与虚空合一，身心合一，在一片大光明境中。说是有相，好像有光明；说无相，本来无体，也自然到了。

"其功力亦觉受，如空不可思维者。"这个时候，你的修持工夫到了这里，自然感受到，这是觉受真空的境界，是不可思议、不可思维的境界。

持法 采法 空无所住

"第二方便于自性者"，这是告诉你修无念的方便法门。学无念，证空性，是如如，如空性，不是缘起性空、本空的空性。《大般若经》有十八空。再讲一次，第二个方便法门，是修如如性的空性。拿现在话来解释，几乎近于真空自性的空性。但是，并不是彻底真正缘起性空，自性本空的空性。懂了没有？用言语文字表达不出来的东西，硬要用言语文字表达出来，好苦啊！当然，你们听不懂的，你听懂了，还有我唱的戏吗！慢慢去参吧。

　　持者背向日月边。眼注清空顿然住。不觉气动皆缓行。无念离戏由内现。出生性如天空性。

"哈"、"呸"是像射箭一样，把妄念射出去。现在讲"持"法，是保持那个工夫境界，当然最好在山上修。中国道家有采日月之精华，我也告诉你们，我反正把魔道、妖道、外道，什么都摸遍了。所以，哪一个人学什么道，我眼睛一看，不要你讲话，我心里早有数了。然后，故意与你们应酬，看你们脸色，哪个对，哪个没有对。比如，你今天对，明天没有对都知道，还用你们讲吗！不上这个座，马马虎虎与你们世法应酬；上了这个座，我眼睛一瞪，谁都不买账，不对就是不对。所以"宁可将身下地狱，不把佛法作人情"，法王法如是。

所以，现在把外道法讲给你们听，做一个比较。你说道家采日月之精华这桩事，到底有没有？有的。怎么叫作"采"呢？现在我替他们解释：人的生命有三样重要的东西——日光、空气、水。采日月精华，是吸收太阳之能和月亮的太阴之能。不过，科学不讲太阴之能，所以，暂时不谈。采太阳之能，在中国大陆，要跑到泰山顶上；在台湾要跑到阿里山看日出那个地方。什么时间可以采？也很困难，每个月阴历初一、初二、初三，有时候气候不好有云雾，就没有办法。要等着计算时间，太阳刚要跳出海平面，丑时寅时那一段时间，在那里打坐，身体忘掉，面对东方，做道家的呼吸。要七天空腹，至少三天不吃饭，肠胃先空，只喝水。眼神先要定好，太阳一跳出海平面，忘了天地，忘了身心，把太阳的精神，连气、连神光吸进来溶化；口水咽下去一百零八下。都做完时，刚刚一个时辰（两个钟头）。到卯时就不坐了，过了这个时间就不行。

采月亮精华在阴历每月十四、十五、十六三天，十六已经太老了，十四太嫩。也要辟谷不吃，在半夜子时，月正当中的时候，头顶对着月亮正中，月亮的能量从头上降下来，效果大，身体精神百倍，在山顶站起来，像飞起来一样。我们以佛法看起来，这是心物一元的道理。借用这个物理自然的力量，借用心力的力量，的确可以造成这样的境界，这是道家的修法。婆罗门教，有婆罗门教的修法；而密宗的修法与这个相反，背向太阳，背向月亮打坐，又是一种方法，更高明，使光线不直射，修空念定，好极了。打坐时，就不用闭眼了，眼睛平视，学菩萨像，面带笑容，人一笑，烦恼就空了。

你们打坐完全像讨债的面孔，好像我欠你们多还你们少一样，一个个肌肉垂下，充满了愤怒、仇恨。菩萨是慈悲喜舍，眼睛平视，也不是象王视。有一种象王视的修法，象的鼻子高，两只眼睛分别往左右两边看，我们人要训练过就会，像我现在两边都可以看见。我经常坐在那里，你们做什么，我早看到了，因为视野宽。但现在是用平视，不用象王视，眼睛不准动，不是看，只是眼睛外形瞪着。如果看东西这样看，那你要小心，眼睛会修坏的。眼睛学达摩祖师，张开眼不是看，只是张着而已。眼睛像窗子，窗子打开，不要加上意识，同样地看，自然跟虚空配合，心性空了。

这个时候，妄念顿断，眼睛定住，如果加上弥勒菩萨的修法，一笑，妄念自然断了；因为眼睛闭起来，妄念就多。那么你说：老师你经常教我们闭眼睛的啊！我告诉过你们，打坐要闭眼，是因为这个时代，大家眼睛用得太厉害；现在是说你工夫真到了，气脉在头部动了，你眼睛想闭都闭不住，自然会张开，光明来了，眼通就发了。你以为眼通的人是闭着眼睛看吗？我看过好几个人。有人告诉我：某人有眼通。我与他见面时问他：开眼看得见吗？他说看不见了。去你的！有眼通的人，根本不要装模作样，同普通人一样就看到了。这个山河大地，对有眼通的人没有障碍，要看三千大千世界，就是佛说的，如观掌中庵摩罗果，如同橄榄那样大小的果子，据说那个果子的汁液可以溶化黄金。有眼通的人，就是一边与你讲话，一边天地鬼神都看得很清楚，他只是不讲而已。

现在教我们"眼注清空顿然住"，这个时候，"不觉气动皆缓行"，你觉得自己气脉呼吸由粗而细，慢慢地流下，自然达到无念境界，"无念离戏由内现"，空、有、非空非有、即空即有，这四种都是戏论、是笑话，要离戏，内心自然无妄念。这个时候"出生性如天空性"，本性如太虚一样的空性，自然出来，身体都忘了。这是一个方法。

我现在教你们这么容易，在密宗的规矩，这样教一次，钞票应该供养一大堆。我一辈子如果这样讲佛法，现在不晓得发多大的财了。可是，我有个毛病，我不讲究这些，但是你们反而把佛法容易得，当作等闲看了。所以，我又犯了一个大错误，一个大戒！因为你们不尊重法。千万注意哦！你们诸位不晓得自己在造罪啊。那是不得了的法，不要认为这是有为法，虽是有为法，你们碰到我，我什么都告诉你们，得来太容易了。我自己求每一个法时，都是千辛万苦；不过求来知道以后，这些我看来还是一些渣子。但是，你们要尊重，你们自己没有大彻大悟以前，渣子都是宝贝，都是对治法门。下面是解释。

"天极清明时，背日光，眼不动注于天空中央，气缓徐后即所住之刹那，显现空之光明也，其功力亦清醒。""注"字下面没有"视"，并不是叫你看哦！我这个话讲了无数遍，如果你们搞错了，瞪起眼睛来看天空，眼睛瞎了不要来怨我。眼"视"要拿掉的，这个时候气慢慢的，就在这个刹那之间，体会呈现空性的光明境性，不要另求光明，自然光也是光明之一。这个时候，内心是非常清醒的，不是昏沉，甚至于清醒到不要睡眠了。

"无广狭无方处而出现，所谓外面如何，内亦如之，因为一缘起之要故也。"此时，这个境界，无量无边，也无所谓长短方圆，也没有南西东北这些方向，佛经上说，外界如何空，内心也如何空。同样的，这个也是缘起性空，自性本空。因为你空不了，用法子把你引出来，本空嘛。所以，这个法子就是缘起，因缘所起法就是性空。

"于此时即显现三层天空之密意。"三层空：外空、内空、密空；身内、身外、身密的境界都空，空的境界就是密。明明告诉你空，你还是空不了，这就是大秘密。真正的密法没有秘密，明白地显现就是密。告诉你自性是空的，你见不到空，这不是大秘密吗？现在你到了这个境界，内、外、密都空。

"依于空明外之天空，现无念内天空时，证悟赤裸清明秘密天空。"这个时候，可以证悟到赤裸裸的清明的秘密藏，众生自然的大秘密、大空的境界。但是这个空性是本来有的，现在依这个方法，眼睛瞪着，如《恒河大手印》所说，"心注于眼，眼注于空"。我当年磕遍了头，拿了多少钱求大法，结果求得了这个法门。当年这些大喇嘛修法，向来极庄严，吓死人的。活佛一坐，半天不说话，同禅宗一样，后来传了"心注于眼，眼注于空"，就下座进去了。我心里想，我花了那么多精神和钱财供养，得了这两句话！那我本来都知道，还用你说？等我最后都学完了，临走时我问师父，还有什么密法？师父说没有了。我告诉师父说：你传的无上大法、大手印的密法，"心注于眼，眼注于空"不够！还要再加一句"心注于眼，眼注于空，空无所住"，不然，这种法门流弊太大。师父说：好哇！

其实我有许多密法，许多所修的方法，他们到死也学不到的。因为，有许多方法，他们藏地那里失传了，所以我经常与师父交换，把"禅"啊"道"啊告诉他。

"然是乃以方便加持而修，始获见故也，此为大善巧莲华戒（人名）之方便，殊胜深奥者也。"要晓得上面这种加持，由这种方法，才见到自性空。这种方法是大善法，是莲华戒大师传的方便法门，殊胜而深奥的秘密法。这是第二种修无念法的空性法门。

"第三方便赤露自性者。"明显表现出来的第三个方法，在下一段。

如何修空

> 修者眼注空不散，心明无散乱境中，地石山岩诸情器，观想皆归于一空。自身亦无粗现执，心空住于无二别，内外中三无散法，于空境中之身心，念思作意自溶化，心无聚散住本位。彼时法尔难思心，不别如空密意现，此即三世佛心要。

修这个法的人，眼注于空，心里一片明白光明，不一定是有相之光，在没有散乱的境界中，地、石、山、岩，乃至于世间上"诸情器"，一切有情及物质世界一切东西，都要用意念观想一切归于空的境界。现在不是叫你们用眼睛看书，你们现在是在听，要把这个意念吸收进去。这个方法，在显教的经典，佛说的禅经常常提到。换句话说，在眼睛注空时，是眼睛张开来打坐，大家有个什么障碍呢？是向南方好，或北方好？方位的观念空不掉，你修空嘛，哪一方都好。闭着眼睛打坐，大家也做不好，因为第一闭着眼睛，身体空不掉；第二下意识，时间观念空不了，心想大概已经半个钟头了吧！被困在时间上。有时坐的位子空不了，不知是榻榻米好，或是禅凳好。

所以，一切要注意，叫你们把地、石、山、岩，诸有情的世间的东西，所有时间、空间一概忘掉，去掉！初步丢不掉，用意念的观想，皆观空，回到一片空的境界。如果你们心里真的坚强，什么叫作脚发麻？空掉！你晓得发麻是怎么来的吗？感觉来的，感觉怎么来的？意念来的。你说没有念头，那你怎么晓得发麻？常常有些同学说：有时坐着什么都没有了，空空洞洞的。你有个空空洞洞的，怎么叫没有？空空洞洞也是境，所以，要观想皆归于空。

"现执"就是唯识学现行的执着。现行的执着感觉有身体坐在这里,有四大现行的执着,所以是粗的,这个要空掉。什么是细的?对地水火风,种子的执着,你的下意识都不知道,那个就是细的。可是,有时候,你身体觉得没有感觉,空了,粗的现行的执着离开了一点,但不是已经空了,是偶然暂时的瞎猫撞到死老鼠。即使真空了,还是空了现行的执着粗空;你种子识上的业力,四大细空还空不掉。何况大家修持,不但细执着去不掉,连什么是粗执着,都弄不清,更不要谈空掉了。许多人都很自信的,千万不要自吹自信,要自己仔细返照反省。

自身亦无粗现行的执着,"心空住于无二别",心空境界,"住于无二别",就是无二,无分别。什么叫无二?就是一,无分别就是无二,无所谓空与不空,自然去掉,就叫作无二无分别。"内外中三无散法",内空、外空、中空,三种都空,但是没有任何妄念,不散乱。

"于空境中之身心,念思作意自溶化",你修持做工夫的身体与心理,达到这个空的境界时,你的妄念,你的思维,你作意的思想,自然起不来了,自己溶化掉了。至于你们现在打坐,偶然碰到妄念清净了一下,以为是空,那不是的,而且那还是它来撞你的,所以不是真的空。证到真的空性,是自己"念思作意自溶化"。

"心无聚散住本位",这个时候,自心的境界,无聚亦无散。你们打坐是什么境界?你们岂止是散乱,而且还"聚"呢。开始一上座,慢慢身体感觉到向内聚,五阴聚,对不对?所以,空不了;不聚呢?就大散乱。所以,你们只认识散乱一面,没有注意"聚"的一面。一般人修持,不管你是哪一宗的修法,密宗、禅宗、止观、天台、净土,障碍多半是聚。一上座,一清净,心念慢慢聚，四大障碍，五阴障碍都来聚了。所以，真正达到空是"心无聚散"，住于"法尔自然"自性本空的本位，是到了这种境界。

"彼时法尔难思心，不别如空密意现，此即三世佛心要。"到了这个境界，修持用功，自然是在"法尔"自然的状态，此时不可思议的心境界出现了，是没有分别的，如虚空一样。所谓密宗真正的"密"，就在这个上面，难道还真有个什么东西叫作"密"吗？没有的，了不可得，这个就是真密。告诉你了不可得，你也证不到，所以叫作大秘密。到了这个时候，分别不生，如虚空一样，无边无际，这个密意呈现在前。

现在要注意，《法华经》上说"大通智胜佛，十劫坐道场，佛法不现前，不能成佛道"，所以要佛法呈现。中国禅宗的言下顿悟"哦！这个"，这个时候"砰"一下，这个是佛法现前境界。不是说，听了一个机锋，看了一朵花掉下来，意境上有所感，哎呀！这个就是禅。去你的！那是地狱种子，那是眼识茫茫。所以许多塑起来的佛像，现前所呈现的是一片空，就是现给你看，表示空这个道理。

这是过去、现在、未来，三世诸佛修持方法的心要，也是修神通的心要，修神通的基础。这方面显教是不传的，都说是失传，而密教中仍保持着。但据我几十年看来，一般学密教的，没有一个真正修到的；当然我更不是，我是吹牛，是讲书的，千万不要把我当修道人。可是你们要修持，注意哦！这也是修道，是想修到六通具足的基础。

"自心注于天空，成遍空时，外显法，如地石山岩等一切器世有情，皆通达而自平沉。"根据前面所说，在高山顶上，背向日月来修，当你那个境界慢慢修成遍空的时候，器世间、有情世间，一概都没有了，证到空了。这个时候，才是极乐世界现前；

也是东方药师佛,琉璃世界现前。

"其后,思与此空中合时,自身亦如空自散。"当你初步证到那个空,像琉璃世界、极乐世界一样呈现,还不是的,因为你的色身还存在。要再进一步,身上气脉起了变化,连这个色身也散掉。真修到这一步的话,死后是没有舍利子的,在涅槃时,两手一舍,三昧真火就化空走了。如果为了纪念性质,或稍留一点指甲、头发,古代小说上叫作三昧真火,就是这个东西。

"一切皆成无云清空,无内外中。"一切皆成万里晴空无云一样,这个时候,亦无内,亦无外,亦无中。一般所说的止观,到这里已成为小法了,不谈了。

"空洞广垠之境中,心无聚散而住。"在空洞无边无际的境界里,此心无聚亦不散乱,而定住在这个境界。比定更进一步叫住,如住房子一样,住在这里不动了。"定"好像小孩子玩陀螺,如钉子钉在上面转,那个叫定;"住"呢?如陀螺停住不动,那个叫"住"。严格讲定与住,有这样的差别,住是非常深稳的定。

"如无边天空之密意自然现出,是名为清净法尽之密意。"这个时候,你不但感觉此心像无量无边的虚空一样,乃至于此身的四大,也同无量无边的虚空一样。因此,到了这个时候,你修成到这里,一念一动,他方世界立刻出现。懂了吧!身心两边都是无量无边的功德,这是无边之密意。懂不懂?理论上懂了没有?这个叫作"清净法尽之密意",所谓"清净法尽"是毕竟清净。

"如《遍行》云:瑜伽者住空鸟道。"修道成就的人,到这个时候,如鸟飞在虚空中一样,永远在空中,在空中能成就一切法。佛经上有一种鸟叫巢空鸟,这种鸟交配也在空中,生蛋也在空中,抱幼鸟也在虚空中。这种鸟当然很少,稀有其行,所以,形容菩萨一切行,有时候如巢空鸟一样,这就是"真空生妙有"之用。

"又如《集经》亦云:此为何义?观察彼空。又云:以此方便其观修之功力者。"又如《集经》上讲,这是什么道理?如何能了解这个空的境界?是要你去观察,再修持,才能到达这个空的境界。经上又说:这第六意识转了以后,用妙观察智,观想所成功的。

如是观修力有四:所现广垠无粗想,昼夜不离无念境,五毒自消心柔细,生诸法如空觉受。

当然,在没有观想成就,没有达到真空的境界以前,还是靠修持观想的力量,你们要注意这个"力"字。今天晚上再三提到"力",对不对?上星期五为你们讲《宗镜录》时,说到普通讲大乘菩萨是六度,实际上要注意十度(十波罗蜜),第九种就是"力"波罗蜜。大家念佛不得力,念咒子不得力,打坐不得力,为什么不得力?功德不够,心力没有培养成功。心是一股"力",业也是一种力,所以叫作业力。但是,我们一般众生,都被业力、业报色身所支配,如果自己转了,返回到自己的心力,就是诸佛菩萨的智慧功德神通妙用。所以十度中有"力波罗蜜多",出家的同学要特别留意教理才是。

观修的"力"有四种,"所现广垠无粗想",这是工夫境界的呈现,无量无边又广泛,粗念妄想自然断了。"昼夜不离无念境",夜里睡觉都在光明无念的境界。你们当中,有一两位撞到无念境界,身体虽然在睡而仍清醒"无念",对不对?有一两次经验的。但你们并不是修来的,是蒙来的。如果修到了,随时随地,不管昼夜,身体躺下来都能睡,还打呼呢!可是也不是醒,这是无念,昼夜不离无念境界。这个时候,"五毒自消心柔细",贪嗔痴慢疑五毒的根本,自然就空掉化掉了,不要你去消,是自然空。"生诸法如空觉受",这个时候,自然到了身心两方面皆空的感受,这才可以讲,大乘菩萨入五浊恶世救度众生。

"修习射、持、修三种法,中脉脉管及自性本体之力,其所显之显现,一切皆知为透明空洞广垠为一者。"这都是讲由海底起,一直到头顶,如果中脉打通了的人,开眼闭眼都在定中住,在一片青蓝色的境界。什么是青蓝?秋天的时候,雨过天晴的天空。

有许多人学密、学道的,跑来跟我说,他的督脉、任脉通了。我只有啼笑皆非了,你既然通了,那就不必问人了。事实上,哪里是真通啊,都是自欺欺人;真通的人,闭眼开眼随时在定中,随时在一片蔚蓝的天空中,就是像我们所印的准提菩萨像一样。

任督二脉通,有时都还是假的,是有那种感觉,但不是真的通,因为身脉关口,通一步有一步的现象境界;最后是中脉通了,就像在天空观看满天星斗一样,清清楚楚,这还是初步。最大的是,佛说:"我看三千世界,如观掌中庵摩罗果。"这句话一点都不假,那不是吹牛的,但不是讲理论,而是要实证的。这个话是吩咐你们,不要认为自己一点小小的境界就自满,自以为了不起,那就完了。

"则可无有粗想,昼夜住于无念,似无烦恼可生。"这个时候,如道家张紫阳(伯端)开悟时讲"烦恼无由更上心",想故意找个烦恼来上心,都烦恼不起来。我常说到那个境界,一点味道都没有,一个人没有烦恼多无味呀!有烦恼才有味道。想吃就是烦恼,如果碰到好吃的:哦!好吃!这多有味道。不过,没有烦恼时,那才是涅槃寂静之乐,是大乐。

"无论何缘，皆无疑虑，心自柔细调正。"所以修持到这个境界，是无烦恼可生，你求烦恼而不可得，不管遇到的是顺缘或逆缘，心中仍十分开阔，没有疑虑。心自柔正，而证得无生法忍，一切法本空的境界。这不是讲学理，而是实证来的。讲佛学讲得再好，有什么用呢？如果生老病死都抵不住，怎么叫有修证？如果佛学的理都不通，你谈什么修证？所以这个法本是修证法本，都是例子，也是事实。你们佛学都没有搞好，不要认为老师讲的，要做工夫，讲佛学有什么用呢？我的意思是光讲佛学不做工夫没有用。如果把我这句话错解，就下地狱去了。再讲一遍，注意哦！如果佛学的理都没有通，谈什么修证呢！一般同学跟了我好多年，一问他佛学之理，都不成其系统，这两天经常骂你们，白跟了那么多年。

"而证得一切法如空不生之真谛，遂可无修证之想。"证得了如空不生之真谛，你可以吹牛了，已经到达无功用道了，也叫作无功用行，也叫作无修无证，这是不需要用功之功。

"其功德者。"这三种做工夫修行的方法，分别都说了，那么这所生的功德是什么呢？下一节有说明。

如是由修三无念，眼及神通三昧成，定、慧、止观、能双融。暂及究竟满二利。

这是由修三无念，眼通发了，一切神通发了，一切三昧都成就了；自利利他，自觉觉他，到达究竟圆满的佛境界。

"修习第三方便成就三昧，即得眼及神通与昔无之等持，双融方便与智慧，止观双运道等，暂时及究竟道与功德皆能成就也。"修持这个法门，也可以发眼通及一切神通。从前没有经验过的，现在境界经验到了；圆通方便与智慧，定慧双运，止观双运道等等都到了；暂时的以及究竟涅槃道的功德，一切也都成就了。

"以上正行如是修习之次第，已指示竟。"上面所讲的是正式修习之次第，关于修无念境界，以及所传的大圆满三个法门：射、持、修，已经讲完了。

本书的法门所讲的，是帮助你如何修禅定，空、乐、明、无念。后面是讲怎么样达到修持的功力，共有四种，包括如何求得助道的真正方法，如何才是悟道明心见性的境界，怎么样才是证果的法门，以后是讲这些。

今天讲戒律必须要清净，戒定慧资粮具足，才够资格专修法，最后是劝说当勤精进专修，也是佛所吩咐的。现在倒回去看原书第三十三页。

人身难得快修吧

> 现今时恶人横野，静处精勤成自利，如翼未丰不能翔，不具神通难利他。虔修自利心利他，散乱愦闹魔诱惑，自心无惑勤修法，死时不可动悲哀。

现在这个时代，末法时坏人多，你们没有利他的本事，也做不到发心行菩萨道，所以非要先修自利不可。找清净地方好好修，成功了然后利他；等于鸟一样，没有翅膀飞不起来。你没有工夫，没有见地，怎么去救人啊！这个时代和过去不同了，不具神通很难利他哦！你没有智慧神通成就，你想去教化别人，你连做梦都办不到。

所以我经常说，这个时代你两腿一盘，在白宫前面坐上三个月不起来，大家就来拜你了，你有道没有道，他不知道；你有腿没有腿,他就知道。如果你来个神通更好,坐在那个门口,上不沾天,下不着地,在空中变化给人看看,更妙。佛也说时代不同了,没有办法,佛法本来严戒神通的,不过,现在有许多人,说他自己有神通,那是鬼话。两腿能够在虚空,离地三分走路吗?不要你多走,走十步就行了,这是起码的神通;如果没有就不要吹,什么都垮了。所以,说有一个人有眼通,知道过去未来,多半靠不住。有一个同学也说:老师有神通,这次又说对了。我说:老狐狸,老经验,哪有不对的。有什么神通?屁的通,不要乱迷信,我没有神通。但是,佛教你们注意啊!这个时代,好好自利啊!

"虔修自利心利他。"修行先要求得自利,更要发大乘利他之愿力,不自利,就不能利他,如鸟一样,没得翅膀,自己都不能飞,怎么载人!又如你游泳都不会,有人掉入海中,你跳下去救,不过多死一个而已。

"散乱愦闹魔诱惑。"你们在散乱中修,愦闹中修的,难免被外境界诱惑。这个末法时代,处处都是魔障。有人说:要先做生意,生活够了,才来专修。这些也是魔障。什么叫作生活够了?哪个有够的?我在这里穷了几十年,我到现在还没有房子住,也没有饭吃,你以为我真的有饭吃吗?要修行什么都不管。我不坐在这个位子上,是不会骂你们的;坐在这里,自然目中无人,乱批评一顿,因为肚子里压了几十年,发泄发泄!

"自心无惑勤修法。"散乱愦闹已经被魔诱惑了,所以,自心不要疑惑,道理要搞清楚,要努力。假使没有修成功,发愿他生来世再来,才是真正的修行佛法。

"死时不可动悲哀。"不过,看你们将来能不能修得好,如果修得好,传你们一个法,死后不投胎,马上找一个身子再来,免得再住娘胎麻烦,不必再欠十个月的旅馆账了。我到现在也还不完这个旅馆账,心里很难受。你们要是修不好,我才懒得教你们呢!

是故现在观此心,试观现死何携去,何往何变不得定。于此昼夜散乱扰,暇、圆、无义而浪费。唯一静处观真义。现今妙需终望处,死后何行我定否,是故即今应精勤。

努力修持啊!你现在观察这个心,死的时候,什么带得走啊?所以,我们大家自己讲修持,其实,随时随地,都会无常变去,昼夜都在散乱烦恼中。密宗告诉我们,人生暇、圆之身难得,但是,人生的空闲清闲时间更难得。尤其工商业社会,大家为生活忙得要死,现在有清闲,眼不瞎,耳不聋,可以修的人,反而做无意义的事情,浪费自己的生命。佛说此生难得,暇圆之身难得,赶快找地方专修啊!只有放下,专修,"唯一静处观真义"。

"现今妙需终望处,死后何行我定否,是故即今应精勤。"现在这样美妙的法本得到了,所需要的法财侣地都有了,所具备的因缘充足了,如果还不向涅槃清净之乐这个大目标去做,却把世间靠不住的功名富贵钱财看得很重,等到你一口气上不来,死的时候什么都带不走。就像有一次上课讲的,有个人要死时,他的两个修道的太太,叫他作一首诗,他说:"不知他年死了时,你是何人我是谁。"死后不见得会再碰面了,碰面也不认识,何况,还难得人中再来,不知死后何去何从。

是故,现在人身难得,佛法难闻,既得了人身,赶快精勤修持吧。

第五讲

修法与上师
戒律与威仪
你是法器吗
八风吹不动
修行・自利・神通
不要浪费生命
难得的人身

现在讲第二十页，关于修行人的条件，以及依师的重要。

修法与上师

至上上师极令喜，以闻、思、修调自心，特于真实耳传诀，勤而续修若昼夜，刹那亦不随凡俗，世夫励行真实义。

这个文字都很容易懂，普通显教是三皈依，密宗的修法是四皈依，把皈依上师当作第一。密宗是把上师当作活佛想的，因为修持所说的佛法僧三宝，是由上师的传授而来，假定没有上师的传授就不知道佛法，所以上师是指导者，最重要。密宗的供佛拜法，上师是面对佛，弟子们又面对上师，背着佛；因为依上师的领导而知佛法僧，普通修持上也是这样。所以密宗的依师，专门有事师仪轨，对于上师的规矩，非常严格，甚至于说，对上师的讲话，上师的行为，处处要作佛想，没有一点是不对的，就有这样严重。

其他依师的理论，《大智度论》上也有，要使上师能够心喜，才可以教，所谓师徒的道业要相合。上师喜欢教，自己不喜欢学时，缘不合，也没有办法；自己想学想修，上师不愿意教时，缘不合，也没有办法。所以说要使"上师极令喜"，以上师的教导，从闻、思、修而自修心。闻是听到了佛法，思是道理要研究清楚了再修，这是呆定的道理。以这样来调整自心，尤其对于上师修持成就的经验，面传耳授的口诀，就是上师亲自教的，不是在经典法本上可以看得到的。

修道的人，必须要上师的亲传，所谓耳传面授，要精勤来修，昼夜不懈。我们一般做不到，但在这里出家的同学们，要修持的就要注意。"刹那亦不随凡俗"，一刹那之间的行为与心思，也不能与凡夫一样，不能随着俗人一样，不能原谅自己，连一刹那都不跟凡夫心走。"世夫励行真实义"，这是世间大丈夫的行为，要努力去行，这是瑜伽士走的第一条戒——依师。

下面讲依师的道理太多了，这个平常我都不太愿意讲，因为至少今天你们还叫我老师，讲起来像替自己在解释。所以你们自己找佛经去看吧。照佛经的道理，我们现在一般人，跟老师学法的，根本就不合法。假定我有一点佛法，这是假定，假定我有修持的话，几十年跟大家在玩，是我的布施，是将就大家在做，并不是将就佛法，这都是不合"法"的。尤其要说够得上学佛法器的，真是没有，非常少，很难。因此这一段你们自己去研究。很多地方也都是因为大家程度的关系，都要保留一点，不是不想讲完，讲完很麻烦。现在看它的解释：

"盖由上师使入解脱门故，为求悉地，故使上师心喜，与闻思修合。行本续真义。"这都是修法的前行，是前面的准备工作。所以叫我们对于上师的信念，不是普通讲的信任，而是像信佛那么信，由上师才能够使我们得到解脱法门。"悉地"是翻译名词，为求成就进入佛的境界。所以我们为想达到修成佛的境界，所以要使上师心喜，喜欢传法，喜欢教我们，才从闻而思，由思而修，而得慧成就。这样的修行，是这本法本的真正意义。

"励力精勤，不可散乱。"这是勉励我们学佛学法的人，尤其是出家的同学们注意，因为我对于出家同学们的要求和希望，大一点，也管理得比较严一点，因为在家真正学佛的很少，真正修道的更难得，所以出家的同学们应该给在家的同学做个榜样。尽我们所有的力量，一天到晚要精勤修道，不能使自己在散漫中。尤其是出家的同学们注意，今天是"布萨"说戒的时间，当然在家人不准听。这一次从三千威仪方面开始讲，由外形而到内在，要严谨起来。为什么说戒时不准有在家人听呢？我也没有资格说戒，不过因为没有大和尚在这儿，我以法来代表，暂时代理一下。

"具德尽四大本续云：欲求悉地具信者，悉地由上师喜生。"所以修上师相应法是密法里头很重要的，要想得到三昧的快速成就，必须修上师相应法。所以修密法里头，有上师相应法，观想本尊。有些理论说，本尊的成就当然大，但是距离我们远，假使有成就的上师，修上师相应法，感应比较快，自己成就也比较快，也可以解释成电感的作用。欲求悉地成就具信的，都要由上师喜而生，心喜，心的感应来。

"是故凡诸所有者，供上师即真实勤，复次展铺解脱之基者。"所以修上师相应法，就是为自己得到解脱成就而铺路。

下面一段暂时保留，理由何在？先把大字念了。

戒律与威仪

> 声闻、菩萨、与持明，三种律仪不违犯，防禁自心成利他，所现应变解脱道。

出家的戒律，有沙弥、沙弥尼戒，比丘、比丘尼戒等，都属于声闻的戒律；大乘菩萨戒，是佛道的大戒，不分出家与在家都一样。也就是说，我们修行的人，第一先能做到守戒。假如出家，当然行仪上注重修比丘、比丘尼戒，但是中国的佛教，不管出家或在家，重点在菩萨戒——心行方面。"持明戒"是特殊的，一般不容易受这个戒，"持明戒"也就是密宗的大戒。要想修行成就，戒行非常重要。

这三种律仪，律就是戒律，仪就是威仪。所以我们这里几位出家的同学，现在开始起，要严格地执行三千威仪，当然很难做到，做到多少算多少。一个学佛修道的人，具备三千威仪，这还是外形，八万细行是内在心理。有许多学佛的说这个不行，那个不好；你觉得不行、不好，你自己去创造一个佛教吧。佛教之所以称其为佛教，是几千年来，大祖师们教育的"教"，不是宗教的教，有它的理由，有它的经验，经验不到不要妄作聪明。

譬如像我个人的经验，也经常告诉同学们，我从二十几岁起，吃了七年的素。那时我还在工作做事，而且后来还过午不食。开始时做不到，那时晚饭起码吃三碗，后来由两碗减成一碗半、一碗、半碗、两口，最后吃七颗花生米，之后减成三颗，最后，到了不想吃了。心里不想吃还不行，嘴巴咽咽口水，赞叹一番也好，我就深知习气之难。并不一定是营养不良，或肚子饿，而是那个味道，看到吃的就要咽咽口水，这些我都经验过。

在山上闭关三年，阴历九月半以后，到次年春天二月间，大雪封山，根本没办法往山上送食物。山上的饭，冬天一到，没有吃过熟的，都是半生的饭；一碗万年菜，萝卜干、菜干，都是咸的，辣椒、盐巴，加了很多油。炒出来永远是这样一碗菜，放在桌上。不过吃起来也香，因为没得东西吃了。万年就是这一盘，菜还没吃完又加上了，所以叫作万年菜，不过嘴巴还是想吃。没有事喝喝茶，山顶上的清茶加上雪水化了，煮一壶半开的水冲茶喝，所以搞得胃寒。在山上的厕所有两层楼高，古人有诗云"坑深粪落迟"，结果回头自己一看，大便都是白的。你们讲营养，什么营养啊！没得营养了，吃的白饭，拉出来的也是白的。所以我就感叹，春天到了，和尚们挑粪去种菜，那里的菜怎么能长大啊！这种肥料根本不肥。像这样的环境我也过了三年，我讲这些道理，都是自己亲身经验过的。

　　律仪有它绝对的道理，我们一般人很容易原谅自己，很容易对自己的心行一切，等等，做许多的解释，很不愿意接受一种呆板固定的规矩，不管一个多么老实的人也不肯。不管是法非法，一个人假定肯守一种规矩，在我个人的经验，虽然有许多事情不合法，既然大家如此，我也很守规矩地跟着来，慢慢自己就得利益了。不是他那个方法对，或不对，而是因为自己肯守规矩，内心得利，这个经验大家是没有的。我们有一半是在家的学佛，哪里搞过这个事！都是"名士"，尤其像我们在座的年轻名士特别多，"名士风流大不拘"，结果在轮回里头也不拘了，任何一道都可以去了。所以要想跳出轮回，非拘束不可。假使建立丛林的规则，没有个人的自由，眼睛左右都不准乱转，这是佛的戒律，不是我教你这么做的。所以三千威仪，一切戒行，只要半天的时光，能真在那个威仪戒行上，马上可以入定。

　　我的经验告诉你，在自己实行那个理论的时候，深深感觉到人的可怜，人都是自己妄作聪明，人只要不妄作聪明，立刻得利益。我的个性是个非常狂妄的人，但是对于我准备走的那一条路，我是绝对地崇敬，说这个路子应该歪着走，我就歪着走。既然来了就照规定，然后在其中才能够体会它的好坏。普通人不是这样英雄的，虽然一边也跟着歪着走，一边肚子里在反对，非丈夫也。既然歪着走，就歪着来，全歪，那你就正了，尤其是学密法，更要这样。

现在要教这个法门以前，首先要懂得戒，三种律仪不得违犯，主要的道理在一句话："防禁自心成利他。"防止自己起心动念，非礼勿视，非礼勿听，也是同样道理。"防"守是积极的，是要防止，不使它犯；"禁"是消极的，已经犯了再去禁止。自己起心动念如此，这是自利；自利也就是为了利他，要想济世救人，必须要从自己做起。光想要度众生利他，少吹牛，你有什么资格利他？先要求自利吧！

所以律仪的要求是"防禁自心"，假定这四个字做得到，什么律仪不律仪，不要谈了。律仪的作用在防禁自心，因为自己的自利功德圆满，才能做利他的事，成就利他的愿望。"所现应变解脱道"，等到成就了以后，你所呈现的，所谓神通成就、道力成就，无所不通，应现无方，一切应变，如观音菩萨三十二应化身一样，这是真正的解脱之道。

现在讲四种戒的矛盾和它的重要，下面一直到三十页，我们暂时把它跳过去，因为现在大家还不够条件。我们这个法门学完了，我看情形，是不是需要讨论再说，这个里头问题非常非常大，一旦搞错了，更不得了。

现在看三十一页，这一卷整个还是恳切、殷勤地讲修行人的条件，前一卷讲的是有关地方的条件。

你是法器吗

初学自利为首修，静地守心离散闹，对治调染去恶缘，见修不违虔修法，五毒自性所生者，刹那正念而能获，不散而依于对治，能知三业不放逸，知羞有惭调自心。

这个还是讲初修的人，当然以大圆满的修法，初学不注重利他，应该注重自修自利，专修去，只怕不成佛，不怕没有众生度。有的人，自己也修不成功，跟人家多谈一下又血压高、头昏了，然后叫作菩萨道，少吹了！你菩个什么萨呢？先要把自己修好了再来。所以初学以自利为首要，万事不管，在清净的地方随时守心，防禁自己的心起心动念，也就是禅宗所谓的观心、守心，离开一切散乱、愦闹。

首先修行要"对治调染去恶缘"。我们在世间滚久了，尤其年纪大了，世间的经验越多，染污越厉害，调染就很难。我们所有的修行的方法，念佛也好，拜佛也好，做气功也好，听呼吸也好，白骨观也好，种种等等，都是对治的法门，都是药方。吃药是为了治病，就是调染，都是为了调治染污，都是清洁剂，把我们的身心染污洗干净，恢复它的白净，去掉一切的恶缘，为善去恶。

见道、修道不违背虔诚、诚恳，"见修不违虔修法"，就是儒家所谓的"诚敬"。对佛法恭敬，对自己随时不能松懈，这是我经常在打七的时候讲的，我想起每次打七就气，香板一拍，有人就转过身来听热闹，好像听瞎子说书一样，我也不是说书的。我常常讲，当年我学佛的时候，是在军校，事情也忙，因为后门溜出来，就是文殊院这个大庙子，我早晚就溜到文殊院，在泥巴地上拜佛，有时候拜两三百拜。你们在家人这一批同学们做不到的，哎呀，不是给人家笑吗；再不然给人家笑迷信了。我不管，大丈夫要这么做就这么做，一心诚恳地拜。现在这里还有地毯呢！可是我从来没有看到有人在这里拜佛，包括几位出家同学，因为我每天来这里看，有人拜佛没有。我这个眼睛雪亮，拜过了有印子的，但没有印子，说明没有人拜，恐怕要佛下来拜你才行。总有一天，佛要下来拜你，求你。所以，见道、修道不违，都要虔诚修法，一念虔诚恭敬，什么法门都到达了。真正的正信很难，的确有这样的事，我一生当中的经验很多，坚信、诚信、虔诚就到达。

与生命俱来的五毒——贪嗔痴慢疑，其实也是自性变起来的。"五毒自性所生者"，五毒是无明面，属于阴面，不是光明的阳面。我们大家说心散乱，坐不下去，定不下去；你当然定不下去，因为你心中无正念。如果有正念，或者是你一念信佛，观佛，或者是一念"能断金刚般若波罗蜜"，就切断了。所以《华严经》告诉我们，"初发心时，即得阿耨多罗三藐三菩提（无上正等正觉）"。五毒自性真的不能断吗？真的要三大阿僧祇劫去修吗？因为我们不能正念，"刹那正念而能获"，刹那之间正念，立刻获证菩提，就进入那个境界了，有什么难？

所以我们修习佛道的人，随时要虔敬，"不散而依于对治"，妄念来，一提正念，就归到正念位上了，也就是孟子所讲"有诸己之谓信"，马上回转来，这个时候不散乱。定就是不散乱、不昏沉，对治一切法门。所以我们真正修行的人，在身、口、意三业的起心动念，决不放逸，不放逸就是决不原谅自己，决不马虎，而且决不躲避。原谅了自己，这也是魔障。在我的经验上，假定正念一提，测验一下自己，精神就来了。真的，要讲戒律，平常不敢讲，因为你们不会信，放逸的罪过是堕畜生道，那个畜生多放逸啊！你看那个猪、老虎、狮子，只要吃饱了，趴在那里就不动了。

要注意啊！这是今天讲到佛法，提到佛法真正的庄严性，给诸位稍稍了解一下，因为很多年来我不大讲这些。老实讲，很多年来，我是在"骗"，也就是诱导诸位向佛法路上走，所以你们怎么样都可以将就。我一直说：真讲佛法还不是这样，那会一进来就把你吓掉一条命。非要严肃到这个程度才叫作坛场、道场，才能够把心行严谨起来。所以人要知道，身口意三业不放逸，就是要精勤。放逸是有一点马虎,原谅自己;精勤是积极再去努力,所以我们修持,自己要知道羞耻。儒家讲"知耻近乎勇",要拿出勇气来,有惭愧心,要调和自心。大丈夫学佛,苟日新,又日新,日日新,今天没有进步,自己打自己两个耳光,"该死!为什么没有进步!"就要这样精勤,这样管束自己,才够得上法器,够得上一个学佛法的人。这一段是讲法器的条件。再看下面的解释:

"初入解脱道等,修真实义为首故,间接或自心欲思利他,而无有力。"不要说学佛,我们大家都想帮助人,但是事实上,帮人自己没有能力,所以先求自修,求得能力,把智慧、功行,变成力量,才可以利他。

"盖自心为烦恼性故,去恶缘及依寂静地,对治烦恼,见道与行道不违误而行持,当烦恼所生,于彼即以正念执持。"为什么我们不能利他?因为自心不能清净,所以不能起作用。这段和我刚才讲的道理一样,都说过了。

"一二刹那而不令住于自心故,于身口意三,以正知、正念、不放逸三者不忘,乃殊胜紧要也。"随时随地注意自己身、口、意三业,尤其出家的同学们要注意。

"《入行论》云:诸欲防心者,正知及正念,虽舍命犹守。"《入行论》这本经典上讲,一切修行的人,要想防止自己心性不起恶业,不被欲望污染,宁可把生命抛弃,也不离开道业的清净进修,不离"正知及正念"。这个精神,这几句话,就是佛,就是我的老师,我们还拜什么佛呢?

"我即礼此语。"修行人就应该顶礼,崇拜,依止,学习。也就是说"正知及正念,虽舍命犹守",自己没有正知,失去了正念的境界,自己要起忏悔。

"特于凡夫之心,随缘而转故。"我们一般平凡的人,没有成就的人，外境界一来影响你，就跟着转陀螺一样转走了，如果不随境转，已经是有相当的功力了，已经是一半的圣人。我们没有办法不随环境转，常听到同参的道友说："哎呀！我的环境没有办法。"该打屁股！是道业重要还是环境重要？换句话说，你对环境没有办法，你已经在随境转，嘴里讲不随境转，还谈什么修道？用不着修了。所以凡夫之心，随缘而转，这是自然的，换句话说，你仍是一个地道凡夫，不谈了。

"今教诫于缘显及自显之法者。"现在要教诫大家，"缘显"是因修法的因缘而呈现；"自显"是自己如何明心见性这个方法。所以我们这个楼上，几位在这里修道，环境当然还是不够理想，不是个道场；但是说起来，在这个都市芸芸众生中，此楼我觉得已经是圣地，如果还有境不能转的话，那赶快按电梯下去走吧。在这个都市中，能够找这么一个小地方，并不多。所以像我，前两年要闭关时，看了多少地方啊！阳明山、桃园啦，还有新竹有人送地，我跑了三次，真是自打耳光，哪里都可以闭关啊，我就在楼上把门一关就好了嘛，心转了就是境转了，哪个地方不是道场？随便哪里，蒲团一摆就是了。

像我当年在四川看到那个疯师爷，他几十年就在厕所那里，不是我们现在的厕所，是"坑深粪落迟"那种厕所，臭得不得了，他睡也在那里，打坐也在那里，那不是道场吗？我们大家福报太好了，自己不要把福报享完了。你想，我们是中国人，中国的灾难多大啊！而我们这一条命幸而存在，今天在台湾这个富强康乐、衣食无缺的地方，种种物质的享受，半个天人一样的境界，还有修道的环境和时间，如果还说事情没有完，环境不好，这叫作自甘堕落。这是以修道的立场来讲，只好补充这一句，好给大家转个弯。下面还是讲修道的条件。

八风吹不动

　　毁誉破立称与讥,等同梦幻而无实,谷响之名修随忍,断我执心之根本,凡诸所作不违法,防禁自心不恼他,刹那不随于染污,昼夜行善极精勤。

"毁誉破立称与讥。"这就是苏东坡所讲的"八风吹不动",就是称、讥、毁、誉、利、衰、苦、乐八个字。"称"是名称、地位。这些名称,像老师、处长、县长、委员、议员、大师啊!人都喜欢有个好的名称。"讥"是笑,"毁"是毁谤你,无缘无故地讲你这样不对,那样不对。"誉"是恭维你,"利"是利益,有钱赚,环境好。"衰"是年纪老了,眼花了,头发白了,走不动了,衰极了,或者生意赔了本,被倒了账,或者钱不够用,都是衰。还有"苦"与"乐",这八个叫作八风。修道的人先要把八风看破,这八风的内容,发挥起来很多。这八个字,轻轻向你一吹就把你吹跑了,这还不全是外境;有些风还是起于内心的风,只要骂你一声讨厌!你就受不了。骂你讨厌,还不是毁,而是讥,毁就更厉害了。所以先要自己修养到八风吹不动,多难啊!这里有许多青年,事情如意一点点,当然修道起劲;有一点不如意,道也不修了。所以我经常在骂,你修道好像为我修一样!我说我不陪你们玩了,我吃饱了没事,专陪你们玩吗?青年同学们要注意哦!自己这个都建立不了怎么行。

"等同梦幻而无实。"要八风吹不动,这些如梦幻,刹那都过去了。而且诸位真实要修,八风每天都碰到,如果当下能够正念、正知,看这些外境如梦如幻,已经差不多了。如果有这样的人,我马上皈依他,我就恭维他是菩萨了。在这里修道都是顺缘，不能有一点逆缘，所以八风吹不动不可能的，要做到看"称"、"讥"这些，等同梦幻而不实在才行。

"谷响之名修随忍。"一切恭维、名声、地位，要看成空谷回音，这些都是虚假的，不要被浮名浮利的世间法欺骗了。这个里头就是修行，就是忍，忍就是切断了，是六度里的忍辱。人生没有几件事情得意，每天不如意的事情太多了，能够觉得并不是不如意，就是忍辱波罗蜜了。这个"辱"并不是骂你或侮辱，一切不如意就是辱。小乘的四加行——暖、顶、忍、世第一法，忍就是切断，所以《金刚经》有七种翻译，玄奘法师翻译为《能断金刚般若波罗蜜经》，一切的恭维，一切等等都要切断。

"断我执心之根本，凡诸所作不违法。"我执的根本要切断，我们一切起心动念、所作所为，不要违背佛法。

"防禁自心不恼他，刹那不随于染污，昼夜行善极精勤。"防禁自心第一是使自己不起烦恼，第二是言行态度等，不使人家起烦恼，于刹那之间不入世间法的染污。这都是构成法器的基本条件，所以说我们自己估量自己，是不是已经构成可以修持佛法的法器了。

"毁誉与疑虑来时，应知内外一切皆如梦幻。"这就是教我们处事的时候，外界一切顺境、逆境、恭维、毁谤、称赞等来的时候，应该知道，我们大家学佛，理论讲得那么好，外境如梦如幻做不到，内在更不要谈。什么叫内在？今天感冒，身体不好，头痛了，血压高了，膝盖头痛了，这就是内在。你能不能做到看此身、此病如梦如幻呢？哎呀！我的腿呀！我的妈呀！这个才重要。这个心，一切唯心，这个业力自己都转不了啊！应该要知道，学佛要做到"内外一切皆如梦幻"。

"思无境如谷响，内心之忿怒及不适等认知其自体。"外界一切的毁誉称讥到来，狂妄一点的人，对于人世间的是非，根本就不理。心里头不愉快、烦恼、发脾气的时候，应该认得当下这一念是假的，不要受它的骗，这一念的自性本空。"其形像及颜色，观察一无所有。"现在科学可以观察出来，我们人要发脾气，情绪不稳，脸色马上变黑，变紫，形象也变了。现在科学已到达这个程度，将来很快可以研究到人的一动念，就把影像照出来，当然没有那么准确，至少可以照出来忿恨心那个光。所以有眼通的人就知道，人该死亡时，顶上的气就不对，有黑气来；倒霉时也有黑气，至少脸色就变了。所以人发脾气，脸都发青，形象、颜色都变了，这是心念的力量。所以要深深地"观察一无所有"，都是自己被这个现象所骗。

"如《入行论》云：本自不生境，何喜亦何忧，何得亦何失，一切如天空，同我悉应知。"这几句话在中国禅宗多得很，大家都很熟悉，都觉得好，不过做不到。因为你做不到，所以你不是修行人；修行人做不到也要做啊！你不做，就不是修行人，很简单。尤其是出家的同学们要注意，既然出家了，就标榜是修行人，所以普通人做不到，情有可原，因为他根本是凡夫；既然穿上这件衣服，就表示我不愿意做凡夫，那么就没有一件事，没有一个地方可以原谅自己。所以我经常不大赞成人出家，既然出家就拿出这个精神来，这就是戒的道理。

"总之昼夜常时凡有何作，唯调伏自心，于他不恼害。"大乘道不妨碍他人，不烦恼他人，也不使人家起烦恼。

"烦恼自消，善业自然增长，如是方可成为修学佛教者。"烦恼本体是空的，烦恼已消，善业自然增长，这样才是真正在学佛，才够得上算是个学佛的人。不是天天拜拜、念经，那些形式主义，看到就烦，要内在是真心的道场。

"如龙树云：汝请调自心。佛云心法本。"你要自己管理自己的心念，心是法的根本。

"又如《别解脱戒经》云：罪则不作，善功圆满，自心悉调，是为佛教。"别解脱戒是出家人的戒，为什么要受戒？戒律的精神，是我自心不犯任何过错，不造作罪行，也就是"诸恶莫作"。"善功圆满"就是"众善奉行"；自己心里的烦恼妄念，完全能够调伏下来，就是"自净其意"。这就是诸佛的教育法，这样才是真正的佛弟子。

"现当明如上之因白，为最难于初修习利他者，故诫示其不失自利法。"我们了解这个道理，修大乘道，在没有修成功以前，没有本事，所以先求自利。

下面第三十三页这一节，我们曾抽出来讲过。

修行　自利　神通

现今时恶人横野，静处精勤成自利，如翼未丰不能翔，不具神通难利他，虔修自利心利他，散乱愦闹魔诱惑，自心无惑勤修法，死时不可动悲哀。

在散乱中、愦闹中，自觉从来没有看到过魔，因为我们自己就是魔，魔当然不怕魔，魔也不敢来找你，所以你没有看到过魔。假使自己不是魔，随时可以看到魔，心散乱，起心动念都是心魔。散乱、愦闹这些都是魔境界，都是魔在诱惑你。环境一点不如意，脾气就来了，表示自己有个性，却不晓得自己是魔的个性，就是个魔障；自己不痛切反省，还认为自己对。

"自心无惑勤修法，死时不可动悲哀。"假使这一生没有修成功，死时不要恐惧，不要悲哀，正念而死，立刻得人身再来，继续修；就怕你死的时候，自己慌乱、恐怖、悲哀、散乱了。能正念而死，天上人间任意居住，因为人不能正念而死，所以佛传你一个法子，叫你念佛，你没有自信，只好信他。如果有自信，正念而死，死就死了，再来！所以下面有解释：

"今时虽佛降临亦不能化度，如同我虽略有利他心，奈化度之时未至。"这时候就是释迦牟尼佛、莲花生大师亲自来都没有办法，因为时节因缘没有到，没有办法，你自己先求自修自度吧。

"若不具神通幻变，以力不能造就。"神通怎么来的？修定来的，注意哦！一切神通皆由定生，不得定，哪里能具足神通？没有定力，所以不能起神通之力，所以不能利众生。

"故可置利他之形相及不听之教言等。"我们初步修习的人，不着菩萨相，不行菩萨道，先求自利，暂时把佛的言教搁在一边，不是不听，先要自修自利。

"于寂静处所，妙善修持，制心一处，而为求办。"制心一处就是定，你说我不能定，因你不能制心一处嘛！问用什么办法好？笨话！有勇气的人还要用办法制心一处吗？办法多得很，念佛也是一处，修白骨观也是一处，观出入息也是一处。你说这个你也不能，那个也不能，那你去轮回，去滚吧！这有什么办法呢？勇气一拿出来，制心一处就做到了，刹那间"制心一处"你就体会到了，无事不办，一切皆从定来。

"今生散乱魔之诱惑，昔被其惑，即已可矣。"我们这个生命就因为散乱，自己魔了自己，所以在轮回中，在生死海中滚。我们多生以来被自己骗了，被这个魔骗了，这一生已经了解得差不多了。

"现在心中思去彼唯一山林中，死时悲伤决不能动。精勤于自利事，利他，唯以心思维可也。"死时决不要动心，不要动悲哀，守正念而死。不得已，死了就死了，提着正念，立刻投胎再来。利他之大乘心愿力，不能放弃，但是先求自利。

"寂天菩萨亦云：众生信解有多种，如来亦不能令满，如我恶劣何堪言，如是相同也。"一切众生修行佛道，信行与解行有多种法门，就算佛亲自在世，也不能使每一个人满足的。这位菩萨当时住世几十年受苦了，是教化的苦。他说像我嘛！谈不上功力，所以不能教化你们。他说同样的道理，世界上众生教化不了，有时候没有办法，因为各自的业力太重了。

"修行成就自利事，但为难得坚持故，教诫需要再再努力者。"我们效法这个精神，愿力是利他，修行先求自利。这一生不成，不要怕，一念专精就可以再来，再来比这一生智慧就大了，力量也大了。因为这一生染污太多，年龄大了的人，各种业力缠着，烦！再来可以童真入道，那就快了！

是故现在观此心，试观现死何携去，何往何变不得定。于此昼夜散乱扰，于此昼夜散乱扰，暇、圆、无义而浪费。唯一静处观真义，现今妙需终望处，死后何行我定否，是故即今应精勤。

所以我们只要知道一切唯心，随时随地观察此心，守这个正念。这个四大是带不走的，这个正念就是我，我也就是一念，这个不会动，不会变化，守住一念不动就是定。什么一念？比如大家听这个课的时候，清清明明，听得懂，这就是一念，没有另外有个念，你如果去另找一念就错了。所以这个声音来就听到了，就明白了；张开眼睛就看到了，就明白了，这不就是一念吗？何往何变？这就是定，正念而定。

不要浪费生命

"于此昼夜散乱扰，暇、圆、无义而浪费。"我们人生活了几十年，自己反省看，白天夜里，包括在家、出家都是一样，都在散乱，虚耗了自己的精神。两个人在一起就谈天，号称谈天，慢慢就抬杠了，抬了杠就起烦恼，然后你看我的鼻子不对，我看你的眉毛歪了，一天到晚都在散乱中，扰乱了自己。可惜啊！自己这一生有空闲，能够来听这个课，修道，但又把难得的暇满之身，去做许多无意义的事情，浪费了一生，浪费了自己圆满报身的这个光阴。

"唯一静处观真义，现今妙需终望处，死后何行我定否，是故即今应精勤。"修行没有第二条路，只有一条路，随时正念，观察这个道理。这是最奥妙的，需要走的路，现在向这一条路上走，将来临命终时，总有所得，总有希望。所以要随时念死，就是十念中的"念死"，尤其年轻同学们，不要觉得自己年轻。像我随时准备明天就死掉，谁对死都没有把握，不要打长久主意。所以这几天同学问我：老师，那边的房子怎么整理？我说我才没想那么多，上午过了，下午能不能活着还不知道呢！想那么远，浪费精神！事情下午来了再说。天下事天下人做，事情来了，有精神高兴就计划一下，还有今天、明天的打算，那不算修行人。

世界上一般人，都是这样打算盘的，但是我在暗中笑你们不会打算盘；我最会打算盘。世界上就是这么一回事，自己把精神生命浪费了，这个多严重啊！像我当年常带着孩子，家里没有米吃，太太问我，明天没有米了。我说今天啊，夜里还有二十多个钟头，管这些干吗，到时候再说嘛！没有吃的，吃西北风；再没有吃的，饿死了，就是这么一回事，干吗浪费时间！

有许多青年时代的朋友，现在老了，不修白骨观，差不多已经变成白骨了，变成骷髅的样子，还在那里打主意今天、明天、大后天，看起来还是前途无量，后途无穷的样子。其实前途有限，后患无穷了。注意哦！不是我骂你，难道是我吃饱了没事干吗?当然,现在还可以骂,明天说不定骂不出来了。

"若返观于内,如我即今便死时,则往快乐处去,如是之预备有否。"我们修行,随时都准备死,假使你现在就死,能不迷糊,而且把握再来的本事,有没有呢?先不要说别的,这一步没有学到,你修什么行啊?或者说,我不到这个世界上来,到极乐世界留学去,跟阿弥陀佛学,有没有这个本事?所以我提倡《药师琉璃光如来本愿功德经》,叫你们往生东方药师如来世界。东方药师如来的世界,离不开中国,离不开这个地球哦!佛说它与西方极乐世界一样的功德,你们何以不研究药师如来十二大愿?也就是中国文化圣贤之道的大愿。所以大家先检查自己,有没有这个预备?尤其中年以上的朋友们,随时准备死亡,所以现在修行不能马虎了,还说等三个月,没得时间了。

"试思此昼夜惟有散乱扰动,遂浪费此暇圆也,故今惟需究竟依望处,即于此时此处。"不要浪费暇满之身,要当下就修,哪里找个好环境、好道场?来不及了,生命无常来找你的时候,你说等一秒钟,慢一点死吧,让我念一秒钟佛吧!不等你。比如我那个老朋友杨管北,我劝了多少次,我说闭关吧,不要管了。他说明年,明年,明年一定。讲了三个明年就跑掉了。来不及了,哪还等你明年!所以要放下现在就放下。有许多老朋友都是这样,孩子大了,自己退休了好多年,我说你不要再管孙子这一代了。"不管!不管!"到时候管得厉害。所以修行要勇,大勇,即于此时此处,要下决心。

"心中精勤于法。如《入行论》云:我之行如是,人身亦不得,若不得人身,唯恶无有善。"人身丢掉了就丢掉了,修行最难得还是人身。生天不能修行,太快乐,太有福报了,不能修行;下地狱太受罪了,没得修行;畜生太笨了,人身最好。

"如是所云也,夫妄相难忍,故教诫即于今时便须精勤者。"

虚妄之相就是妄相，确实教诫大家，要修这个法，先要构成法器，这些都是条件。

轮回妄相如危途，由此解法心记之，今乱、终究乱、漂流，是故生勤记于心。

我们在散乱中，漂流在轮回恶海中，是故要切记警诫自己。
"上下轮回之苦，思而畏惧，如有危险道途及大悬岩相似。"上下就是善恶两道，要随时生恐惧，这个你们不懂，好像是形容词，这不是形容词，而是真实的。我们死时同投生时就是这样。到你最后一口气断了，硬是掉下去，深沉黑暗，堕落下去就是这样，可怕得很，那个境界来，什么都把你吓昏、迷糊了，没有定力一下就轮回掉下去，由万丈悬崖掉下无底洞；要投生再转人身，好像从无底洞坑，上升至万丈悬崖，一点一点看到光明。如果有过一点昏迷经验的人，或者有时候身体不好，忽然坐起来有下沉的感觉，有黑暗的境界来，就要当心了，当然这是小的。或者有时候睡眠，梦中忽然觉得往下掉，好像高空坐飞机沉下来一样，那就晓得这两天可能会感冒，得小病，不好的境界要来了，就要注意了。事先注意可以挽救，这时候"多吃致疾"。那么唯一最好的办法，就是不吃多喝水，饿一饿就过去了。

如果从头上起，好像向太空里头去了，是虚脱，不过业果可以上升，但是也要注意，这样过去，境界如果是黑暗的，属于病相；境界光明的，是离散之相。

"今者若不解脱，到终了日，亦无解脱之时。"刚才有同学问，有时候从头顶上脱开了，很强的力量，好像到太空里头去了，那个时候你能认识到，可以马上回转。慢慢训练惯了，解脱肉身的时候，好走一点。可是这种不算成就，体质弱四大不调，也会有这个境界。所以"故应精勤也",要努力精勤哦!

"寂天菩萨云:虽平(平常)小危岩,若谨慎而住,千旬长远者,其堕何待言,如是之谓也,因难度三有海故,诚示今应精勤者。"平常的时候,我们人在物质世界活着,挑一个崖跳下去,要上来还不容易。所以人生,也等于中国文化讲"如临深渊,如履薄冰"。所以要随时小心,要像走长途一样地小心,不小心,地狱轮回之途是遥远的啊!永远滚下去了,越来越堕落的哦!你看我们一个东西,要丢下去很容易,往上抛很难哦!所以诸佛菩萨,诸位祖师,再三地警诫我们要精进、勤劳向道,赶快地修行。

难得的人身

烦恼我执难渡海,今以暇圆船而渡,若常能以福德力,亦现解脱菩提道,是时心勤修利乐。

烦恼最难清净,妄念去不掉,我执最难空掉,这个就是苦海的根本。烦恼海深,我执的海更大,你觉得我"无我",谈何容易啊!"今以暇圆船而渡",若常能以福德的力量,多做善事,多修行,善事就是修行的一种,以福德的力量,"亦现解脱菩提道"。换句话说,你为什么不能得定,不能成道呢?你福德不够啊,没有善心福德,除了起心动念做了许多坏事,自私自利以外,做了什么善事修了福德呢?哪一点是真正的利他呢?大智慧就是大福德,大智慧就是菩提,这个才是真正的大福德。所以《金刚经》给你们讲福德空,福德做到了,真证到了空,那么自己修到了以后,再"是时心勤修利乐"。

"烦恼如海之底相似故,今之暇圆如船相似,当令渡解。"

有空闲的时间——暇，圆满的身体还没有毁坏，这是一只船，渡这个苦海，四大这个身体是假的，但是它还是一只船呢！没有这一只船还渡不了苦海。所以四大身体虽是假的，但中国后来的道家就有句话，要"借假修真"。

"《入行论》云：此身复难求，愚者时勿眠。"我们人身很难得，死了以后是不是再变一个人身，不敢保证，"愚者时勿眠"，所以自己没有智慧，也不要再昏迷了。

"然今者难得之暇圆已得，知生死涅槃有过失及功德，需要修法，思念之心，中等生起，此乃佛之悲心入我心故。"修道这个心要恳切，所以我平常讲，你们谈什么修道？听着好玩而已。真正的修道人，把修道变成生活的第一位，现在所做的事情、生活是第二、第三位。我们一般人是把生活的习惯，世间不必要的一些习气，摆在第一位，空余下来叫作修道，去打个坐，那是给你疲劳过后的休息，算什么修道？把修道摆成第四位、第五位，把自我摆成第一位，莫名其妙的忙碌摆成第二位，太太、儿女摆成第三位，睡觉、休息第四位，然后第五位，多余一点时间盘盘腿，好像对得起佛法一样。那叫修行吗？那才怪呢！如果是这样成功的话，那我就倒霉了，输给你们了。我一辈子以这个为第一位，也不过如此而已。所以要精勤呀，"思念之心，中等生起"，这是佛的悲心入我之心。

"如黑暗中之电相同。"你能恳切地发起这心，那个佛的慈悲向你灌顶，内心慢慢光明，智慧开发了。"福德之心愿难生，然今此心能生时，当起始执持精勤注意也"，要特别注意。"《入行论》云：暇圆极难得，士人已得成，若于此无利，后真实何得。"我们已经得到了暇圆之身，要珍惜自己现在有的生命，赶紧修行，再等来生，我们有没有来生，也是不知道的。

"如夜黑云中，电闪忽现天，如以佛力故，尝于世人心，生福德智慧，观察善微弱，又若违缘易生，诫精勤于法者。"这是告诫我们。

> 命亦无常刹那变，散乱妙惑善推诿，恼乱相续习坚固，
> 染污聚等刹那生，福德善等勤难生，除业风力应精勤。

我们的生命刹那变化又短暂，但是我们习惯于散乱，习惯于妙惑，八十八结使那些迷惑，自己还很会解释："哎呀，我天天念，念的就是学佛啊！就是这些事情硬没办法，摆不脱啊！不是我不肯啊！"讲得非常有理由，自己迷惑，还拿出许多的理由，给自己辩护，并且还不用功呢！因为善于推诿，"哎呀，本来昨天很好，都是他来找我，把我搞坏了"。反正错的都是他人，都有理由的，这叫作人生。在家、出家都一样，我发现多得很，我经常肚子里有本账，每次看到，我都想把它记下来，准备哪一天碰到算一算。结果呢，我那些账簿，隔一天我又丢掉了，心里头懒得管，说不定我明天就死了，我还懒得骂呢！如果我一个一个记下来，每个人推诿的行为，推诿的话，那才多呢！那有得骂了。

"恼乱相续习坚固，染污聚等刹那生，福德善等勤难生，除业风力应精勤。"烦恼、散乱坚固得很，爱妄想、爱散乱、爱起烦恼，对这个都非常有定力啊。做好事、修行，难得瞎猫撞到死老鼠，撞到一回已经觉得自己功德无量了。"除业风力应精勤"，这个就是业，就是业风、业气，你们要努力解脱啊。

"凡夫时，时间刹那无常，散乱世间之显现，惑乱正法，愚稚士夫，为善推诿，轮回众生，长久相习于虚妄幻相，三界众生如降烦恼雨，如来作业，尝作诸福德，烦恼之海难越其波，有时不向于法也。"文字翻译得不大好，道理我们都讲过了。所以说

凡夫愚痴幼稚，很会原谅自己，诸恶莫作而偏作，众善奉行不能行，我们都在这个境界里过生活。

"故应勤恳精进于法，特为说《聚经》云：嗟诸行无常，生而还复灭，与生而还灭，无如速寂乐，如是心应知，轮回无有真实，故诚示应精勤于法者。"

下面这几段只有两张，今天讲不完，希望大家回去，三十八、三十九两页自己看一看。我们前面是讲选择修持的地方，这两次是讲修持人的条件。换句话说，随时要鞭策自己，自己要怎么样，才能构成一个真正修持佛法的材料，是修持佛法的法器。下次讲修行的方法。

第六讲

厌离心 大悲心
修行的大法
如何修前行
关于灌顶
秘密灌顶

第六讲

我们今天大圆满讲到第二部分，正式读到修法的部分，但是有一点须要先了解的，这个大圆满的法门，是属于藏密，也就是原始宁玛派所传承的。可是我发现，很多人对佛法修持的法门，听得越多，反而越混乱。尽管很多年听教理，如果考起试来，严格地说，都考不出一个系统来。自己所吸收的，无法贯通，更不会构成一个系统，这是我们大家一个非常大的缺陷。零零碎碎乱七八糟讲，大家都会，但是理论和修法配合起来，有系统地将显教、密教或者各种修法，贯通起来，都不会。所以大家修持不得力，重点在这个地方，可是大家自己并没有警觉到。

就以今年来讲，正月间打七的时候，说了白骨观，后来又传准提法，现在又来个大圆满。结果，越弄越大越乱，越变成不是大圆满。原因是大家没有贯通，连基本的精神都没有抓住，因此我们所有修持的人，好像是越来越退步，进步的很少看见，青年同学们也越来越散漫。这是个非常严重的问题。现在讲到大圆满，我相信大家听了以后一定有个问题，究竟我该修白骨观、准提法、药师法、还是大圆满呢？自己都搞不清楚。那么搞不清楚的原因在哪里？在理论上没有好好地去融会贯通，在工夫方法上也搞不清楚。

譬如大家都听过白骨观，也很有兴趣，都在修，却死死地抱着脚指头啃。这个《禅秘要法》的法本，大家也听我讲过看过，修白骨观目的何在，也讲过，大家自己不去融会贯通，所以听了等于白听不得力。《禅秘要法》那个法本，一共有三十多个程序，这是求证人空、我空、受阴空，证空性，证四加行果位的最好的法门。可是中间的程序也不是呆板的，都告诉你们了。而且我一再告诉大家，要懂得"易观"，非常重要，要随时调换，在某一种情形下，用某一种观法，自己要晓得活用才行。结果大家抱着脚指头也啃不进去，那么你抱着脑袋吧，也观不起来，很可怜地在那里白骨观……白骨观……结果是白骨在那里观我们，我们自己也快要变成白骨了。真正变成白骨的时候，就来不及了，所以大家尽管在听，老实讲没有用过心。

现在讲大圆满，因为发现了这些问题，我怕大家越听得多，流弊越大，自己越上不了路，很可怜的。这反而是等于禅宗那个祖师讲的，"我眼本明，因师故瞎"，我的眼睛本来亮的，被老师给我弄瞎了。我倒不想把人家眼睛给搞瞎了，所以再三声明。

而且大家先要注意，我们这里是从禅着手，以禅为中心。以禅宗来讲，这些修法都是多余的，但是有一个道理大家先要知道，"佛说一切法，为度一切心，我无一切心，何用一切法"。这个道理大家先要了解清楚，就是说你有没有一切心？有一切心，还是要一切法来对治。如果我无一切心，何用一切法，连佛法都是多余的。当然也有人狂一点说，"我本来不需要一切法嘛"！可是你还有一切心啊！一切烦恼妄心都没有清净，那就须要修法了。换句话说，大圆满这个法门，我们看来，也不过是号称大圆满；而真正的大圆满，只是这四句话——"佛说一切法，为度一切心，我无一切心，何用一切法"，这才是真正大圆满。这个重点抓住了以后，我们可以修这个大圆满了。现在是接着讲修持的方法。

厌离心 大悲心

"第三金刚理示所修等持次第,今当指示其所修法。暂总示者。"金刚代表大般若的成就,不动金刚这个至高的至理,是告诉我们修持的等持次第。等持也可以说是定慧的等持,也是身心的等持。现在要告诉我们这个修法,"暂总示"表示暂时总括概论来讲。

第三受持法有三:前行、正行、后、次第。

"初中后次第三种,每种广别。"初、中、后,次第有三种,每一种广为说明。

初者指示前行法,无常厌离外前行,能遣此生贪着底,差别前行发悲心,令行大乘道诸法,是故初修二前行。

要想达到大圆满的成就,必须修一种前行。第一个前行是在修这个法门之前,先要真正发起厌离心,想出离跳出这个无常的世界,无常的生命。像我们大家都号称学佛,可是对这个世界还留恋得很呢!样样可爱,没有哪样不可爱的,只不过受到一点打击的时候,偶然觉得灰心一下而已。灰心并不是厌离,真要一切丢下专修做不到,这就是因为厌离心根本没有发起来。换句话说,我们现在大家学佛修法,不是为厌离心而学,我们是为贪着心而学。世间一切都要,不过呢,更想拥有世间一切以外的成佛而已。这是贪心,和厌离心根本相违背,这是我们自己要检查、要反省的。如果要修这个法,不发厌离心可不可以?严格地讲绝对不可以。但是方便地说，对一般世俗的人，或者初学的人一定说可以。六祖也说："佛法在世间，不离世间觉。离世觅菩提，恰如求兔角。"那是教育上所谓的循循善诱，是诱导的方法而已，不是真实的，先诱骗你入门再说。

严格地讲，学道学佛想要有成就，没有厌离心绝对不会有成就，不可能的。我们依照常理来说，一个人这边也想抓住，那边也想抓住，哪有那么大的本事！也没有那么大的福报！不可能的。你看这些当皇帝的秦始皇、汉武帝等，到老了，那真是英雄到老皆畏死。这个时候不是厌离心，是怕死，怕无常来。你们很多人都是因为年纪大啦，没有办法做事了，才转到学佛修道的路上来找安慰，那不叫厌离心！没有人发起厌离心，厌离心硬是想要跳出这个世界。

出家的人是不是都有厌离心？不见得！真的有厌离心的只是少数，难啊！大部分人出家是一种感情化的，不是理性的对宗教的信仰，而是对出家的生活有兴趣等之类。厌离是对自己这个身体都厌离，都觉得是不净的，这个是欲界的事，发起了这样的心，才能够谈修道。所以厌离心非常重要。我们在座的朋友们，包括在家、出家，究竟有没有这个心，个人自己去痛切地反省吧。我们应该相信佛的话，相信前辈圣人的话，他和我们没有利害关系，用不着打妄语。他叮咛我们修行第一个前行，先要领悟无常，厌离心真正发起以后，才能够"遣此生贪着底"，才把这一生贪恋世间，贪恋一切的这个贪恋的根本，排遣开来。

不要认为每天跑到这里来打坐一次，就是发起厌离心修道，没有这个事，这是找休息、享受的地方。在家里打坐也是一样的心理，这不是厌离心。所以严格讲，学佛法我们根本没有资格，因为厌离心都没有发起。

第二条差别前行是发悲心，厌离心生起以后，我们普通说这个人啊!他是真看空了,什么事都无所谓了,那他只是小乘的发心。真能再转变自己的修养,会起大悲心;因为看空了,所以对世界,对其他的人,对一切的众生,会发起大悲心。

大悲心怎么发?近来有许多人问我,说他硬发不起悲心耶。比如以前我那位朋友杨管北先生,他在世的时候,跟我讲过很多次,他说:"很奇怪,我不能说不信佛,我就是发不起大悲心。"他说他很想发悲心,但悲心就是发不起来。为什么呢?因为厌离心没有发起来,悲心哪里发得起来!不是说看到杀鸭子、砍鸡头就掉眼泪叫悲心,那是爱哭。要对这个世间一切厌离,真是看通了,看到世人在这个贪嗔痴慢疑里,像没头苍蝇一样地在尘网里打滚,非常值得悲悯、同情!这才能真发起了悲心,这才是大乘的种子开始。

讲这个法门以前,千万注意前行。没有发起厌离心,也没有发起大悲心之前,随便修这个法就想得效果,据我的经验绝对不可能。这两种心你只要发起了一点,那个效果就来了;佛法的感应,修持的感应就上身了。厌离心、大悲心动都没有动,你想在修持上有效果,那是开玩笑,没有这样便宜的事。比如我们要肚子肠胃清爽,那就只有少吃一点东西了。你说我又想吃得多,吃得好,又想肠胃清爽,那是不可能的事,不要瞎扯了。结果我们一般人学佛,等于是刚才的比方,吃得好、吃得多,然后肠胃又要清爽。贪心!这是不可能的。

这个法本上说"令行大乘道诸法",就是普通显教说的发心。不过现在发心两个字,变成化缘的俗语了,拿本化缘簿,面前一摆,居士啊!请你发心。换句话说,把出钱叫作发心,那只是发心的一小点,那不是的。真发心是发起厌离心,发起大悲心,这是很重要的。"是故初修二前行",先要作这两种前行的发心,所以我们要特别注意"前行"这个观念。换句话说,你要修持任何一种法门，前面这两个条件，有如车子的两个轮子，轮子都没有，车子想推得动是不可能的。下面是解释。

修行的大法

"凡修大乘之道，皆于其前，念寿无常，思轮回苦，于彼而修悲悯，故为彼我思成佛，精修菩提心。"他说修大乘的法门，首先要随时想到寿命的无常，算不定今天死或明天死，或下一秒钟就死掉了，生命是靠不住的，要时常警策自己。第二，死了就解脱了吗？没有那么便宜！生命自己还做不了主，不要说死后做不了主，连白天的事情都做不了主；碰到外境界一引发，连喜怒哀乐都做不了主，这就是轮回的痛苦。我们一般学佛，都会讲六道轮回，但自己并没有六道轮回的感受，所以这不是在学佛。必须要对寿命无常，世事无常，众生在轮回中有所了解，自己也在轮回里受种种烦恼痛苦，才会自然发起悲悯心。所以我们学佛成佛，还不只是为自己的成就，而是为了利世利他，为彼为我。因此，想要修法成就，这个大悲心是非常重要的。赶紧修白骨观吧！真的很容易很快会有成就。

你们修白骨观修不成，乃至观不起来或观不好，那是你自己不用心。我都讲完了，讲得很清楚，结果问他们修得如何，听了又好气，又好笑，因为我所讲过的话，一句都没有听进去，没有听懂。一般人都犯了一个毛病，听人家讲话，都是把自己喜欢听的抓几句，其他许许多多的话都充耳不闻。像吃菜一样，每人都选自己喜欢的菜挟一口，其他的看都没看见；听话也是这样，所以不得力。法本说要"故为彼我思成佛"，所以要真实发起菩提心，菩提心包括大悲心，智悲双运的菩提心，大智度，自了度他；大悲心度他，自了同了。

"盖知寿无常，修行不现有暇，知轮回苦，心能不贪此生。修无方大悲，即不堕小乘。"这里文字都很简单，他说我们学佛的，晓得寿命是无常靠不住的，有今天算不定就没有明天。修行要努力，不能等有空的时候才来修，要知道轮回是苦，所以不要贪着此身，不要贪着现有的人生。修"无方"的大悲，就是没有方所，没有目的，而是无缘之慈，那样就不会堕在小乘的境界了。大家口口声声要想修大乘，尤其中国的佛教、佛法，素来以大乘标榜。老实说，每一个学佛的人，连大乘的影子都没有，他们那个心性，绝对是小乘，而且是小乘里头的小小乘；除了对自己以外，不会起悲心，也不会起利他的心。而且只谈理论，事实上，利他也做不到。这方面我们自己要检查、要反省，我们与佛法根本是背道而驰，这样修行怎么会有成果？

"发菩提心，有速成佛之利也。"发起悲智双运的心，很快有即生成佛的利益，所以发心最重要。

"于此尤以大悲方便及不住二边智慧，为大乘殊胜之法。《集经》云，苦无方便离智慧，即堕小乘。"二边就是空与有，要注意啊！不住于空也不住于有。这不是光指打坐的时候，大家要特别注意，要反省啊！大悲、方便，及不住二边的智慧，就是大乘殊胜的法门。所以《集经》上说，没有方便与智慧，就会堕入小乘。一切众生太可怜了！不懂方便，没有智慧，也不去参究，光是呆板地死坐求工夫，已经堕在小乘而不自知。至于多闻，如果像小牛听经一样，坐在那里听是听到了，没有真到心里头去，听完就溜走了，有什么用。这个很糟糕，自己已经堕在小乘的境界了。大乘就是要发悲心，行为上也是大悲；了脱的方法是智慧，了脱的功力也是大智慧。智慧是正思维来的，不是不思维，也不是乱思维，是要定慧等持的正思维。

"又《宝鬘论》亦云：空性大悲之真实，与修菩提共一处。"

既然讲空，何必又要大悲呢？大悲不是也空吗？还有个大悲心就不是空了，对不对？在逻辑上应该是如此，这两个是矛盾的。所以佛经告诉我们是悲智双运，两个平等。空性之中的大悲心，证成了空，而发大悲心，这是真实的大乘法，这就是佛心；"多情乃佛心"，空性大悲，这个才是佛的心。所以悲智双运，大悲心与智慧双运法，就是真正证得菩提的一体的东西。

"《现观庄严论》亦云：智不住三有，悲不住寂灭，方便非者远，方便远非是。"这是《现观庄严论》的话，这个地方翻译得不大好，意思表达不够清晰。反正所谓大智度，智悲双运是大乘法，以正思惟的智慧，不住三有，三有就是欲界、色界、无色界。"智不住三有"，在我们打坐到最好的时候，是不是很舒服啊？舒服就是欲，住在欲界里。对不对？所以在这个时候，是真修持佛法，一旦到达这个境界，就要晓得"智不住三有"，苟日新，又日新，日日新，马上就舍。或者有时候进入一片光明中，好不好？当然好，一定会贪恋这个光明。你要知道这个是色界，"智不住三有"，还要跳出来才是。你若进入无念好不好？也是一样，你们每个都有工夫，只是自己没有去正思惟，见地不透，所以等于呆坐。现在说的这个就是大法。

譬如正在坐得最舒服的时候，有人来找，有要紧的事，只好下座，心里骂一句"他妈的"。那一句他妈的不是在骂人，是无上大悲咒，唉！不要贪图这个舒服吧，赶快去替人家办事，这就是"悲不住寂灭"。佛也是不住寂灭的，大悲度众生啊！为了利他，就要不顾自己。如果说我现在正在空得舒服，你打搅我，你有罪了，你这种想法就种了下地狱的种子，自己早下了地狱。所以"智不住三有，悲不住寂灭"，智悲双运到底，才是大乘。

"方便非者远，方便远非是。"方便是各种方法，那么佛经为什么不翻成方法，而翻为方便呢？这个话头我也参了很多年，后来觉得这个翻译很有道理,这是古人的高明,如果翻成方法,就是死的、呆定的,使人更执着;方便比较不大执着,方者方法,便者便利也,对你有用又便利的方法,很快就能得到利益。譬如说我们口干了,来不及烧开水,其他东西也没有,但有一瓶汽水,很方便,一打开就可以喝,这就是方便。所以我们修行,懂得的方便要多,你假使认为我念佛,那个禅我不管,那个密我不管,那就是不懂方便,不是方便波罗蜜。"方便非者远",以方便为非,否定方便的人,他离道就越来越远。"方便远非是",相反的,方便不是道,你如果执着了方便的法门,也离道越来越远了。

"又《笃哈》云:住空性离大悲者,以此不得殊胜道,若唯修持大悲者,亦住三有不解脱,如彼二者能相合,不住三有与涅槃。"所以《笃哈》这个法本进一步讲,一天到晚只晓得空念头,住在这个空的境界,以为是空,发不起大悲心,早已经堕在小乘法门了,不会得到最高的成就。但是,如果专门修大悲心行愿,自己成不成佛没有关系,一天到晚为别人忙,认为是大悲心,那也是住在三有境界,不能解脱。大悲心够了,福报大了,那还是在三界天人里头,因为你不证得空性不得解脱,只是修福报。大悲是功德,功德大了,福报就大,更不得解脱,因为没有空智。所以必须悲智双运,智不住三有,悲不入涅槃,二者能相合,才是中道。如果以中国文化的智、仁、勇三个字来解释,大悲就是仁,空性就是智。但是光有智会变狡猾,光是仁就变无能,中间必须靠大勇来调配,才能进入中道。"复次指示殊胜前行者",下面是指示前行修法。

如何修前行

其后殊胜之前行,获圆灌即生起二,情、器、现尊自身尊，令遣凡夫之染着。由修深道师瑜伽，无量加持现悲力，二悉地成诸碍解，故其后修前二行。

说到殊胜之前行，现在还是前奏，在修一法前，这个前奏就是灌顶，密宗先讲灌顶。"获圆灌即生起二"，就是要得到生起次第的两个要领。什么叫生起次第？我们把自己前生都抛开不谈，这一生要开始修佛，是平地起高楼，必须要在平地上搭一些架子，这个叫生起次第。生起哪两种呢？福德资粮和智慧资粮两种，这个是佛学的生起次第。生起次第的灌顶是一层，然后进入圆满次第的灌顶是第二层，这两个简称为生圆二灌。以密宗来看，像我们"大乘学舍"的诸位出家的同学，你们今天不过是刚刚踏进生起次第之门而已。你的福德资粮、智慧资粮究竟生起多少呢？那是很深的问题。所以讲到灌顶，这就是个大问题。

第二句话"情、器、现尊自身尊"，你要修密法先要发心，刚才大小乘发心的道理都说了，第二步的准备是要得到灌顶。灌顶有生起、圆满两种灌顶，得到真正灌顶以后，"情"，就是有情世间，三千大千世界一切众生皆是有情。情世间包括了一切众生的感情、知觉。"器"，是指物质世间，包括了我们这个身体，以及所有的物质世界。自己的身体是阿赖耶识的现量，其实器世界、情世界都是阿赖耶识的现量，而情、器现身的本尊，就是我们自己。假如我修观音法门成就了，那一位远古的观音如来的本尊，会真到自己前面现身。但是自他不二，他虽然是古佛，我是今佛，两个体同，所以得到灌顶以后"情、器、现尊自身尊"，心物一元就证得了。这一句的经文是说，要修密法，前行得到真正的生圆二灌顶以后，情世间、器世间、现尊的世间，自性与本尊就合一了，这也就是自他不二。我们如果拿世间的学问来讲，就是"天地与我同根，万物与我一体"，那不是空洞的理论，是要证到的。

"由修深道师瑜伽,无量加持现悲力,二悉地成诸碍解,故其后修二前行。"瑜伽就是禅,禅定,相交感,也就是相合感应的意思。有些佛经用瑜伽,就是现在所讲的瑜珈。"瑜珈"是讲这个方法;"瑜伽师"就是有成就的大师,是中国人所讲的士。"令遣凡夫之染着",他说现在为了排遣凡夫的染着,由已经修成功的瑜伽师、上师给我们灌顶,就是无量的加持。所谓加持灌顶,就是将他修的福德、智慧资粮以及他本身的功力,帮忙我们。这是真正的灌顶,真正无量的加持,是上师的大悲心。因此内外共不共二种悉地——境界坛场,都能够得到无障碍成就,但是灌顶还只是前行。

讲到灌顶,我跟大家讲白骨观的时候,有没有讲灌顶啊?有灌顶法,那个方法真灵光,你修好了硬是诸佛菩萨直接给你灌顶。可惜你们诸位没有修,有什么办法呢!那真是灌顶下来,立刻就有感应,你身心立刻不同的啊!就是孟子所说的"有诸己之谓信"。那个力量,硬是到身上来了,得到真的灌顶。所以这些显教、密法一样,但诸位所修的白骨观,应该改个名字,叫白骨唷,大家都在抱着白骨乱唷。

现在讲到这个灌顶的重要,其实经典上讲的菩萨道,共有五十个阶级,十信、十住、十行、十回向、十地。第十住"灌顶住",第九住已经叫作"法王子住",等于是皇帝的太子,这个是讲理上的,当然也是事上的。换句话说,修行到了灌顶住有没有相呢?有相,也就是真正所谓开顶,并不是现在密宗留传的头上插个草啊!认为插牢了就叫开顶,那是笑话。当年我在西藏的时候,有许多人插草开顶好困难,我一插一定插上。后来我代表师父,帮大家插,每个人我都把它插上了。西藏人不洗澡,头皮又厚很难插;我们汉人爱洗头,头皮薄一点好插。人的头顶上有几个小洞，你懂得穴道，稍稍用扎针的那个手法，大拇指一摸，那根草拿起来咚一下就插上了，稍稍流一点血没有关系。大家说你功德无量啊！是你的加庇力；我说当然，当然，因为这个就是他的信仰。他说哎唷！这个一下把气提了上来，每个人脸都红红的，血压上冲了，头皮软了嘛，软了"咚"地一插，很方便。法会七天下来，每人就插这么一根草，所以成功不成功靠这一根草，在边远地区，这就叫方便法门。

讲到真正的灌顶，先说大家修定修到头顶发清凉，那算不算灌顶啊？宗喀巴大师在《菩提道次第广论》再三赞叹，随便你修哪一个法门，打坐坐到头顶清凉，那是什么状况啊？我经常讲，我们当军人的时候，同他们出家人一样，夏天把头刮得光光的，头皮发青，然后用温水一洗，凉风一吹，哎唷！那个头真凉快啊，真舒服。那一刹那之间，皇帝都不想当了，很凉快。你工夫到了，头顶就会发一种清凉，那种清凉还不是灌顶啊，是轻安的初步。真正到了的时候，硬是与宇宙合一，那硬是诸佛菩萨的力量，一切光明灌下来，你的一身忽然清凉，无量的清凉，无量的无量的现前。那真是可以体会到孟子所讲"充实之谓美"，那是讲不出来的美，心境有无比的恭敬，对自己的尊敬，对佛法、对道的恭敬，那才叫作肃然起敬。

灌顶有事相不是随便的，讲密法的从来也不会么讲，我这个也不是密法，我只是当作研究密法，来跟大家讲。讲老实话一般学密法，这里灌个顶那里灌个顶，我们当年灌顶同皈依一样，两个腿随便一跪，要红包给红包，这个法要灌个顶就灌，上午灌一下，下午也灌一下，头上滴的都是水，结果还感冒了。那个冷瓶子的水东一滴西一滴，都流到脸上来了，我又不敢擦，很恭敬。实际上，那都是形式，所以你看白骨观的修法，得到真的灌顶最重要，那顶是会开的。到这个时候，你如果真在灌顶的这个境界修持的话，你到临命终时，要下地狱也下不去，自然向上走，自然有光明来了，想不生天也做不到。像《阿弥陀经》上说，西方阿弥陀佛放光接引，那是很自然的，就是这个东西。

换句话说，我们生命的本能就有这个功能，大家没有修证到，那是怪你自己，因为你开始时没有发起出离心、厌离心。而且老实说，一般人学佛没有照学佛规矩学，都是自作注解，绝不肯守那个成规。我们当年学佛，这个地方应该这样跪，那个地方应该那么做，都是照规矩做的。现在人都是妄自聪明，佛法到了他那里，那个字典就变了，就下自己的注解，没有用的。注意啊！再看我们的文化，孟子所说，不以规矩，不能成方圆啊！如果你成功了，那你就是规矩，可以；你没有成功以前要守规矩，该怎么办就怎么办。随便你修哪个法，一定得灌顶，所以真正的灌顶是这个道理。

譬如我们在座的，打坐也很多年了，为什么坐不好？头部、脑部的气脉都没有通，还谈得到灌顶吗？你顶灌都没有用，倒转来也没有用。在你真到了那个时候，是自然的灌顶，念念之间就在一片光明中，所谓顶后发圆光，那是自然之理，这都是真的事，都是事相。不过，这就考验你的智慧了，如果到了这个境界，你就住在这个境界的话，那就落入色界了，这还是最初步的，粗的色界。所以，光明又怎么样？诸佛菩萨来站在你前面摸头又怎么样？你的头还是你的头，佛手还是佛手，没有关系耶！所以"智不住三有"，就要参了。

禅宗那个文喜和尚，没有开悟以前，三步一拜，朝五台山，拜文殊菩萨。碰到文殊变成的老头子，问他南方的佛法怎么样？他答说：龙蛇混杂，凡圣同居。老先生你住在这个五台山，那山上的佛法怎么样？老头子说：没有什么，前三三与后三三。他搞不懂。老先生旁边，只有个小孩招呼他，当他告辞而去时，忽然这个孩子跳到空中，变成狮子，上面骑的那个老先生就是文殊菩萨。文喜当面错过文殊，懊恼之极。后来大悟了，发心在大丛林里做饭头，几百个人吃饭，那个大锅比这个供桌还要大。有一次看见文殊菩萨骑狮子在饭锅边上跑，他拿起那个锅铲就打他，说"文殊是文殊，文喜是文喜"，你是你，我是我，你不要在这里作怪。从前还三步一拜求人家，此时现身反而要打。这文殊菩萨也跳到空中哈哈大笑说："苦瓜连根苦，甜瓜彻蒂甜。修行三大劫，反被老僧嫌。"我修行三大阿僧祇劫，结果还挨了这个和尚的打。那就是恭维文喜的话，恭维他悟道了。所以都有事相的，事相硬是真的，你到了那个时候，诸佛菩萨给你灌顶你都不要。

我们现在在那里打坐，像黑漆桶，头脑部分都没有通，刚刚有一点通啊，头就先来把你给痛死，一直要痛到头脑部分的气脉通畅。我告诉你们，要"智不住三有，悲不入涅槃"的人才敢修啊！胆子小一点的，修到那里那个痛苦你就受不了。讲修行是痛苦的事啊，经过这样苦，离苦才得乐啊，所以不是简单的。好啦！这些讲过的都要记得啊，以后再不要问了，问来问去，千年万年都是这几句，翻过来翻过去，说了又说都不懂，岂不是糟糕。现在看下面的解释，这一段很长。

关于灌顶

"若善得灌顶后，初入修生起圆满者，以资粮道微薄，欲求解脱要道。"为什么我们要修灌顶，要请上师给我们灌顶？灌顶也等于洗礼。密宗讲渐修，要先修生起次第，因为我们智慧、福德不够，要把智慧、福德生起，就像下种子、发芽。生起以后，再修圆满次第。为什么必须要经过渐修的次第呢？因为我们福德、智慧资粮不够，连一点资粮都没有，更不要说圆满不圆满了。偷鸡还要一把米，我们现在修生起次第，就是先把米准备好，再去偷鸡啊！上师教我们，学佛"欲求解脱要道"，先要知道根本。

"而道之根本，即是灌顶。"我们要想求得解脱的要道，跳出三界外成佛，你本钱都没有，能源都没有，你要先把福德与智慧二种能源找来才行。所以"道之根本"就是灌顶，先要求灌顶。这句话非常重要，是密中之密。修密宗的人不懂，认为只要师父那个瓶子里酒和白糖的净水，头上一倒就灌顶了；就像洗礼一样，跳下去"噗通"一声就洗过了。那会洗得好吗？像这样的灌顶，有什么稀奇啊！我多弄几瓶白兰地，也是给你们灌顶。要真灌顶你才成功，到了灌顶住，就等同于佛了，就是法王子，文殊菩萨就是法王子，就是佛。

学密法灌顶是第一步，实际上最初就是最后，真正的灌顶不需要这个形相。所以讲《禅秘要法》修白骨观，不是有真灌顶吗？但是大家白骨观都没有观起来，连脚趾头都没有啃好，还想给你头顶上灌顶，那是不可能的；要工夫到那一步，自然会给你灌顶嘛！甚至你不想佛给你灌顶，佛都要来，佛也很势利啊！你有道他就来了。等于我们也很势利呀！因为佛有道，所以我们才来学佛嘛！灌顶是道之根本啊！灌顶如果只重形式，以为学了密宗，上师已经给我灌过顶了，我就可以当老师了，那是天晓得。现在外面社会上有许多人，在台湾一下子就当起上师来了；奇怪，不知是哪位菩萨给他灌了顶，听都没有听说过。

"若得之，即得名为密乘共道一座换修生起圆满者。"假使真得到灌顶，利益修法做工夫，那就懂得诸佛菩萨的秘密心要，灌顶是密乘的共道，那是任何一派的密宗，修任何一个密法的，共同必须要得到的。其实你得到了这个灌顶的共道，只要一上座，已经成佛了，生起次第、圆满次第立刻圆成，完成了就是顿修成就，就是这个道理。这个解说文字翻译得不好，我这样一解释，你就懂了。

"今以大圆满之建立，观本尊，上师瑜伽及气脉明点微细瑜伽等，摄集一切微小圆满次第所缘等而示道之前行。"现在他说，我们修的这个大圆满禅定的法门，基础建立在观想本尊，或观想莲花生大师，或观想释迦牟尼佛也可以。现在观想觉得很方便，变动没有那么难，因为你观想本尊，现前上师修成功的功力瑜珈，加上你自己本身的气、脉、光明、明点。这也就是道家所谓的丹，是精气神的集合，非常微细，熏习禅定的功力、瑜珈等，集中了一切精细的，与圆满次第所缘，表达了道之前行。

"又稍分演说彼等之建立，此分为二，令成熟灌顶，及令解脱生起圆满。"达到的人告诉我们，修道的前行秘密的条件，分为两种，一种是"成熟灌顶"，是快要成就了。其实你说修禅宗有没有这一套？一样有，不过禅宗不注重。你们要注意看哦！我不讲古人，就讲现代人虚云老和尚，他自己报告四十多岁开悟的公案。他在禅堂倒茶的时候，打破了一个茶杯，他眼睛张开一看，墙壁山河大地都看通了，等于药师佛的琉璃世界，这跟诸佛菩萨灌顶是一样的，这也就是真灌顶。不过修禅的人，这还是个过程，灌顶本来是个过程，佛法只有一乘道，不管哪一宗哪一派，只是表达的方法不同而已。所以大家学佛参禅也好，修止观也好，修密也好，没有到达这个境界是没有用的。诸位要努力呀！换句话讲，这个境界要是没有经验过，是没有用的，抵不住生死的。所以那个成熟的灌顶是这样的。

我所提出来的成熟灌顶，就是庄子的观念，天地与我并生，万物与我一体，你们在座好几位是学老庄呀，庄子也讲过"虚室生白"，那硬是黑暗的房间里看东西很清楚，岂止黑暗房间，山河墙壁一眼就望穿了，这就是灌顶，这是成就的境界。灌顶第二种，为了使初学者得解脱道，得生起、圆满功德，而做有形的灌顶。下面他引经证明。

"如《现显明金刚本续》云：由大金刚持，所说义甚广，然总归为二，成熟及解脱。"就是《本续》这个法本上说"大金刚持"（普贤如来的化身），大乘所说的义理非常多，归纳起来是两点——"成熟及解脱"，都是为了使你成熟善果，成佛顿悟；顿悟就是成熟，解脱就是渐修。换句话说，成熟的解脱就是顿悟，可以分这样两方面说。所以禅宗讲的顿悟，那是从渐修来的；渐修到了就顿悟，瓜熟蒂落，成果就掉下来了。所以不渐修哪里有顿悟啊？但是没有顿悟何能见到渐修的圆满！这二事是二，二是一。

"于灌顶有三：决定灌顶数，决定义理，解说其字义等。"他先引这个原理，然后分三部分讲灌顶，决定次序数字的意义道理，再解说灌顶所用咒语的字义。

"初者若精勤于所净四烦恼，能成四手印、四欢喜，及果、身等，故名为四灌顶。"普通密宗灌顶有四个步骤，有四灌顶，有些讲到六灌顶七灌顶。为什么要用四灌顶呢？为了精勤去掉四种烦恼，贪、瞋、痴、慢，成就四种手印（生起手印、拙火手印、空乐无分别手印、法性大手印），四欢喜（喜、上喜、胜喜、俱生喜），灌顶是正果位。注意哦！不要听到果位就想到四果罗汉，那是没有智慧！要知道菩萨十地都是果耶！"果"者是成果了，这没有讲小乘之果。"身"，就是四身：法身、报身、化身、法性身。实际上法报化三身三位一体就够了，密宗多加一个体在身上，所谓四身成就。要注意啊！这就是密宗和显教不同的地方。显教只要果成证道就好了，密宗是要身成就，把这个肉体即身转了，得报身果成就，不然不算。所以有果成就、身成就，四身或三身成就。

学密教的人认为，显教乃至包括禅宗，充其量只成就法、化二身，报身成不了。不过我当时和他们争论，我说不然，比如我举出几个例子，禅宗祖师普化禅师、邓隐峰禅师等，三身、四身都成就的很多嘛！又如宋代的普庵禅师，出家人早晚课有念普庵咒的，那个咒语也不是别人传给他的，而是证到八地菩萨以上，自己就会说咒。

普化禅师曾帮助临济，完成以后，他就吩咐弟子，我明天出南门涅槃。第二天大家抬着棺材，到了南门，看的人太多了，他说今天日子不好，明天出东门。结果第二天人就少了一半。又说这方向又不对，要朝西门去。把大家骗了三次，最后一次出北门，往棺材里一跳，你们盖起来吧。一抬棺材轻的，只见他站在空中，说：再见哦！这不是四身成就吗？

还有你看邓隐峰，问他的徒弟们，古人坐脱立亡，有没有倒转过来走的呀？没有。那我就倒转来，头在下脚往上伸，死了。长袍子是贴着腿不动，就是拿大顶在那里。这不是四身成就吗？他的妹妹出家也有道，跑来了，在他身上拍一拍说：你呀！活着时作怪，死了还要作怪。他立刻就站起来说：你说我作怪，我就再死过。噗通倒地就走了。这是禅，也是成果啊！所以说要有成果才是，你没有证果，怎么自称禅师，又随便传啊？所以我最反对轻易谈禅。

四灌顶为了断除烦恼，为了完成那四个手印，可以说四个大境界，而得欢喜。也就是身心欢喜。大家仔细反省一下，在座有很多都学静坐，这两天我做个功德，找人做个大镜子给大家，你们看看自己，让你们自己反照一下打坐的那个死相。我再三改正你们都改不好，你们自己看吧。如果连这个坐相都坐不好，还能证果吗？所以你看"欢喜"多难，每个人打起坐来，脸上一点喜容都没有，板起那个面孔，一脸的业气死相，那个凶性贪嗔痴慢都挂在脸上。真的呀！你不要认为我在挖苦你们，在骂你们，我这是大慈悲的话，因为你们自己看不见，找个镜子照照看看吧，帮忙你改正。

所以真得身心两方面的喜乐才行，如果这个效果都没有，那怎么叫作道呢？那佛法在骗人了！讲那么多喜，自己都不喜呀！你看我们学佛，越学越悲，一点喜都没有，每个都如此，结果学得把"喜"字都念成闽南话"死"，那就糟了。所以注意啊！四灌顶就是去烦恼，进入那个境界，得大欢喜，证果位，三身四身成就，就是为这个目的。

秘密灌顶

"次又有二，于决定义理与见宗相合。"所谓真灌顶，就是真正的密宗，所以密宗也是值得崇拜的，不是外面这些像密宗的。我在西藏还骂他们这些像密宗的，专门讲究形式，形式有什么用啊？要决定进入那个义理，要理境界与见宗相合才对，不过在见地方面，密宗的方法，还是注重那些形式。为什么注重形式？我们在座很多高明的朋友应该知道，环境影响你的心情，那个坛场布置得庄严，使你一进去，肃然起敬，已经生起大半功德了，所以形式还是很重要的。形式对愚夫愚妇更为重要，但是时代不同，形式非改不可，倒也是真的。

老实讲，有些愚夫愚妇，一进到庙子里看到菩萨，他们就快得定了。老太婆们比我们好多了，她们一看菩萨，那一声菩萨啊！就得救了，真的啊！可是我们难呐！知识越多修行越难。我们一看这个菩萨，就觉得塑得不艺术，所以老实告诉你们，形式有形式的好，但是现在脱开了内密（上上层的密）又是不同的形式了。我碰到一个大喇嘛活佛，西藏人，他只会讲一句汉语，他也不当人家上师,其实这大喇嘛,我们看到他就跪下来拜,他也立刻跪下来,然后他把供桌摇起来,只说一句汉语:嗨!菩萨被你拜动了!菩萨被你拜动了!他自己在摇着那个菩萨,我们都晓得他是真成就的,真有见地,就凭他这一句话,对我们笑,喂!菩萨被你拜动啦!菩萨被你拜动啦!他就点你,菩萨就在你那里,高明得很。后来大家一般人想办法,把他请到四川来玩,他也出来玩玩,之后请他看京戏、四川戏,那个大锣大鼓唱起来,他也唱啊,他也学了几句四川话,空啊!你看是空啊有啊?他说那个声音出来是空啊是有的,很好玩,这些是见地。哪个人见地到了?见地真到了,他就不注重形式,所以真灌顶啊!最后的义理与见宗相合,见地就是智慧。

"及能依与所依同净趣相合。"能依是自性本体,所依是这个法,譬如我们念经、念咒子就是所依的法,修白骨观也是一个法。系心一缘的境界是"所",不是"能"啊!能依、所依同证,趣合归一了,能所双亡,这才是真灌顶。

因此密宗的形相,"初以瓶灌顶,住色心如幻之身密,悟唯识见",开始有宝瓶来灌顶,就是说念过咒子,将瓶水倒在你头顶上,这就等于洗礼。注意哦!这就是密法。他说宝瓶里头的水,滴到你的头上灌顶,这个动作代表什么呢?配合真的精神见地,不讲形式的话,这就是叫你在那一点清凉的境界之下,立刻证入晓得"色心如幻"。色就是包括我们身体四大地水火风,我们的心脏是色身,我们的思想是心,心跟色两个互相影响,在这个灌顶之下,认识了心理和生理都是如幻如梦,这个就是身密。我们现在这个身上有大秘密。

去年跟大家在"佛光别院"讲过云门禅师的话,"我有一宝,秘在形山",秘密在我们形体(身体)里面,你就是找不到。临济禅师也说:人人有一个无位真人,天天从面门出入。有一个宝贝,有一个真人,从我们六根进进出出,就是抓不住,这个是本来的身密。密宗也是这样讲,你这是"色心如幻之身密"啊,本来这个身体生来活着也是如幻化的,但是这里头有个宝。从"身密",要悟到唯识之理,就是第八阿赖耶识功能,在《八识规矩颂》有个偈子:"性唯无覆五徧行,界地随他业力生,二乘不了因迷执,由此能兴论主诤。浩浩三藏不可穷,渊深七浪境为风,受熏持种根身器,去后来先作主公。"要悟到那个唯识的真正见地,说唯识不是光给你听理哦,看唯识真正有了见地,心物是一元的,你把这个东西认清,你就真得到瓶灌顶。这是不分年龄,不分男女老幼的,自己生命要返老还童,生来死去都要有把握,这才是真灌顶。

"以秘密灌顶,示一切法离戏论极不住,悟中观见。"后世的秘密灌顶是什么?就是那些大喇嘛们,用一个人的天灵盖,翻转来装了东西,倒一点给我们喝的。当然我没有喝,我也不喜欢用,要念咒子,赶快喝了,代表了秘密灌顶。那个里头是白糖和酒。不过第一次我尝一尝,第二次我也尝了,我怕那个天灵盖放久了不干净。那些白糖是汉地进去的,生意人有的很坏,把脏的白糖卖给人家,可能有细菌。不过在那个天冷高原上很少生病,倒是真的。有一个喇嘛有神通的,只有一个钵喝茶,那个茶是我们汉人卖给他的,还有冻顶乌龙、清茶的茶梗,他把所有茶混合熬起喝;我们送一包好茶叶供养他,高兴死了。他会弹琵琶,叮叮咚咚疯来疯去的,有些家里的小姐太太神经了的,都送到他庙子里。所以他一天到晚被这些疯女人围着,有些骑在他的脖子上,或者坐在他头顶上、肩膀上,他不管,只弹他的琵琶,结果一个一个被他的琵琶弹好回家了。

可是他只有一个钵,吃饭喝茶都是这个钵,而且是千年万年都没有洗的。我们去了,因为晓得他喜欢汉人的这些东西,就供养他，晓得他有神通，非常恭敬他哦。他看到茶叶，高兴，自己熬好茶，倒在钵里自己先喝两口，有时候拿给我们喝。我们虽恭敬他，但实在不敢喝。他老人家清楚得很，他说：喂！你的嘴是肉做的，我的嘴也是肉做的，都是一样的，我可以喝，你也可以喝。我们只好呼噜呼噜喝下去，实际上，这是得到灌顶；但是因为我们有分别心，嘴上虽然没有说，心里头觉得很难受。

这个是讲秘密灌顶，是另有作用的，其实并不是那个酒啊糖啊，这个秘密灌顶，就是表示一切法离戏论，非空非有，这也就是智不住三有。空也不住，有也不住，不住也不住，悟得中观正见，非空非有，即空即有，不空不有，这个是第二步秘密灌顶的道理。我们已经说了瓶灌、秘密灌，下一次讲这两个灌顶的要点。

第七讲

般若灌顶 能依所依

气和明点

得真如 成极喜

如何修法 上师相应法

今天讲第四十三页，就是上次讲到灌顶的第二灌，秘密灌顶。这个灌顶是密法中非常重要的，实际上，前面已经大致说过了。学大乘佛法，灌顶位已经进入菩萨地，正式为法王子，便是真正够得上所谓得到佛法了。至于灌顶的法门，其实显密都是一样，显教修禅也好，止观也好，净土也好，修到某一个阶段，都是以灌顶才算得法。所以像白骨观的修法，大小二乘基本的修法，中间到了某一个层次修灌顶法，自然有灌顶，这就是说灌顶法的重要。

般若灌顶　能依所依

现在讲到第二层次的秘密灌顶，是有它秘密深义的，形式上的秘密灌顶不要讲了，它的内容的秘密，上次讲到"以秘密灌顶，示一切法离戏论极不住，悟中观见"，下面接着"以般若智灌顶，示乐空无分别，悟密咒二内见"。这个所谓秘密灌顶，真得到什么秘密吗？简单地以禅宗来讲，悟了道、明心见了性，才真知道佛心法的秘密，那才是真的得到秘密灌顶。

《六祖坛经》记载，六祖离开五祖时，惠明禅师在后面追，追上说：我是为法而来。六祖对他说：不思善不思恶，正在这个时候，哪个是你的本来面目？他听了就悟了。悟了以后就问六祖，除了这样以外，还有秘密没有？六祖说："密在汝边。"秘密在你那里，不在我这里。生命的奥秘就在每个人身心上面，要找出来。

为什么叫秘密呢？那原是自己本有的嘛！就是找不出来，这不是世界上最公开的大秘密吗？找不出来就是大秘密。所以秘密法是"示一切法"，这个秘密位置是有秘密的灌顶。其次是表示，一切法都是离一切戏论。要注意一切法，不管善法、恶法、净法、垢法、不垢不净、不善不恶、无是无非、非空非有，都离戏论。离开空、有、非空非有、即空即有，这些偏见；也无所谓空、无所谓有，空有都不住，而悟了中观正见。这个时候，大智慧才能够开发。也就是说，悟到了中观正见，真智慧自然开发；那个时候，也是真正得到了秘密灌顶。换句话说，不悟道，你就没有打开这个秘密，智慧也不会发起，也不是真正得到灌顶。这个是见地方面。

在工夫方面，秘密灌顶，表"示乐空无分别"，身心发起大乐、快感、乐感。你觉得身心发乐就不会空，对不对？譬如现在大家打起坐来，开始马马虎虎，总算腿子不痛了，但也谈不上乐。等到腿子麻，腰酸背痛，你说有什么感啊？苦感。这个苦感当中当然没有空，对不对？你们好像很谦虚，大家都不回答。实际上当然没有，苦空无分别当然做不到。那个苦的感觉，因为你觉得苦，当然想空掉，所以有时候还容易空掉。不过，当快乐来了，你就忘记要空掉啦！所以工夫达到了"乐空无分别"，就会悟到"密咒、二内见"，刚才报告过这个二内见。

"以文字灌顶，示自性菩提心，离染污心，悟大圆满见。"这个时候，文字般若起来了，才真是秘密灌顶。所以受秘密灌顶的人，在文字方面，自己开了窍，古今很多禅宗、密宗的祖师，一个字都不认识，在见地、工夫到了这一步时，文字自己通了，什么诗词歌赋文章都通了。修行必须要得般若智慧，悟到空性，六祖悟道后不是告诉你很清楚吗？他说"何期自性本自具足"，自性本来具足的，你之所以不聪明，是被业力蒙蔽了；这个时候业力打开了，自然发起了慧。你们现在修行求道，既不用功，又想求到这种境界，不要说今生不可能，他生来世也不可能。

这个秘密灌顶包括了这么多意义，表示自性的菩提心，我们本有净意之心，离开了染污，自然不再受世间法的善恶、人我、是非等等染污，而悟到大圆满，本自圆满的这个境界。

"次能依与所依同净趣相合者，身心集一，加持能所依而令清净。"这都属于秘密灌顶哦！其次，"能依与所依"，就是我们讲《宗镜录》时提到过的阿赖耶识能藏、所藏、执藏。我们现在这个身体生命，是依阿赖耶识才活着，在没有死之前，人虽然老了，阿赖耶识的力量还在，我们这个六根，肉体的四大是所依，能依是阿赖耶识的功能。在能所两依，统统进入净土境界时，无是非善恶，能与所相合了。此时不分能也不分所，显教密宗叫作"能所双亡"，既无所谓所起，亦无所谓能起。譬如我们起心动念，是所起的作用，灵明净性，知道自己起心动念，这是自体的作用；普通没有见道，没有悟道，能所两个必然分开，在见地和功用上也分开。

事实上见道、悟道的人，能所本来就是赤裸裸地清净，"同净趣相合"，无所谓不垢不净、不增不减、不生不灭，而是能依、所依完全相合。注意！下面一点是工夫上的，这个时候身心是集中为一了。譬如我们大家现在能不能身心合一？做不到。老了就是老了，精神没有，疲劳的时候要睡觉，是身体要睡觉，你的心跟着也昏迷了，非睡不可。你说我心力强一点，不要睡吧，办不到，因为心身不能集中为一。这两个本来为一，身是所依，心是能依，普通人这个能所两个分开了。如果到能所双亡那个时候，能所双亡还不算，要能所合一、集一，所以专一，"制心一处，无事不办"，这是真正的定。真得定了，身体没有不转的啊！

这个时候，"加持能所依"，在身心专一的状况中，反转来加持，加工保持能依及所依，而更进入真正佛境界的清净。这些都属于第二秘密灌顶的范围。

气和明点

"盖身之本体为脉，于彼能依气明点及自性菩提心。"身心集一，现在讲身，讲到气脉问题了，在密宗的讲法，我们身的本体是脉。密宗的这个讲法，还是有问题的！密宗讲法要记得啊，"盖身之本体为脉"。这个四大构成我们这个色身，那么脉的能依是什么？脉的根根是什么？"能依气"，如果气不来，这个脉就死了。脉不是血管哦！拿现在的医学道理讲为神经，其实神经里头的空心点，才叫作脉。他说脉是靠气的，气不来脉就死了，那个神经就没有感觉了。

脉的根本不但靠气，也靠"明点"，明点在密宗的意义，就是"精"。关于"精"的问题，有个同学在美国留学回来，得到心理学硕士，特别要我讲一个性心理问题。他说现在美国文化不得了，提倡杂交乱伦，而且最反对中国这一套的说法，什么一滴精等于十滴血；还有东方道家关于"炼精化气"的理论。乃至于中国有关生命健康与老年健康，长生不老有关的观念，都非常反对。现在心理学，提倡乱伦杂交，认为老年人有相当的性关系，是非常合乎生理、心理的。这个文化怎么得了！谁能够破它？他说他在美国就想，只有老师讲。我说好嘛！

我说外国人认为，中国人讲的一滴精十滴血，人家反对的这个说法没有错啊！这是我们自己错。错把那精虫的精，当作道家所说的精，所以有些密宗就认为精虫就是明点。事实上精虫并不是十滴血变化出来的，精虫是生生不已的，譬如男性一次损失的精，数量不一定，医学上现在还没有定。一个女性每月排卵一个或两个成熟的卵，到了四十九岁左右更年期，月经就停了不再排卵。外国人认为，女性那个卵，也不是十滴血变的，他们说的不错，也是有所根据的，怎么能怪人家呢！

所以我说，现在讲东西文化交流，根本是一塌糊涂，自己都搞不清楚，当然招来侮辱，外国人当然反对啊！

再说"明点"代表精，这个精不是精虫之精，现在科学也不能做定论。如果非常勉强地比喻，这个精，包括了脑下垂体、甲状腺、性腺，这些所有的荷尔蒙液体。很糟糕的是，中国道家密宗所讲的精，现在被那些外行的人乱解释，已经变成精虫、卵蛋，已经不是真正的明点了。

明点是真精，所谓真精是无形的，有光明，有生命力，所以叫作明点，是生命的根本。有些道家后世的书，想引用科学，叫它是电，叫它是能，用科学这些代名词都很危险，因为将来过几十年，电啊、能啊，名称一变就变掉了，所以只能讲明点。当你修持到达了刚才上面所讲，身心合一、专一得定的时候，明点自然就起来了。那时候你开眼、闭眼，自己都看到体内的明点，身体内外、头顶一片光明，看得很清楚。这个明点修成功，扩而大之，就是起神通变化的妙用，当然它不是本体，它不过是脉的能依，不是根本的能依，这一点要搞清楚。

所以人身体的根本是脉，脉能依的根本是气，是明点；不过，这个气，不是呼吸之气，因为呼吸之气也是生灭法。比这个呼吸生灭法长久的，可以解释它是生命能，所以孟子所说"养吾浩然之气",他是有修持的,不是空洞理论。如果光在鼻孔呼吸的气上,摸来摸去修持的话,那你这辈子休想成功。要注意,脉能依的气,不是呼吸这个气哦,是脉的能依,根本依是气与明点。

后面还有一个"及自性菩提心",就是明心见性那个见自性,也就是大慈大悲悟道那个心。以禅宗讲,就是顿悟时的那一刹那,那个时候一来,气脉就开了。换句话说,要悟道的时候,禅宗显教不讲身体,不管气脉;实际上真悟的时候,气脉也必定自然通了。密宗道家注重气脉,依身起修,就是十念法的念身了。但是有人说,气脉通了,还没有悟道,气脉要是真通了,一定就脉解心开,心轮的脉一打开,一定明心,明点一定起;如果还没有起,那是心脉没有打开。你到医学院看看,人的心脏是八瓣,一朵莲花一样;并不是说悟道时心脏莲花一样开了,不是的,而是身上气脉打开了,脉解而心开。所以说这个脉的能依,是气和明点,以及自性菩提心。

"故瓶灌顶令身净而成熟,秘密灌顶令脉净而成熟。"所以密宗的外形用一个瓶来灌顶,灌顶用净水,表示第一步先净身,身先净了,修道才能成熟。譬如我们大家身净不净?不净!没有一个人净。所以显教的戒律,出家比丘、比丘尼戒,第一条戒淫,戒男女性关系,就是净身,干净这个身体。气脉的第一步戒能够守住了,此身才能净。当然,那是外形的身净,仍然是假净,不是真净;进一步修到脉净,那就是道家所讲祛病延年,返老还童,那才真叫作身净。所以洗手啊,洗澡啊,那是真净吗?那是开玩笑。

所以说,一个得道的人身净了,连皮肤、内脏统统转化,没有一点不转。至于第一步身上不失精,当然精虫也不漏了。精虫不漏,和那个精不漏,是两个问题。精虫是新陈代谢,有多少数字是一定的，假使你不把它排泄出来，在里头是不是会成病呢？照我现在认为是可能成病，什么病啊？不化，工夫没有到，有形的精虫化不掉的话，非常严重。如果化掉，十万八千个脉都震开了，那不得了啊！所以修持的实际工夫有这样严重。能成功的，立刻就变成仙佛之体，不成功的，仍是凡夫之身，所以净身与不净身的功能，差别这样大。借用道家的话，所谓炼精化气，是把有形的精虫与卵脏炼化了，以使脉净而成熟。在密宗来讲，当然有秘密灌顶的方法。

"般若智灌顶，令明点净而成熟。"至于说悟了道，那当然就是你自性智慧的灌顶。是自性光明，生命能依的根本明点清净了。

"文字宝灌顶，令自性菩提心净而成熟者也。"我们去学密宗的，上师就拿本经典在你头上放一放，念个咒子，算是给你文字灌顶。不过经典还是经典，文字也钻不进来，真正文字灌顶，要从自己里头出来，就是说要"菩提心净而成熟"。你们注意啊！叫你们研究经典也不肯研究，对于文字也下不了工夫，下不了决心，构不成系统，想证果、成就没有希望，所以要对自己下一点狠心哦！要把这个习气转过来，要努力念书、看经才是。

所以文字也是如此的重要，文字是文字宝啊！你再看从古至今，佛教成就的每位大禅师，密宗的每个大祖师、大活佛，哪个文字不好啊？乃至于六祖惠能禅师，开始一个大字不认识，最后文字都很通啊！再看看世间上许多人，一个字不认识，白手成家的，到了相当有地位时，不但自己签名签得蛮好，至少那两个字还是不错的。有些虽然不认识字，秘书念给他听，他会知道有个字不对，要改过来，这就是文字智能。所以你们有许多青年，出家、在家的，有这个机会不去努力，那就叫自甘堕落，不知道文字宝灌顶有如此重要。

"又字义者，阿比烜杂（㤭），及克噶达（ ）者，谓灌顶为涤垢及安置于堪能性。"这些文字后的藏文，是由梵字转音的，讲灌顶是洗涤里面的尘垢，所以需要灌顶这个形式，把内在身心清理洗刷干净，安置在"堪能性"，就是容易成佛的那个模子里去。"堪能"就是可以，才够得上可以担负起这种大事。

"又加以力于此生得见极喜谛，亦云名为灌顶。"又再说加持的力量，使我们于这一生修到极喜。这我是经常讲的，你们注意哦！大家现在学佛，不管你是学密宗、净土，打起坐来都在极苦地上，不是身上难过就是烦恼，皱个眉头，脸上神经紧绷，一身都在烦恼，哪里有喜！极喜谛是喜、胜喜、极喜、俱生喜，好几步耶！"发起初心极喜地"，一个凡夫修行到了极喜地，就是初地菩萨。初地欢喜地，二地离垢地，一地有一地的道理的。极喜硬是会得喜！假使以修持力量加持，如果这一生达到极喜地，这才够得上称灌顶，你看多难！你以为形式上所谓灌顶就行了吗？

"如《金刚帐本续》云：何为坛、法、事、仪轨及瑜伽。"修持的经典上说，做工夫密宗讲"坛"，坛场，也叫坛城，就是我们显教说的道场。传法时，布置的坛场完全不同，如修密宗，我们大家都修不起耶！不要说修不起，也舍不得。修一个法，内外衣服都要换过，连这些供品、坐垫都要重新换过。这些供养品不能那么随随便便，所以我们一般人，最好是学净土，不花一毛钱，又可以往生极乐世界，多划得来啊！修密法，嘿！那多贵啊！会心痛的，这是讲坛场。

密宗为什么要注意坛场？为什么这么注重"仪轨"，规矩、形式，以"及瑜伽"内在的修法？

得真如 成极喜

"密解脱生真，唯彼即此生，是能成极喜。"修法要坛场、道场合适，法对了，一切事相都对了，再得到修密法的仪轨、规矩、真法本，乃至修瑜珈的身心相应的方法，然后开始修持。对于这个秘密中心的秘密解开了，功德圆满，才能够"生真"，就是得真如。"即此生，是能成极喜"，一个人如果有这个福报，坛场、道场、法都得了，事相圆满，仪轨也得了，也许此生有成就的希望，有成极喜地（初地）的希望。

"又未得灌顶之罪过者，如《秘密心》云：上师未令喜，不得各灌顶，听受等诸行，无果而毁灭。"再说，不经过上师灌顶是有罪过的，什么道理呢？他说《秘密心》的佛法里说，如果上师对于这个弟子并不满意，没有生起欢喜，就不能灌顶。学法和学密宗一样，依师第一。所谓依法不依人，即使人有过错，也不看人的过错，而法就是人，人就是法，依法更要尊重人。所以"上师未令喜"的情况下，不能够随便灌顶。我不是上师哦！我是讲密宗给你们听的，换句话说，如果有成就的上师给你真灌顶，立刻得感应，自己等于功力增了一半。所以如果"上师未令喜"，你听这个法也没有用，受这个法也没有用，他说不但没有成果，反而自取毁灭。

"如《胜乐幻本续》云：未见其坛城，行者欲悉地，如以拳击空，愚者击谷壳。"因此法本上说，你没有真正见到那个坛城、道场，就是你没有真正得到灌顶那个境界，你达不到那个境界，"行者欲悉地"，你想成就三昧、悉地，等于你拳打虚空一样，永远没有用，白打；也等于你用拳头打那个谷子的空壳，里头没有果，就是不能证果的意思，没有用的。

第七讲

"又得灌之利益者,如《胜秘密》云,灌具真实施,不勤亦成就,此为灌顶之建立也。"这个灌顶啊,实际上学法是上师的法布施,布施尽管布施,等于拿钱给穷人,有些穷人得到宝还受不了。当然假使自己是一个法器,得到上师的灌顶,自己节省了一半的功力,不勤也可得成就,"此为灌顶之建立也",这就是灌顶了。上面是解释密宗修法的前奏,必须先要得灌顶道,灌顶道有瓶灌顶、秘密灌顶、般若灌顶、文字灌顶等,都跟你们说明了大概的要点。

"夫行解脱道之次第者,分生起圆满二种。"密宗的修法,想得解脱成菩提,一定要两个程序。第一是生起次第,我们不要自己认为智慧高、功德够;不够的,一切凡夫,等于在平地上起高楼,先要打地基,先把这个地基清理干净,准备开始盖房子,无中生有。所以我们随时在修佛戒,在修生起次第的资粮,不要有自满之心,要天天求"生起",怕福报不够,布施持戒六度万行,无一不做。"莫以善小而不为,莫以恶小而为之",培福报、修智慧,修生起次第。所以密宗每个法,都分生起次第和圆满次第,先生起福德、智慧,才能进入圆满次第,最后才大圆满。

"如《集秘密》云:诸佛所说法,真实示二级,初生起次第,第二是圆满。生起次第,是以世俗依为佛之境界,即离凡夫之分别,而清净蕴、处、界、七聚法故。"这个文字解释,分二级的。生起次第,是依照我们普通人的世俗行为,物理及生理现象作用,当作佛境界而来修。以密法来说,初步先要做到生起次第;不过我们一般人学佛的,随便你学哪个宗派,只是在学习生起次第而已,并没有达到生起次第。要怎么样才叫达到生起次第呢?真正把五蕴、十二处、十八界、七聚清净了,所以经上说五蕴皆空。处是六根加六尘为十二处,再加六识,就是十八界,七聚法(七情识——喜怒哀乐爱恶欲)是把这些都清净,才够资

147

格成为一个法器，算是达到了生起次第。换句话说，显教讲，能够如此得到清净，这个人早已悟道、成道了。

大家坐在这里在痛苦，不要说五蕴不空，半蕴也空不了！有时候腰酸背痛的，再不然头昏脑胀的，那是色蕴里头的，也是受蕴的一种感受。

要搞清楚哦！不要认为这一念清净，就是佛法圆满，如果这样一耽误，三大阿僧祇劫慢慢就堕落下去了。所以许多人得到一点意识境界的清净，以为这个就是禅，就是佛法，跑去山林中清净，认为这个就对了。哼！那还早呢！他要继续在六道里滚，让他去滚吧。你光想念头空了不动念，想念头清净，贪恋保留清净，认为那个清净就是，这不是欲望的欲吗？也是欲界耶，那是个大欲望，那仍然是在欲界里头滚，懂了吧！不要搞错了。平常我懒得骂你们，给你们在轮回里多滚几回，有什么办法啊！都是见地不清，所以要搞清楚啊！

况且意识上一点清净算什么嘛！要五蕴、十二处、十八界、七聚法都清净了，也只能够说是生起次第，你这个地基总算整干净了，可以开始建筑，可以搬材料来搭帐篷了。

"圆满次第，依微细或与不可思议境界相合，即内心之分别，现最寂灭之自性。"上面讲蕴、处、界、七聚法统统清净，才算是生起次第。拿格鲁派来讲，就是见得空性，证得空的一面；拿显教禅宗来讲，明心见性见到空了，永嘉禅师所讲，见到空，还没有见到非空。所谓非空，就是真空起妙有，凡夫都是有，凡夫的有是假有，是染污的有，烦恼的有，要把烦恼贪嗔痴三毒的有，扫清净了，归到性空的体，才起妙有的用，这是圆满次第。

那么这个法是"依微细"的，非常微细，你自己几乎分别不出来了，甚至于是"不可思议"的。现在我们凡夫的智慧，能够达到的那个境界，真是不可以想象，那是一个真空妙有互相结合的境界。昨天蔡先生跟我讲，他有一天参"不可思议"这句话的话头，拼命参，哈！越参越不可思议。我说："怎么样呢？"他说："不可思议就是不可思议，越参越不可思，越不可议，哈哈！"我说好，你答复得很妙。他说这个"不可思议"的字用得好啊！他这句话不是偶然的，是吃了苦头，下了工夫的哦！

所以"不可思"，不是你文字智能、思想所能到达；"不可议"，你讨论用比量、比喻都没有办法比。你说像天空那么空吗？那是议；你说像太空那么空吗？也是议，比量比比看。妙有，那个妙有就是妙有，不可思议，你想不到的。

他说这是"内心之分别"，那么内心到底起不起分别？普通告诉你不起分别心，不打妄想是佛境界，那是普通哦！那是说生起次第的事情。你说佛不起分别心，他怎么会说法啊？三藏十二部，哪一篇不是分别来的呀？佛是圆满次第，分别而不分别，妄言而不妄言。所以，如果死死抓住，说把念头弄空，压下去不起分别，不起妄想，以为这就是，唉！你假使堕在这一面的话，果报不可思议，那就糟了啊。

所以要特别注意，"即内心之分别，现最寂灭之自性"。但是不要看到寂灭，以为是没有东西，就错了，因为涅槃翻成中文是寂灭，翻译得不大好，但是也翻得最好。"寂"，清寂到连空都不能形容，连空都空掉了；"灭"，一切的动相、善恶、染净，都干净了，都灭掉了。但不是断灭哦，这是永恒的生命，所以也翻得最好，也翻得不好，反正这个文字很难翻，这是"现最寂灭之自性"。

"然融通二义，演说悉地道者。"有、空、即空即有、非空非有，这个时候你不能拿"空"或者"有"的范围来说，这样才算得上是现在的大师，可以出来演说悉地、法要了。"如《金刚帐本续》云，极合大手印，令成金刚身，诵珍宝念诵，成净金刚语，极念金刚定，于宝心上成。"修持到这样，在这个时候，他所起用的境界，处处合于密宗"大手印"的说法。据说"大手印"是达摩祖师离开中国以后传的，也就是心印。禅宗讲心印，什么印不印的，都是形容词啦，而且密宗有时候讲"大手印"，是表示化身的哦。"令成金刚身"，立刻之间转成金刚道的秘密之身，就是身心气脉都转了，合一了，这个念诵是金刚念诵咒语的法门，成就了极清净的金刚语。所谓金刚，是形容颠扑不破，不能动摇，不可变更的，你不要想到金刚钻，或者想到庙子里瞪大眼睛的护法神，那都错了。"极念金刚定"是金刚喻定，不可动摇，"于宝心上成"，在这个清净圆明的心宝上，这个宝是形容成就。

"又云：故名坛城轮，方便乐遮止，我慢修习佛，于佛不久成，如是之谓也。"另有个相反的偈子，修佛法，就是这样叫作坛城、道场，以方便（我慢）起修，达到大乐的境界，遮止一切恶，而成就其大乐。遮止停止了世间的乐，而成就出世间的乐，这个时候是依大我慢而起修的。凡夫的我慢不算什么！我就是佛，这就是大我慢。也就是说，那个时候的我的确成佛了，以大我慢而修习佛，以佛的境界，不久自然可以成佛，就是这个道理。

"是故无生起者，则不能圆满。"所以没有先达到生起次第，哪里可以达到圆满次第呢？是有程序的啊！所以大家学佛，不要认为得到"空"就成就了，这样一来，你哪里还能得到"有"呢？

"《空行戒》云：与尊相离道，来邪者之道，密咒此不应。是故由本以来，虽住有金刚身语意，但以习气盖障，今以不明之性,为令显明,乃修习二次第轮。"所以《空行戒》本上讲,"空行",也就是佛境界,依空而起行,譬如女性修成功,飞空自在,也称为空行母、空行女,能够六通具足,飞空自在;男性是空行父,就是男性佛。这个戒本里头讲,如果与本尊相离,修邪门的法子,这个密咒密道就不行了。但是,你明白了理,就是六祖所说,"正人用邪法,邪法亦是正"了。是故他说密,这个法本,"由本以来",从无始以来,虽然我们都晓得,一切凡夫众生的身口意三业,就是佛的身口意三业;但是我们的身口意,始终是造业的,受轮回果报,不是佛的身口意。为什么呢?因为凡夫被习气障碍了。

换句话说,只要转习气就成佛。本来个个都是佛,没有差别,女人就是女佛,男人就是男佛,是有男女二佛。显教讲女人非要转男身才能成佛,密教没有这回事。男人女人形相不同,本性一样,女性佛就是女性佛,所以有父佛、母佛,翻转来就佛父、佛母,是形相差别。所以显教小乘的教理,要断了习气才能得道;大乘的教理,尤其是唯识所说,习气哪里能够断!习气能够断得了的话,那么佛的性也能够断了,那就成了断见。但它非断非常,只有转习气,转烦恼就是菩提,转识就成智。

所以男人、女人之差别,女人之所以为女人,我现在经常骂女同学,你们之所以变女人,就是这个毛病,见解跟男人一样,但是境界就小,看得就小,我说这就是变成女人的原因。因为女人看得小,女人只看那个点上,有时候比男人还聪明万倍,那我自叹不如;但是联起来大面积,女人就垮了,因为她只看小点。所以男女之间,都是习气的障碍,转习气就成佛,非常简单,立刻即身成就。所以说平常个性窝窝囊囊的,悟了道窝囊马上转了,变成爽朗起来了。平常高傲的、爽朗的,他变成规矩起来。所以百丈禅师讲,悟道后如何?"不异旧时人,只异旧时行履处"，还是那个人，起心动念、行为态度变了，做人变了，习气转了。现在学修密法，因为你不明自性，要使他明显，因此叫他修习生起、圆满二次第。

"如《喜金刚本续》云：以尊之身相，生起住瑜伽，于他住色者，由熏习可醒。"这个法本上说，现在凡夫的色身，也就是佛身，你不要看不起，就是看你怎么转。先要修生起次第的两种功德——福德资粮、智慧资粮，住在瑜伽，"于他住色者"，于对方，乃至于其他人，现在还有色身存在的，此身即佛身。以密法的认识，本身即是佛，那今天为什么不能成佛呢？因为身心内外都是习气障碍，所以要修气修脉转了，由熏习可成。

"如上观修之功德者，如《金刚帐本续》云：随观于何佛，虽未得菩提，又生及多生，得转轮王位，或能为国君，决往清净处。"所以学佛法的修法的，随便你依哪一尊佛修，依准提佛母也好，观音、红观音、白观音也好，阿弥陀佛、药师如来也好，随便你，看你适应的缘分。不管修哪个佛，虽然这一生未能悟道，不能成佛，至少来生还能成转轮圣王，统治一国，一个时代，数十年或百年，天下太平，转轮圣王的功德和佛几乎是一样的。

所以佛经上说，大魔王和治世的大帝王，都是十地以上的菩萨转生，没有十地以上的成就，不敢来做大魔王，也不敢来现身当转轮圣王。所以禅宗讲，沩山大师三世为国王，几乎丧失神通，自己的道业几乎搞掉了。

一般研究佛学都搞错了，以为佛只是注重出世成佛，尤其你们出家同学们要注意，佛在每本经典上，都非常赞叹转轮圣王，所以《金刚经》上说转轮圣王等同佛的功德。换句话说，一个是入世的圣人，一个是出世的圣人。所以你们这几位青年学佛的同学，不要搞错了，对于我们自己教主本师的道理，要搞清楚才是。

他说我们这样努力修,这一生不成功的话,他生来世转为转轮圣王,小一点呢,也能够当一个大国家的皇帝,那不是转轮圣王;因为转轮圣王一出来,天下太平,所以中国所标榜的尧、舜、禹、汤、文、武,是转轮圣王。此外汉高祖、唐太宗,只是国君而已。当了国君也不错,而且,"决往清净处"再修功德,或者成佛了,或者往生他方国土成佛。

"以上总示义理者,于功课初,所修如何次第。"讲到这里为止,是总论,都是开始修法以前的准备工作,先要得到灌顶。因为讲到灌顶,就解释了密宗所谓的灌顶,包含那么多道理,到现在还没有讲到修法。

如何修法 上师相应法

"如无论文武部之坛城,或观一切部之本尊金刚萨埵佛父母,遂诵百字明。"他说密宗的方法很多啦,大概照西藏的密法,分成二部——文部和武部的坛城。所谓文部,比方说有些菩萨塑得庄严秀气,就是文部;有些塑得獠牙像魔鬼、魔王一样,那是武部。不管是哪一部,都有本尊,如修准提法,准提佛母就是你的本尊;或修金刚萨埵,就是普贤如来为本尊。普贤如来有男身女身,佛母佛父,这一点刚才向大家提出来,密教和显教特别不同,密教没有重男轻女,女身照样可成佛,男女只是形相不同,本性是一样。

不论文部或武部的道场,或观想金刚萨埵佛,佛父、佛母,密宗一般开始念的不是根本咒,而是起码的初步,念百字明,是一百个咒音,这个是藏密里头的。不过说到百字明,我觉得非常妙,唐朝以后西藏密宗,有百字明;中国的道家从吕纯阳以后,有一个《百字铭》，这也是不可思议。这句话是附带说的，暂时不去管它。

"如《经续》云：观想一如来，即诸佛之境。何者？因一切佛皆由五部佛所摄，此又摄于文武二部，盖为一本体故。"实际上我们要明白一个理，所以不通显教不能学密，不能修密。其实，显和密没有那么多差别，如《经续》这本经说，观想一尊佛，就等于观想十方无数无量无边佛。什么道理呢？一切佛都是五方佛，五部佛，换句话说，五部佛就是一尊佛。《华严经》上说毗卢遮那佛是法身佛，千百亿化身是释迦牟尼佛。或者，也就是显教禅宗经常提到的，一切即一，一即一切，所以不通禅不通教理，修密宗，没有不走邪门的；通了教理再来修，原来如此，都懂了。

"如《桑布扎》云：诸尊皆寂静，或修观忿怒，佛舞者难思，我何能解说，皆心之幻变，一具空金刚，部分为五类。"就像桑布扎这位大师所讲的，一切本尊，一切佛，本来都很清净，证了佛道的都很清净。但是有时候教你观想忿怒金刚，密部那个像的面孔，有些都是蓝的，三个牙暴露出来，头上生角，凶得很啊！譬如文殊菩萨化身，十三尊大威德金刚，那个像多恶多凶啊！三只眼睛九个头，每个头两只角，三十四只手臂，十六只腿，每个手都握有死人，什么都抓，那多凶啊！是文殊菩萨的化身。

要你观想这些忿怒金刚，你都想不出来自己怎么有那么凶。还有女的忿怒母，所谓亥母，忿怒起来好像要吃人一样，不得了。修忿怒母，因为忿怒代表身上那个拙火，那个生命力。不从那方面修，不爆发那个忿怒的境界，你那个生命力就打不开。

所以修忿怒母那个形相，或者有时候修佛父，或修佛母，那个姿势非常美妙，跳舞的样子。可是学佛搞这一套，要是世俗人

第七讲

看到，不是奇怪吗？

这位大师讲，我哪里能给你们解说啊！但是你们只要懂一个理念就会知道了，这一切相都是心的变幻，心生万法，所以《大乘起信论》告诉你，"心生则种种法生，心灭则种种法灭"。慈悲喜舍皆是佛，喜怒哀乐也是佛。有人说：老师你发脾气了！我说为什么不发脾气啊？佛不发脾气吗？但是这都是空的，喜怒哀乐、慈悲喜舍都是形相，它体空。分开来讲，分为五方佛、五类。

"又于念珠、观想何本尊即溶入智慧者。"有人学密宗的，买一个念佛珠，一定要老师加持过，不然念佛珠不灵。我说我不是搞密的，你们不要拿念佛珠来叫我搞，我烦死了。过去有很多人拿来叫我念，我揉两下就给他们了；我不是吃饱饭没事做，专门给你念念佛珠的。

带上念佛珠，实际上这又是一个秘密，我们的念佛珠在哪里，你晓得吗？你们诸位讲讲看，在哪里啊？那是背脊骨上来一串，都是念佛珠，一颗一颗珠子，一步一步工夫都要念过来的。所以叫我给他念念佛珠，我自己念佛珠都搓不完，还能给你搓念珠吗？

当然，替人家念一下念佛珠，有时是必要的，那是非万不得已，因为此人必须要以念佛珠得度者，则以念佛珠而为说法。到这个时候，也应该给他念一下念佛珠。你们要晓得，一切本尊融化入你的真智慧里，当你拿到念佛珠时，你的身心就要进入念佛珠，心物融化，乃至于把佛也进入这个里头。

"修供赞，为真实缘起而散花，佛父母化为光，即入顶珠，变为嗡阿吽（梵文）。"这是真空修缘起，刚才这一个念佛珠秘密已经说过了，我们平常要观想佛父佛母，从顶上进入我们的念佛珠中，这是真灌顶来了。其实，我在讲白骨观的时候，已经告诉你们啦，你们不但是"我慢贡高"——这四个字对你们太客气了，说真话，只有两个字，"混蛋"。你们去参参看吧！因为真实的法门你不去修，一天在那里打妄想。佛说你们为什么修不成啊？我慢贡高，那是客气话，秘密他都告诉你了。为什么这样骂呢？不是骂，是慈悲啊！要你们起信啊。只要真这样一修，不分年龄地位，七天就会有成就。可是你们七天都做不到，多可怜，自己应该骂自己刚才那二字封号，聪明人就自己参吧。自己就要反省了，不要自作聪明，自作聪明招来烦恼。

　　他说在拿着这个念珠的时候，修供养赞，然后真实缘起，就是佛父佛母的光，从自己顶中化进来，即入顶珠。我再提醒大家注意，《禅秘要法》是不从这个路线讲的，这里是讲灌顶的作用，光明从头顶下来，变成藏文"嗡阿吽（ༀཨཱཿཧཱུྃ）"三个字。

　　"其他珠粒，明现成阿里噶里故，念咒时想此等字放散圣尊及咒之自声，不令人见为佳，念珠应秘密收藏。"其他的每一颗珠，都是密咒，则成就光明，此时最好瑜珈念诵，非常秘密，不令他人听到。这是什么道理呢？开口神气散，这个时候须要不开口念，保气而念。这就叫作加持念珠，全套的修法。像我这么几句话，多少代价啊！我如果不给你们讲，你们哪里知道啊！你们只晓得是搞念佛珠而已。

　　"夫咒者，或为呼名，或为请求所要，或为赞叹功德者也。"一切密咒都不能要求解释，解释了就不灵。我发现许多人，都是妄作聪明，他们也知道经典好，道理好，因为是看文字注解，自以为懂了，不肯再去读，这类的人太多了。如果叫他念咒他会干的，以为念咒这个生意好，本钱投得少，利益回报大。

　　实际上每个咒都可以翻译出来，他说有些咒语是称呼名字，像念阿弥陀佛，是叫他的名字，等于孩子叫妈。当然佛菩萨是不会生气的，如果你跟在我后面叫老师、老师，我不回过头来给你一拳头才怪呢！有些咒语是请求，有些咒语是赞叹功德。

"如《金刚帐本续》云：如来与菩萨，空行及佛妃，如令现前故，譬如大士夫，巨声速呼之，仅听闻即至，佛刹那降此。"经典上说，念咒的时候，你就要观想，就如孔子所说的"敬神如神在"，你要觉得佛、观音菩萨就在我的前面，喊一声，好像他听到就来，要有这个意境。不然你嘴里头念，心里在打妄想，念死了也没有用。有至诚至敬之心，佛在刹那之间就到你这里来，西方极乐世界马上到你这里。

"又念咒极应清净，此乃诸本续集咒所宣之义。"念咒要绝对清净心去念，你们给人念经念咒，以绝对的清净心去念就得感应。有位朋友说，他到一个庙子，看到和尚给人家念经（当然不是我们这里），一边念经，一边手在捏香港脚，他说看了简直气死了。这位朋友给我讲起来还在气，所以这个威仪多重要啊。当然，如果他是济公和尚，那是不同的，他分别而不分别。但是老实讲，你不是济公，也不能学济公和尚，该庄严时就要庄严起来，所谓威仪庄严，自然清净。此所以戒律之重要，戒相庄严，身心自然严肃清净了，要以绝对的极清净心，念咒念经，这是一切密宗经本最重要的。

"譬如清净念一遍，较不净千遍为大，缘念未得，或缘念散乱，虽诵十万不如不散乱之一遍为大。"你要注意，尤其你们出家的同学们，给人家念经，或者自己念，如果一边念，一边在妄想，虽然念千遍、万遍，不如没有散乱心念一遍，这是说明定力之重要，清净定心之重要。

所以许多人，家属过世就问我，老师念经有没有用啊？我说有用。什么用呢？是做给活人看的嘛！你真要念经就自己念，请人家念，人家哪有心情帮你念经？你自己为父母念，一念专精，立刻得感应。现在密法本上也告诉你了，你自己都懒得念，可见你这一念已经不净了,况且别人来念,别人有这个定力吗?

当然如果是得道、悟道的这些大师,给你念一句阿弥陀佛,已经成功了,你的父母,你的眷属已经超然了。所以古代有许多帝王,很懂这个理,就像这个马皇后死的时候,朱元璋一定托那个宗泐禅师来说法,结果下葬当天,大风大雨大雷,朱元璋气死了,怎么这么倒霉,撞到这个情况!他的老婆死了,等于他自己死了一半一样的痛苦。不过他到底是当过和尚,内行,一看到师父,心中已经有个依靠,这位得道的禅师一说偈子:

雨降天垂泪　雷鸣地举哀
西方诸佛子　恭送马如来

嘿嘿,这一下,朱元璋就哈哈,好好!师父你讲得好。天地良心,马皇后也曾在梦中得到传授咒语,这是很奇怪的事。所以大师才说"西方诸佛子,恭送马如来"。

这里所讲的,你们大家都要注意,修密咒念经,在定中清净,一念专精,十句、百句,那还得了!那你功德无量。如果是散乱心去念就没得用,读经也是一样。

"如《殊胜秘密》云:净不净千倍,及三昧有者,与无十万同。"心的清净或不清净,这个距离差别千倍,如果有人得定,得三昧证果的人,他随便骂一句,那个亡人就得功德了,岂只十万功德而已。所以小说家写那个济颠和尚,有时候人死了,他随便骂两句,人就得超生了。这就是说修定三昧的重要。

"又如《菩提行论》云:念诵诸难行,长时而行持,若能了真谛,心散知无义。"又如《菩提行》这本经典上讲修持、念诵,你看老太婆敲木鱼念经,或者念咒,这也是一个修持的法门,你不要认为容易,很难的。要长时去念,要恒心去念,若能了了而念，那是要得定见性又证果的人才行。

念诵念咒子念经，同样可以大彻大悟地成佛，如果心散乱，没有用，那毫无意义，念死了也没有用。这是告诉你们，修密宗，一动就是念咒子，念咒子是这个道理。

"如是先生起本尊后，少分念咒，在头顶上想自己根本上师，为诸佛菩萨勇士空行母围绕，供养、赞叹、忏悔。"这是观想传法给你的根本上师，旁边上面有一切诸佛菩萨、一切勇士、大力士金刚，乃至女性佛围绕，"供养、赞叹、忏悔"。这就是修上师相应法，观想自己传承的上师在头顶上，慢慢下来，放光，与自身合一。这样的修法，往往得很大的利益，比观佛的利益大、效果大；当然其中的道理是上师必须是得道的！不要观我啊，盼咐你不要搞错了，是讲得道的上师。

"凡所欲事"，这个时候你应该供养，就是供养上师，"皆明白启请，盖此乃一切道之根本，悉地之来源者也"。要想修成就，密宗同禅宗一样，上师最重要，修上师相应法，如果不敬，不依师而修，或敬师达不到真正敬诚、敬信，那一切都是空话。信念一失，正念一失就完了，而且说这是"悉地之来源也"啊！一切成就境界，功德的根本，来源是上师相应法。

第八讲

修法 诚敬 调理
前行修法四程序
正行道的修法
空乐与三脉四轮
白骨观的关键时刻

今天大圆满的课程，仍在讲修持人的必要修法准备。上次先是讲到灌顶的重要和意义，为什么要瓶灌顶、智能灌顶、文字灌顶等的这些道理；然后讲到灌顶以后，修上师相应法的重要。

密宗修法的修持程序，把尊师重道的精神，提升到上师与佛与本尊，合一不分。中国的文化基本，也有极高的尊师重道精神，对整个的东方文化来讲，佛教已经把师道升华到形而上。禅宗所谓"威音王以前，无师自通则可；威音王以后，无师自通则成天然外道"，这也是非常讲究传承的。所以禅宗和密宗有相通的意义，不但密宗如此，禅宗也是如此，佛教的一切显教也是这样。密宗修持的人，修上师的相应法，彼此的感应是很重要的，不过真能够严格去修的人不多，因此修成就的虽有，但是很少。

修法　诚敬　调理

现在继续上次讲到四十七页的倒数第二行：

"故《现生智慧本续》云：诸地及道之次第，恭信上师年月行，上师显现若不离，是与诸佛不离处。"这本《现生智慧本续》上说，一切佛地，菩萨从初地到十地，乃至于成佛，以及修道的次第，一步一步的工夫、进步，由于恭敬、信仰上师

"年月行"，是以年以月来计算，此心不断。修上师相应法的时候，也与观想本尊一样，上师在自己顶上的像，呈现明显而不离；不离当然能够得定了。如果上师的影像呈现在顶上"不离"，也就是与诸佛不离，有同样功德，同样的效果。

"又如《庄严誓言》云：由六月不动，信解及恭敬，获金刚持地。"在《庄严誓言》这个法本里头讲，由六个月修持上师相应法，显现出的信，由信而深信不疑，但不是迷信，是智慧的理解，由理解更生起无比的恭敬。这样就可以得到金刚喻定的境界。"金刚持地"就是金刚的定，是永远颠扑不破的。我们大家打坐修定，并没有得定，真得了定的人，这个境界永远都在，不管行住坐卧，恒常在定中，不是打坐才有，不打坐就没有，那是初步的皮毛。必须一天到晚行住坐卧都在其中，梦中也不变，这才叫作定。甚至也没有梦，因为醒梦一如了，最后睡也无所谓睡，清醒的；但是也睡的，身体休息的。永远在这个境界上，才叫作定；但这还不是金刚喻定，还会变动，会退转，并没有到达不退转地。菩萨到第八不动地，才能够说不退转。从不退转地到金刚喻地，还差两地工夫，还要一大阿僧祇劫的修持。金刚喻定是永远不变动的，你想把定境变掉都变不掉，所以说像金刚一样颠扑不破。但是这本经典上说，单修上师相应法也可以到达佛的金刚持地，那就可以证阿耨多罗三藐三菩提，大彻大悟而成佛。

"《智慧至上》亦云：头顶严轮上，想具德上师，是故由此即能无障而自然显现证悟，并有自然经历地道之功利也。"《智慧至上》法本上讲，修上师相应法，观想离开头顶上约一寸的地方，有庄严的梵穴法轮，就是"严轮"，观想同佛一样定慧庄严圆满相的"具德上师"现前。如果能够经常这样观想，也能够达到毫无障碍，一切解脱，而自然显现悟道，大彻大悟。这一段都是侧重讲上师相应法的重要，并且有"自然经历地道之功利"，因为观想上师相应法，而在修每一地的时候，很自然地都得到助力，得到了自然的经验。也就是说，一观想有成就的人，他成就的功德经验，自然会灌输进来，这就是自他不二。地就是菩萨地，道就是一切菩萨所修的道。

"又示前行调整后之功德者。"现在讲的，都是由灌顶到修上师相应法，这个次序都是连贯的，在密宗的修法中间不可躐等，不可以少。到这里还是在做前行的准备，是工夫以前的准备工作，并调整以后的，就是灌顶、上师相应这个功德。

> 如是前行之四法，无谬道中悟心性，能得殊胜解脱道，速生实性、正行调，而无碍难、近悉地，无量功德皆具足，故极精勤修前行。

前行就是加行。前面这些加行的道理，不是光懂理，而是要做到；"无谬道中"是说，理解上都不错误，修持上也不错误。我们大家修持，都是加了自我见解来修证，所以经常搞错；要"无谬道中"自己悟道，明心见性。明心见性以后才能够得解脱；真正殊胜的解脱，是要明心见性以后，才能得到。这样一来，很快地生起证得实性，般若实性，就是与本体合一。"正行调"是正修行调和的法门，比如诸位学了很多年，乃至参话头也参过，修止观也修过，白骨观大概也都修过一下了，尤其有些人修的很多啦！但是到现在都不晓得调整。八万四千法门都是对治法门，不是呆定的，一个人自己要晓得，在某个时候，修哪个法为中心。对于身心，生理、心理起的变化，要晓得用别的法门来调理。有时或感冒，或情绪不好，或外缘不对，自己都要随时调整。

所以禅宗百丈禅师，当初离开他师父马祖禅师，去弘扬教化，庙子有千把人之多，他当方丈，马祖还不放心，叫一个徒弟送三缸做菜的酱给他。百丈一看，指着三缸酱对大众说道：我师父送来的盐酱，你们假使有人说对了，就不打破，若全体都不能答得，就打破！大众面面相觑，无人回答。百丈就把那三缸酱，一棍子打破了，告诉送来的人说：回去告诉师父，没有少过这个东西。这个道理就是说，自己晓得调整。这个公案在禅宗里不止一件，有两三个类同的，看出来一个当师父的，对于得法的弟子不放心。等于父母对儿女，即使儿女长到八十岁了，如果父母亲还在的话，看儿女还是小孩，还是不放心。

百丈的做法，等于答复师父，他晓得调配。大家以为禅宗就是"砰"一下悟了，悟了就没事了，没有那么简单的；修持方面非常难的，要永远晓得自己调理。像我们许多朋友，修持用功，一直不晓得调理，调理就是随时要晓得调整，有时候魔障起来都不知道。尤其工夫越深时，修道越进步，微细的魔障自己都认不清楚。那些魔障细得很，自我觉得没有起烦恼，没有动心，其实已经早动心了。所以身口意三业，要绝对的清净道德，必须随时能够晓得调整，这是非常难的。所以他说，只能够在悟道以后，得到解脱道的时候，才能够很快地证得无上实性。在证得明心见性以后，正好起修，这就是正行，正修持。

见道以后必须要修道，如未见道，所修的都还是前行——加行而已，靠不住的。真正见道以后，得了解脱，晓得调理修正，"而无碍难、近悉地"，才毫无阻碍而接近成佛的悉地，到这个境界才成就。这个时候一刹那之间，一顿悟，无量功德统统具足了。所以，回转来讲，你不要认为前行修的加行可以马虎，那是不能马虎的，也就是刘备吩咐他儿子的话："勿以善小而不为，勿以恶小而为之。"其实我们现在一般正式讲修持，不管在家与出家，前行的准备加行道，根本没有修过，也不够格，根本没有基础。拜佛、礼佛这些都是加行，连诚敬的心都没有发起，所以加行道等于没有修。

就像我们盖房子一样，外面先要搭一个架子，一切准备好，才开始打地基，这些都是加行道。现在人学佛，尤其现在知识分子学佛，这套绝不肯做，觉得太接近于迷信，不干的，所以教化时只好撇开了这个法门，拿方便来接引。但是当他自己真有所见以后，起了恭敬心，应该会知道；不过很少有，所以我们修持应该先要了解。

像诸位，当然包括出家与在家的，为什么修持那么困难？老实讲，前行基础根本没有准备好，只是情绪化地出家；如果是理性地出家，这个修持前行严重得很，很多佛经都提到过，不过我们看经典，就把它马虎过去，现在人尤其喜欢快，能够快就好，基础的都不大喜欢，因此忽略了前行的修持。知识分子更容易犯这个错误，喜欢在理解上搞。

实际上前行的心理，就是愚夫愚妇之信，那完全是对的，极高明而道中庸，到了顶高处回转来一看，那个愚夫愚妇之诚信是对的，也就是道中行。我们很可怜，搞的都是半吊子，上不能做第一流上上智，下不能做下下等的修法，不从基本来，因此成就很困难，这是我很恳切地告诉诸位的老实话。譬如像我个人的经验，年轻时候修这些，老实讲，我走的路线跟你们不同，非常地不迷信，但是非常地诚恳。迷信跟诚恳看起来几乎是一样，事实上是有差别的，该要做的，我就去做，当我做的时候就是诚恳，绝不自作聪明搞形式主义，不然宁可不办。比方像拜佛，像密宗的修供养，该什么时候上供养水，泡茶供佛，我就什么时候做，那硬是做到。因此我现在回转来想，大概这个就是个性跟诸位不同吧。

因此等我开始教人的时候，我的方法完全变了，因为看到时代变了，照老规矩这一套，那真是不行。可是，我发现这又是一大毛病，使人没有从这个基础路走上来，结果是误了别人。在理解上好像很聪明领会，意境上也好像很有心得，事实上一点都做不到。这是大家，尤其是这一代的青年同学们的问题，将来越来越困难了。

大家都很崇拜佛的戒行，也很崇拜中国文化的仁义道德，以及人伦的次序。老实讲你要去遵守人伦的次序，也等于是愚夫愚妇之行，很古板的。不过真执行起来，愚夫的古板是绝对会有成就的。人伦次序我们知识分子尽管赞叹，但是真正做到了吗？没有啊！尤其是我们现代人，把东方人伦次序和西方的人伦次序混合起来玩，还是在玩弄自己，这是我所体会到的。所以现在人成就难，就是难在这个地方。真正讲文化修养，其实《中庸》里说"至诚之道，可以前知"，所以愚夫愚妇之信，是绝对至诚的。相信因果，无论布施行善也好，磕头烧香也好，买几根香蕉拜佛也好，他们没有用聪明，没有用解释，所以一定会得福报的。像我们啊！对不住，就算拿一亿钞票送上，也不会得多大的福报，因为既不诚恳，又有夹带的心。这一念的至诚就是这个样子，所以知识分子修道难，我们大家都要特别注意，不管在家、出家，都受过教育，都属于知识分子范围。

前行修法四程序

"大圆满次第者，于自性菩提心无作本住之前，无常（一）。大悲菩提心（二）。现有生起为佛土及佛而诵咒，心持微细瑜伽（三）。观想上师瑜伽而作启请等（四）。"现在告诉我们修大圆满的次序，先是法财侣地，先得地，然后找道伴，生活一切准备好了，然后修前行。得到法的灌顶，得到了四灌顶以后，先要修上师相应法,像西藏密宗出家人,要修三年上师相应法,这三年当中就是念上师咒,观想上师等,都有一定程序,有一定时间,三年后再正式传法。

现在修大圆满,按次第程序,第一步"于自性菩提心",这句话注意!我们证得菩提成佛,叫作得阿耨多罗三藐三菩提,是大彻大悟。悟个什么?悟到自性本有。我们学佛就是想找到自己的本性;本性见到了,自然就发起了菩提心。换句话说,菩提心发起就是自性现前,于自性的菩提心是"无作",无所作的本住,就是《金刚经》上的"应无所住而生其心"。所以大乘道的空、无相、无愿,无愿也就是无作。其实我们以自己心性本体来讲,一切众生这个自性,是无作无住。

我举个例子,当前的事情就讲当前的话。下午跟我的孩子谈了很多,他在美国当同学联合会的主席,这次回来是要问我问题。他说:经常发现做人很没有味道,一切都想把握住,但是一切总归把握不住,把握不住就空了。但是自己空不了。管的事情太多了,对外各方的联系,尤其明年东方人过来更多,都找到我的头上来,更烦了。有时候烦得简直不想活下去,受不了,快爆炸了。

他在这个时候,发现人生是在做梦,他又说那我们做人干什么呢?为什么有现在这一些事呢?这些烦恼念头,怎么会那么厉害呢?忙得一夜只睡四个钟头,有时候躺下一研究这个问题,糟了!脑子非常清楚,更睡不着了。那个念头来得加速得快。他说没有办法,所以非要回来弄个清楚不可。也就谈到"本无所住"的道理,他问:本无所住,那就空了吗?因为他学的是原子、核子这一系列的理论,我就拿电能这些给他做比方。我说你晓得那个"空了的"是现象。他说:嗯,这样一来差不多了,有一点晓得了。

后来我们讨论到，他在美国接触到的禅宗，一般观念，认为禅宗学了以后，人自然就没有思想。我说这是现在一般人的大错误，认为空是没有一个东西。其实这个空是一个代名词，佛经说的"本来空"是什么？是说一切现象都会变去，简单归纳起来都叫"空"。如果认为空无一物，那是断见，不对的，所以说"本无所住"，也可以讲是本住。无所住是讲现象变去，它的功能本体是本住，并没有动，所以自性菩提心是"无作本住"。注意这个话，如果诸位要参话头，这个就是大话头，参通了就对了，自性菩提心无作本住，没有变动。尽管烦恼轮回，变来变去，但自性是本住，而且住而无住。人生一切所作，作过了等于没有作，无作而作。这个道理要观察通，也就是参通，禅宗走的就是这个路子。所以禅宗是大密宗，走的是基本的路线，这些前行、后行都不要，到了就到了，但是这个难啊！

这个道理"于自性菩提心无作本住之前"，第一就是说"无常"，一切现象都是无常，不永恒存在，会变去的。我们大家在座都学佛，拿一秒钟仔细反省看看，对于无常这个道理，虽然都懂，但是每个人打坐做工夫，都去抓一个"常"，就犯这个错误。所以你看，几乎每人都来说：老师啊，昨天一念清净那个境界很好呢！我说：那很好啊！可是呢！今天变了，没有了吧！我这句话，现在这一下你们懂吗？昨天是昨天，今天当然变了，还问我干什么！诸行无常一切空，我们的观念却在无常当中想去抓常，对不对？有没有错啊？

既然"诸行无常一切空"，那么你这个清净、美妙的境界，不是属于一切以内吗？这清净境界也当然无常啊！为什么你总想把它变成"常"呢？你晓得一切境界也是现象，一切现象无常，变去了，能生境界的那个能，本住，就是无作无住，它本来不需要你修证它。这个道理要懂哦！这是无上大道，也是无上密法哦！在密宗不得了的，我就那么轻松告诉你们了，还不要你去参话头，如果你再认不得，我没有办法了，这个无常就可以过去了。那么小乘来讲，"诸行无常，是生灭法，生灭灭已，寂灭为乐"，也是大乘。生灭当然要灭已，生灭灭过以后，有一个寂灭呀！生灭境中，能起生灭的那个是寂灭，而起而寂而灭的，哪里有大、小乘的差别呢？如果这个道理不通，不论学什么法，修什么法，都不会有成长的，理不明，修法就没有进步。你们先是盯着想工夫，一天到晚想住茅棚闭关，有个什么茅棚啊！茅棚不茅棚一样，"茅棚"跟"茅厕"只差一个字，茅厕者厕所也。有什么不同？所以要了解，自性菩提心无作本住，一切无常。

第一步是一切无常的道理，看到众生不懂，而生起"大悲菩提心"，这是第二步了。等于我们教自己的孩子，那么明白的道理，孩子偏偏不懂，我们心里一定非常难过，自然就发起了大悲心，想尽各种变通方便方法教导。心性之理是那么明明白白的，就像一切众生，本来就是财主，怎么变成穷人了呢？所以修大圆满次第，先要认识"自性菩提心"，是无作本住这个基本原则。其中包括四个要点先要了解，第一是一切无常；第二要发起大悲的菩提心，不是单独为自我而修，是要为众生而修。

比如我们看到修行人，尽管讲大悲心、菩提心，但朋友也好，道友也好，同参也好，大家相处，不但大悲心没有，博爱的心都没有；而自我贪嗔痴的心，自我傲慢、崇高的心，倒是非常强，那怎么叫学佛嘛！我对你们一般表面上恭维、鼓励，实际上真讲起来，你们哪有资格学佛？平时讲道理，那牛吹得很大，种的是恶道的业。当然，一切生活当中，要做到有利他之念，是非常难的，所以再三讲要从发起"诚心"开始。

第三是"现有生起为佛土及佛而诵咒"，空中楼阁从平地起，佛土清净的清净，也是从自我一念清净做起，所以我们念咒、念佛，不是只为自己祈求，不但要为我而念，为佛而念，也为一切众生而念。"心持微细瑜伽"，要保持非常微细的相应法。微细瑜伽，这一句话很难哦！如我们念一句南无阿弥陀佛，或者"嗡嘛呢叭咪吽"，大家念念看，心里头在念，这是很粗的在念。"微细瑜伽"是已经到达没有"阿弥陀佛"这四个字的佛号，或没有咒语，而这个佛号、咒语的意境，始终持续地存在。这就是得止得定了。你能够这样的话，什么白骨观、安那般那（出入息）都在内了。换句话说，白骨观能够观起来，气脉观起来，咒语也都在内了。我之所以经常说，大家打坐不能够得定，是此心不能定，微细的瑜伽没有做到，都在玩弄身上这个感觉，那是最粗最粗的心啊！粗得很，微细的瑜伽做不到。

第四是"观想上师瑜伽而作启请等"。观想上师，而祈求上师的加被，等等。

"无不以此四种为前行者，如是行后，即入无谬误之解脱道，生起实性之义，正行易修，无有碍难，速得无边共不共悉地等利益，且亦能成就其他也。"这四步非常重要，修持照这四个程序，就像盖房子一样，四个大柱子能够建立了，大致不会有错误，修行不会走错路了，这个解脱道已经初步到达。那时自性本来清净的义理就会到达，修行的正行就容易修持了，很快得到了成就，共法、不共法，一切"悉地"这些境界等的利益都成就，不但懂了佛法，也懂一切外道，都明白了。不只如此，乃至一切学问，想要学的，很快就会懂，差别智都有了。

所以禅宗五祖讲，"不见本性，修法无益"，换句话说，本性如何见呢？大家因为有了禅的知识，佛学的知识，以为见本性是见到空，见到清净，一念不生。错了，实际上本性何必要空才见？空，也可以一念至诚就到了，"空"法到，"有"法也到，"有"不是本性起来的吗？唉！怎么那么笨呢！一天求空，空了个什么？"是诸法空相"啊！现象本空啊！你那个空不了的那个就是有，不就到了吗？《楞严经》上告诉你，一切都可"还"的，就是可以空得掉的；有个无可还者，就是怎么样都空不掉的，不属于身，不属于心，佛告诉阿难："非汝而谁？"那不是你的本性，而会是个什么？文字记载是这四个字：非汝而谁。那就是说：还不掉的这个，不是你，是什么？这个就是你的本性，何必求空呢？你们天天念的"是诸法空相"，所以见到了这个，自然成就来了。因此我经常讲，大家都困在感觉上，就是这样。

"近世皆未具前行而修道者甚多，故名错误者。现当指示正行道，初总示者。"传这个法本，是宋元的时候，当时已经在感叹了，千把年后的现在，我们也在感叹，后人看我们又是一种感叹。他说：近代一般人修行，前行的准备不够而来修道，一来就想修大道，这样的人太多了，所以叫作错误。现在指示我们正行道，大圆满正行的修法。

正行道的修法

> 正行自性、或乐明，及无念法、示实性，光明离戏之智慧，乃现本元俱生者。

这是告诉我们，如何明心见性，如何得乐、得光明，如何到达无念。不要忘记我们刚才讲过的，这些前行准备好，才可以谈这些修法，在一片光明中，离开一切戏论。戏论就是开玩笑，讲空也是开玩笑，谈有也是开玩笑，非空非有也是玩笑，即空即有也是玩笑，说我有一个道可得可修，都是开玩笑的戏论。

"离戏"，离开了戏论，就是正论。这一片自性光明离戏的智慧，自性的现前，得乐，得光明，达到无念，乃至无戏论。那些本元俱生,就是本性的境界,自性的境界,真正明心见性了,这些自然有。六祖说"何期自性,本自具足",是你本来具备的,不是你修得来的啊,本元俱生就是本元俱备。现在你就晓得,大圆满的境界:自性空、乐、明、无念、光明离戏的智慧。大家自己观察,是不是有空、乐、明、无念、光明离戏的智慧?你不要去找个空啊,找个空已经不空了,都是"本元俱生者",无作的。不懂得这个道理,下面再解释;不过越解释越不是,没有法子,也只好解释了。

"譬如薪非火,然由方便,能见火燃者。"譬如木材不是火,柴是柴,可是离开木柴,生不出火来。火离不开柴烧的,因柴而引起来火,火是靠柴点燃而生的,所以柴是火的方便法。因此点燃了柴,我们才看到火光燃烧,这是一个比方,说明这个道理。这个比方很有趣了,等于白马非白,白是白,白并不是马哦,白马是白马,白马并不代表白,只是代表一匹白马,所以白马非白。

"如同乐明无念三者,非自然智慧本元俱生之真实。"譬如像刚才讲乐、明、无念这三样,并不是我们自然智慧本元与生命俱来的,不是本来面目上的。你要知道,乐、明、无念还是现象哦!你如果把乐、光明、无念这个当成本性,真是笨蛋里头的混蛋,就上了自己的当了。现在都给我们讲清楚,这个还是现象,还是本性的投影,我们自己不要把自己骗了,这个还不是自然智慧本元俱生。

"然以精勤行故。"然而呢!功力到了,功力的导引,自然会发生乐、明、无念。你说:那我现在已经明白了本自具足,悟了道了,可是我又没有光明,又没有快乐,乐、明、无念都没有嘛!因为你那个柴是被雨淋湿了的,是点不燃的湿柴,那有什么用呢?干柴则一点就燃,乐、明、无念一定要来,所以是薪非火，火非柴不能燃，这个道理，工夫与见地要搞清楚。

"乐由精之要生，明由气，无念由脉，此乃诸有信解恭敬于上师之要门者解之。"首先解释这个乐是由精生，明由气生，无念由脉生，因为道家说精气神，密宗说精气脉，有不同之处。道家所谓神不是脉，那么道家的问题另做研究，各有各的高明之处。

首先要了解什么是精，中国一般人观念搞错了，不只学道、学佛的，连带西方人也跟着错了，就把精虫卵脏当作精。这个精当然也包括精虫卵脏，包括了全身血液、荷尔蒙、津液，所谓的精力。但是我们凡夫很可怜，精力一生长，到相当程度就出毛病，欲念跟着来了。实际上，不是精刺激你生起欲念，因为精充满了，引发身上功能，所以精神就旺盛。自然你心理也跟着配合，心理的业力，所谓淫、怒、痴（贪、嗔、痴），第一个来的就是淫欲之念。

淫欲和情欲是一个东西，程度的不同而已。所以精充满了是一件好事，但是凡夫几乎过不去，年纪大的，根本就没有这个问题，不是说精虫卵脏没有，是整个身体精力衰败了，所以修道第一步困难，就是这个道理。譬如我们身体上那么多的病，乃至打坐那里不舒服，这里气不通，就是精不充满，所以不能发乐。因此大家坐在那里苦坐，这个苦坐啊，坐死了都没有用，禅宗就叫作枯木禅，所谓"枯木倚寒岩，三冬无暖气"。死水、死龙一个，死龙还算好，连死蛇也够不上，是死蚯蚓，根本是没得用的东西，就是一个尸体，所以修行有这样的困难。譬如我们同学中，有人初步有一点点经验，一点效果的，譬如焦先生，我看了他前次给我的报告，最近忽然身上有初步的乐感起来。他年纪也不算轻，但是他能够用功做工夫，有这样的反应回来，这个时候不是欲的问题，只有乐的问题，但是他这个还是粗的。

所以为什么佛家、道家第一条戒，尤其专讲修持，是专戒淫，戒淫就是精先不漏。精的漏失，粗的漏失当然是男女的性关系，漏失最大；实际上平常六根门头，身体的作用都在漏失，念头一散乱都在漏，所以乐不能发起，是精没有满。那么我们打坐，拿道家来讲，想做到返老还童，初步就要精能够回转来身上，形神归一。谁能做到啊？所以道家要脱胎换骨一番，这不是指精虫卵脏，是整个精气神的转化作用。

他现在明白告诉我们：乐、明、无念并不是本来面目的，与之相关，又不相关，那是本来面目所呈现的现象，如刚才说的柴与火的比喻。可是你不能得乐，不能得明，不能得无念，你说你证道了，没有这回事。但是乐由精生，那么我现在向诸位讲，很重要的，精一生起就很容易漏；不漏呢？因为你没有精生，生与漏简直是同时的。所以千千万万做工夫学佛修道的人，没有一个能成就的，就在这个地方。

譬如普通人，精神一充足了，会六神不安，情绪不稳定，坐也坐不住，总想跑去走走玩玩。那么这个时候需要的是什么呢？养气的工夫，在对治的方便上，那样比较可以帮忙一下。精一出去，气也散了，那是根本达不到无念的。所以换句话，从这方面来讲，我们学佛学道为什么不能清净无念呢？因为这个身心已经不够健康，真正身心绝对健康的人，自然无念，就是这样一句话，非常简单。身心绝对健康，气自然就化光明，精自然也是生生不已，这三个是三而一，一而三，连着的。所以，道家广成子的话，情动乎中，必摇其精，这个精并不是讲精虫卵脏的精，我们感情一动，喜怒哀乐一动心，精已经在动摇了，已经失掉精了。所以《楞严经》也提到"识精元明"，"含裹十方"，再三申明不要搞错了。

现在晓得了，为什么大家打坐不能发乐，不能得定呢？因为都是破漏之身，我们要渡到彼岸，想乘这只破漏之身的船，在这个浪涛汹涌的苦海中，怎么过得去呢？过不去的，这个船没走到半路就把我们沉下去了。那么光明为什么发不起来呢？光明由气而来。所以我再三告诉大家，《孟子》讲养气那一篇是绝对的真理，可见他老人家是修持过，不是随便讲的，而且孟子所养的这个气，并不是呼吸之气。我们现在炼气功这个气，也是柴，不是火，是用这个呼吸之气，点燃自己生命本有的元气而已，如果把呼吸当成是这个气，那又错了。所以一般看起来，社会上这些错误满眼都是，有些人自己说有道，反正道是大家的，谁都可以说有道。可是我们在道理上要晓得，哪些是对，哪些是错，这是很重要的。

"明"是由气生，"无念"由脉生，脉不是神经，神经不过是脉的柴，不是火，气脉打开，脉解就心开，自然就无念。无念并不是说没有思想，你虽没有妄念，但你还有感受，有感觉，这不就是念吗？色受想行识都是一念。《楞严经》讲五阴解脱，就是一念的解脱。

所以说这些精怎么化乐，气怎么化光明，脉怎么化无念，都要依止有成就、有经验的上师，更要恭敬信解于上师，然后传你法要，得到上师的经验指导，才能够得解脱。

"其智慧者，如《广大境界经》云：深、寂、离戏、光（光即光明）、无作，我获此如甘露法，与谁开演而不解，无语孤独林中住。"这中间的智慧，就如《广大境界经》所说的，明心见性，修持即身成就的法门，非常深奥，不是那么粗浅的。懂得寂灭清净，离一切戏论，无上的光明，达到无作无住这个境界，大彻大悟，达到菩提的境界。他说我已经得到这个甘露一样的法门，可是能对谁讲呢？世界上没有可度的人，他们的功德、智慧不够，不会懂得，传了也不懂，也修不成。因此闭口无语，只好自己孤寂地退住山林，不说法了。

空乐与三脉四轮

"如是理趣，自性广说有三。指示空乐俱生之方便者。"但是中间这些道理，前辈的修行，诸佛的经验，大概告诉我们有三点，指导我们如何见到空、乐，得俱生之根本智，这些悟道的前方便，第一个讲修气脉，大家先要认识。

第一指示大乐法，如前前行观之后，三脉柱相四轮中，右白左红中蓝孔，上端梵穴下密处。对脐中脉内阿（ཨ）字，燃火顶杭（ཧ）流甘露，四轮身内悉充满，乐所遍时心中"谤（ཧཱུྃ）"，"杭ཧ"之甘露不断流，乐力未生中观修。复次"谤"亦渐细小，无戏论中住三缘，此法见性乐生止。

第一大乐法，是修精之脉。关于三脉四轮你们诸位都知道，这里不要再说了，如果不太清楚的，可以买《静坐修道与长生不老》看看。"右白左红中蓝孔"，中间蓝的，孔就是空的意思。三脉四轮，普通用四轮，严格讲是七轮。顶上是梵穴轮，下面到达密处——海底，男女两性的海底有一点不一样，女性海底子宫这部分，有一大段的空，必须要精气充满，转回处女之身的充实，修起来就快了。所以女性修持，比男性难在这里。上端的梵穴下到密处，这个中脉，非常重要，这里头有得研究了。譬如《庄子》讲"缘督以为经"的"督"，不是后世医学上所提的督脉，是以背脊骨的前面，人体的中心，也就是密宗的中脉，才是真正的督脉。所以修持，多少要懂得医学才好研究，不懂医学就难了。

"对脐中脉内阿（ཨ་）字，燃火顶杭（ཧ་）流甘露，四轮身内悉充满，乐所遍时心中'谤（ཧཱུྃ）'，'杭ཧ་'之甘露不断流，乐力未生中观修。"对着肚脐身体的中间，里面有个"阿"字，是一个开口音，就是说里面有一个生命的作用。中国人叫丹田，在肚脐下这一部分，也就是在肚脐四周差不多一方寸的范围。平常有什么方法引燃呢？先用思想的办法，用观想，假想肚脐这个"阿"字燃火，发出火光，或者火柴的一点火光，这个燃烧一直向上走。女性就是子宫上一点点，向上烧，这个火光一路上来，烧开这条蓝的中脉，等于烧开一条隧道，一直到顶上，顶上流下来甘露，留下一条"杭（ཧ་）"字，现在书上写的是藏文。就像白色的牛奶一样流下来，然后经过喉咙，道家叫作十二重楼。四轮就是由顶轮（三十二脉）到喉咙（十六脉）、心轮（八脉）、脐轮（六十四脉），统统充满了。等到这个甘露降下来，充满遍于全身，心中心花怒放。"谤"字，就是"呼"的一下，心花开了，那么顶上所谓醍醐灌顶，甘甜的甘露，不断地流降下来，而丹田的火要升上去，不然的话男女马上就漏精，立刻漏丹。上面下降，下面火光上升，也就是地雷复卦的道理。修法先做这个假想。

现在只是先讲解文字，其中道理还很多啊！但是这样假想三脉四轮，我只讲一个方法，实际上方法很多。

可是修三脉四轮观想的时候，你开始一修马上能够发大乐，精就生，气就化了，但是做不到的啊！据我过去几十年经验，访问过许多修密宗的僧人，我说你已经修回童身，不漏丹了吗？结果他们跟我说，还是照漏不误。我说原来如此，看你们的样子就知道了。所以此事之难，虽然理是这个样子，但是真有一个乐的境界，你就漏了。所以凡夫永远在六道颠倒轮回之中，就是这个缘故。

那么这个时候就要正见，用见地来修，这是假想出来的观想，但是还要正见智慧力加上，"乐力未生中观修"。怎么叫中观？晓得自己观想起来，三脉四轮和灵火、拙火的上升，菩提的下降，这个都是假观、假想的，假想都是意念所造，你说空的，是空啊！你说没有嘛，有啊！你真观成功了，有这个作用啊，所以空、假、中，中是非空非有，即空即有。诸行无常，皆是假立，立假即真，真的也是假的，要修这个中观正见。所以"乐力未生中观修"，这一句最重要，但是要加上智慧修的啊，不是乱做观想哦！光做观想，你般若智慧，见地不够，那就变外道，不但变外道，入魔了。

"复次'谤'亦渐细小，无戏论中住三缘，此法见性乐生止。""三缘"是缘脉、缘字、缘甘露。其次心中"谤"的一下，这个境界就清净光明。一开始做不到，密宗就叫你"住三缘"，观想脉，或甘露，或一个字。这个字要慢慢观小……乃至上升到顶上，冲出去，呸！一下空了，念头空了。空的当中，这个方法是见性，由乐发起身上的感受；换句话说，这个方法是偏重于生理，使你生理的感受得快乐，祛病延年，而且容易见性，是很快能够得止、得定的妙法。

好了，我们晓得他那么讲了，现在，我们先加批判，后面再做研究。

中国的道家，大家都晓得修，都喜欢讲任督二脉、奇经八脉，督脉由后面上来，到前面下去这一套，等等，不晓得你们知识够不够，不够我就懒得讲了，从头讲起很麻烦。

密宗讲身体三脉七轮，从医学上来看，找不出来这个脉是什么，只晓得属于精。至于气这个东西，现在慢慢传到美国，最近很流行，承认了中国人讲的气，因为电子测验，可以测得出来了，所以今天我的孩子也跟我谈到这个事。

我说我告诉你，气有三层，美国现在医学、科学所了解这个气是第一层，最表面的，不要认为就懂得气了，还不完全懂得，这是医学方面的情形如此。实际上，三脉四轮这个东西，很难懂。拿唯识来讲，可以说它是意识的境界，可以说它是真带质境，也可以说它是假带质境，可以说它是非量的境界，也可以说它是现量的境界。这个三脉四轮的修法有好多种，一种是有形的气功修法，像瑜珈术也是修气的，都是这个里头变化出来的。另有用情感的修法，引起三脉四轮或七轮的通，而得乐、得定，所以方法很多。

我如果专卖这个，就够我吃饭了，现在我当然不是想卖钱，不给你们讲，是因为你们这方面的基本常识太差了。这个方法我也讲了很多年，你们听了也等于白听，其实要紧的都告诉你们了，可是你们反而将容易得的，当作不稀奇。现在我还是把最要紧、最高的原理告诉你们，你们懂不懂就靠你们自己了。

现在取用的方法是用观想，五阴的"想"像的路子，把自己身体忘掉，构成了这么一个东西，是真的，也是假的，带质境一起来就真有感受。但是这里有个要点告诉你们，你们这点拿到，已经是一生运用无穷，祛病延年是没有问题了，丹田的暖火一升上去，上面一定要晓得降白色的甘露，假想降下来。有些人光晓得守丹田，守到暖火升起，上面顶轮不晓得降甘露，不行的，所以最后坏了。

就等于锅炉一样，火在下面烧上来，锅子里头没有水，不烧干了才怪。如果上面光是水降下来，下面没有火，那个水不流走吗？虽然这是精神的境界，是唯心所造的，而变成物质的现象来了，也是真的啊！所以下面丹田暖火一升起，上面这个甘露就要下降。降到什么程度呢？现在又要传你们一个秘诀了，要卖钱的啊，不过我讲出价钱来，你们也拿不出来，所以只好让诸位欠账好了。

甘露下降到哪里呢?要降到心窝子以下。八个指头横起来,肚脐以上四个指头,就是中间这个胃的部位。这个地方西医叫作青春腺,所以婴儿坐起来端端正正,不会弯腰,健康的婴儿这条青春腺没有破坏,一有了男女性观念,或者女性月经来,这条青春腺慢慢萎缩了,自然就不行了。要白菩提液由顶上下降,拙火的上升,到青春腺这里定住,所谓醍醐灌顶就下来。

在这个境界,要能够定住哦!有人说:老师,我这一下有了,但三秒钟就没有了。那怎么叫定住啊?如果你定住七天七夜,你一身的肌肉、骨头统统转化了。七天七夜好像不是那么困难,可是谈何容易!定住七天,就是假想得起来,观想得到,中间当然变化很多的,一下身上痛了,头涨难过,如果还管那些头涨难过,你就不要修道了。想修道的话,对于这个意识所造的身体,要随时准备死,你只认清这个生命的意识功能,一切的变化不要管。实际上你真不管的话,整个全身的气脉,内内外外,反而统统改变,脱胎换骨,就有那么简单。

白骨观的关键时刻

但是,说简单并不简单啊!我告诉你吧,你真做到的时候,观想起来了,不管男性女性,不漏丹才怪呢!这个时候立刻要转白骨观,才把精、气、神收到白骨上去。所以我叫你快修白骨观啊!我一直在跟你们讲,你把白骨观好了,这些气脉也就不在话下了。我们这个身体的气脉,是靠这些细胞、神经、血管、肌肉这部分精气而发乐的,但是这些东西挂在这个骨架子上,如果把这些东西丢开了,只观架子好不好呢?那就高明多了。所以我告诉你们,此法可以通显密,通大乘啊!我不讲,你们都不懂;不是不懂，是不用心。所以你们将来成佛，比我都慢一两个阿僧祇劫。为什么？不肯用心。弥勒菩萨跟释迦牟尼佛同学，为什么释迦牟尼佛成佛在他之前呢？释迦牟尼佛肯精勤、肯参究、肯努力。弥勒菩萨放逸，能马虎一点就马虎吧！迟一点没有关系，只好让释迦牟尼佛跑到前面去了。

等到你乐一生起来，不要住乐境，马上就要观白骨，这一观就把乐境化了，那么就要观白骨流光，能观到一点白骨化光也好，尤其要观胸腔前这块白骨放光，这个地方气就通了。《禅秘要法》摆在那里，你们怎么不看呢？你以为修白骨观是小乘法，却不知道白骨一化空，立刻证到人空，得小果，得神通，那是小事吗？修持做白骨观就要这样。大家喜欢修气脉，你知道吗？气脉跟白骨观比起来还是外面一层；白骨观跟白骨流光比起来，白骨观又是外一层；白骨流光跟证到身空、我空比起来，又是外一层法。这是一层一层内摄的。为什么不修？你跟我犟，还是跟自己犟，还是跟佛法犟？这只好叫作业力了，犟得很！所以等到你自己到了以后，回转来想：哎呀，老师是真慈悲。听你讲一声真慈悲，花多大的代价啊！有什么用啊？

所以三脉四轮必须要懂，而且也要修。但如果说有人把白骨观真的观起来，那还不够，观起来要定住啊！什么叫定住？不是打坐的时候定住，要在行住坐卧时，白骨观这个境界不变，然后还能够做事，那才叫作修白骨观，才得了止。你得了止以后，如果要修三脉七轮，只要带一个念头，立刻观起来了。密宗修三脉七轮，我几十年所看到的，修一辈子都修不成功。我就告诉他们：有什么难！我是一刹那之间就观起来了。他们讲我吹牛，这是几十年前，我只好笑了。我说：你要晓得我是学密宗的人吧？他说：那当然啊，你还是得阿阇黎戒的。我说：那我讲错的话，什么果报啊？岂止十八层地狱，阿鼻地狱里永不超升呢！我有那么大的胆子，开自己的玩笑吗？不过，我给你们讲有什么用啊。

所以白骨观成就，这个气脉一念之间也成就了，今生就不怕了。譬如以男性来讲，"精"一生起，男性的感受与漏失，比女性更明显，但也是一样。如果观这一部分白骨，这些肠子、肌肉的机能都没有了，换句话说，它的作用，带质还有生理、物质的作用，都没有了。你这部分的白骨架一观起来，那个生殖器官都融化，于是白骨变成光了，精也化掉了，欲也化掉了，然后白骨再一化光，你那个精、气、神就都变成光了。那么辛苦教你们，恨不得跪在你面前教，但是你不听话，你自有主张。

有人说，观肋骨以下，盆骨以上，一观空，尤其五脏都观空了，肺啊什么都没有了。实际上白骨一观空，就是把我们生长起来的精、气、神这个营养，都吸收到白骨上去了，地水火风都归到白骨的地大上了，然后定住在白骨的地大。定久以后，真的定住的人，你不修气，也自然不呼吸了，所以，那些要靠闭住呼吸做到定住的，是个笨法子。在你一定住，一充满以后，你把意境上一带，不是第六意识，是第七识的意境一带，白骨就发光了嘛，就流光了，一片光明就出来了。在光明中定，这个时候就不要观了，因为白骨已经化了，变成光了嘛！你说白骨修不起来，那很简单嘛，就像打七的时候，焦先生报告说，他开始的时候也是修不起来，他觉得自己躺在那里，想到自己有一天气不来死了，算了，于是自己的肉开始烂了，慢慢变成脓了，变成水了，化了，白骨就出来了。他这个路线走的是对的。

这样子一来，三脉四轮自然俱备。那么精由乐生，白骨观真能修起来，不要走密宗的三脉四轮的路线，自然得乐。像刘老师观白骨，这两天效果出来了，但是光化不出来，都是雾，她的风湿太重了，她在梦中忽然参悟道：白骨怎么不能发光，都是雾啊？大概等到风湿好了，光就出来了。对的！完全没有错啊！若是说完全观不起来，非不能也，是不为也，不肯啊！你要晓得观不起来，是自己有一个下意识，那就是佛说的"贡高我慢"。什么叫贡高？自己认为自己聪明，比人家高一点，叫作贡高。我慢不是贡高，而是犟，我的意见就是这样，我偏不理这一套，我认为是就是，这就是我慢。贡高是贡高，我慢是我慢，不过贡高的人必定我慢，我慢的人必定贡高，自然就看不起一切。表面上谦虚，嘴巴上甜，都没有用，就是这一套，一看就晓得了，那些都把自己挡住了。

你一定就观得起来，再观不起来，你就买一个小骷髅放在前面好了。等到这个印象固定以后，这个念一回转来到身上，它就起来了。达摩禅师有一句话："一念回机。"回机硬是要回转来，像机器一样，硬是扭回来了，那就是孟子所讲"求其放心而已矣"。你们不能回机，就是放出去心收不回来，在外面放逸。我说的这一套话，说白骨观还超过了这个，那还得了！也只有我讲，将来如果我披露出来，佛教界、学密的人，恨不得打破我的头。但是你们注意哦，显教、密教是相通的，所以我讲的这番话，都是经过艰苦的道途来的，每个法子我都自己亲自经验过，才告诉你们它的利弊在哪里，不是随便妄讲的哦！你们有这个机会，如果再不晓得修，我告诉你们，我死了以后，你们恐怕还不容易找到像我这样一个人，是真的不容易哦！谁肯自己一生去摸这个？所以再三劝你们说：修白骨观啊！又快又好啊！也包括了这些。不过这些我不讲，现在不过露一点消息给你们，要真懂啊，还远呢！

白骨观还有其他的妙用，白骨观好了，神通妙用立刻就来了。所以今天有法师问我，说佛的弟子一定九十天，硬要九十天吗？我说当然啊。先不讲九十天，你能够一定七天，境界也不变，你看看！谁能够做到一定，一坐不变？至于说我们大家修道，三天打鱼，两天晒网，今天没有事了，跑来坐一堂，唔！这一堂好，啃啃脚指头；下一堂啊，连脚趾头都找不到了。这和定有什么相干呢？自己也叫修定，我们这一般凡夫，哪里有资格谈到定呢？这个境界，你二十分钟都定不住，就变去了，无常遮住了。不过，要想真成就很简单，你定一天试试看，立刻身心大变，何况定七天下去！没有不变的。为什么要七天？七天是一个周期，所以佛的经典记载，为什么要九十天呢？这里头数字有个道理，有个奥秘，极为深细。所以三脉四轮这个法门，绝对是有的。

那么话说回来，你懂了白骨观的道理，你用白骨观来修持，稳当。第一不怕欲念的侵扰，又不怕漏，这样修以后，再回头来修，可以尝尝调和的法门，用用三脉七轮，成就就快了。三脉七轮真有其事哦！譬如像美国那位吕老太太（金满慈）的日记，她现在已经到达不要吃东西了，就是气满了，是自然的。所以只要真修持，气脉、五阴都是真的，没有一样是骗人的事。下面是小字的解说。

"此法乃上师息柔僧哈示莲花生大士者，今如所有耳传，指示不可思议之乐明无念。"这个法门是由息柔僧哈，传给莲花生大师的，现在代代相传，经过耳传，指示不可思议的境界，乐、明、无念。不过，我在学术上始终怀疑，此法与中国道家的文化传到西藏有关联，是不是和婆罗门教有汇合之处，这是一个学术大问题，暂时不管。现在我们不讲学术，只讲修持的方法，所以希望大家先把白骨观印象搞清楚，三脉四轮，乐、明、无念就好办了。

第九讲

关于三脉七轮
中脉和拙火
白骨观之妙
空乐的修法

今天研究第五十页，有关气脉部分（编按：先讲上次已讲的经文）。

"第一指示大乐法，如前前行观之后，三脉柱相四轮中，右白左红中蓝孔。"色身如何转而得大乐？我们身体平生都在痛苦中，不是这里痛，就是那里不舒服；所谓真正得定，真正开悟，证得菩提，在静定之中一定是大乐的。所谓灌顶，把上师相应法的基础修好，人的三脉，像一根柱子一样，一直上去（黑板上画有三脉四轮），那是想象出来的，只有到了某一个定境，自会呈现出来。中脉是蓝色，像天清气朗那个蓝色，右脉白色，左脉红色。

"上端梵穴下密处，对脐中脉内阿（ཨ）字，燃火顶杭（ཧ）流甘露，四轮身内悉充满。"婴儿生下来，头顶中心会跳动的那个地方，叫梵穴轮；梵穴也可以说是离开这个头顶上面一点的地方。人身体下面是密处，密处在男女性的前阴与肛门中间三角地带。其实女性也在这里，不过一般不讲这里，只讲女性密处是在子宫口的部位，原因是女性对于密处的了解，比男性气脉通达更难。然后，对着脐轮的中脉以内，观想"阿（ཨ）"字，这是观出来的。然后，头顶顶轮甘露流下来，充满了喉轮、心轮、脐轮，这个四轮。加上眉间轮（两眉中间对准后脑，与两耳中心）、密处海底轮、头顶上的"梵穴轮"，一共七轮。

这四轮在身体内部气脉都充满了，换句话说，普通走小乘定的，气脉是不会完全打开的，真正得大定，所谓色身成就的人，法身、报身成就了，要想得神通化身，也要把脉轮打开。

"乐所遍时心中'谤（ǎ）'，'杭'之甘露不断流，乐力未生中观修，复次'谤'亦渐细小。"这个时候，可以发大乐，乐是遍于心中流出来的光芒，顶上的杭字甘露，不断地下降流下。一般人的修持，当然身体上不会得到乐，转色身更难了。所以要注意这个道理，就是乐力没有生出来时，要中观修。

"无戏论中住三缘"，不住空，不住有，不落边际。一般修心养性，空念头、清净，不算中观，这还是修"空观"的初步，因为空不了；其实得了真空，还只是一半，要晓得修妙有；得了真空妙有还不算，这还是两边，再进一步"非空非有"、"即空即有"。

"此法见性乐生止。"对于显教禅宗祖师所标榜的明心见性，很多只是见到"法身"的一面，"报"、"化"二身没有成就。比如儒家的理学家修身养性，乃至道家修清净法门，也都是只见到一边，也是罗汉的境界；真正的大乘，要法、报、化三身成就，才是真正的佛法，才是圆满的佛法，所以，非常之难。

用这个修法见性以后，依性起信去修，再转报身，就能得大乐；换句话说，要想修化身、报身，非修法身见性清净不可，所以五祖说："不见本性，修法无益。"这些修法，当然并不一定只是这个修法，单是有关联。一般道家密宗，先不修见性的心地法门，光修三脉四轮。单是身上的工夫做得好，没有用，最后落入邪见，走入外道，就有这样严重。所以，真正的修行，这两方面非常之难，不是那么简单。关于三脉七轮的研究，后面再讲，先看古人的小字解说。

"此法乃上师息柔僧哈示莲花生大士者，今如所有耳传，指示不可思议之乐、明、无念"，得乐、得明、得无念。明包括有相的光明和无相的光明，无相的光明就是智慧，明与暗两个相对。

（编按：以上是重复讲第八讲已讲过的部分）

"初示方便之乐者，现有观为本尊及上师瑜伽之后。"把自己观成本尊，随便你观哪一位，各人有各人的因缘；假定是修准提菩萨，意境上观自己是本尊，观想传法上师、本尊、我，三身合一。这一步讲起来只有一句话，做起来很难；能够做到观想上师、本尊、我三身合一的话，气脉已经通得差不多了。话是那么讲，修起来很难。

关于三脉七轮

"即头顶明现大乐轮，脉瓣三十二。"要观本尊及上师，修瑜珈境界之后，头顶现出大乐轮，有三十二根。在脉轮的横断面，看到有三十二根脉，从头顶开始，像雨伞的三十二条支撑铁条一样，张开向下，眼睛、耳朵等都在这个脉里头。中间是一个中脉，又像一摞丝麻，从顶上抓起有三十二根丝垂下来那样，包括头、脸、眼睛、耳朵，等等。

为什么头顶轮叫大乐轮？大家打坐，都会弯腰驼背，因为阳脉不通。依照中国道家、医书上讲，"头为诸阳之首"，头是一切阳气的首领，所以大家做工夫做得好时，头就会痛，因为一般凡夫，头轮的脉根本没有打开。在头顶轮真的要打开时，是很痛苦的，年纪越大越厉害，因为脑筋越用得多啊！或者女性生孩子多啊！或者男性年龄大的，上半生的透支太多。反正不管男女都是一样，当头顶轮脉要打开的时候，痛苦无比。甚至有时当头顶轮的脉通到眼睛的脉时，眼睛也可能失明，如果恐惧，眼睛就真瞎了，不恐惧的话就没事。到耳轮脉的时候，耳朵就听不见了，如果懂的人，那时一念清净就把它空了，耳朵反而更清明，可以听见十方声音。如果吃药乱搞，耳朵就完蛋了。

像有些人鼻子敏感、发炎，脉到这里的时候，鼻子就出毛病，懂得道理，懂得修持，不起恐怖，一下就过了，原来的宿病也好了，五官的功能更会增强。所以，修行是非常难的，不仅要懂学理，世间、出世间、医理、佛理任何理，好的坏的都要通，真是要上通天文，下通地理。上面能通圣人的境界，下面最下等的畜生、地狱众生，没有哪一种学问不通，才能成就为一个大圣人。所以一般凡夫都是狭小的心量，得少为足，修了一点点以为了不起，结果都是这样。禅宗祖师骂人"闷瓜老汉以有如此之去也"！我们假使看语录，祖师们常有几句土话，实际上那是唐宋的俗话，拿现在的话讲："你这个滚蛋，就这样滚下去了。"这是感慨之词。

头顶轮的脉打开了，才能发大乐，才能觉得快乐，打坐才能舒服，得快感了。所以大家现在胸襟尽管宁静，修持好了一点，哪里能够得乐呢？得乐谈何容易！西方极乐世界的"极乐"很不容易啊！那要头顶轮三十二根脉打通，统统空了，才能得乐。但是话说回来，头轮脉要怎么样打通呢？要下面四轮，乃至于说下面五轮都通了以后，才通头顶轮的。这谈何容易啊！我曾大声疾呼告诉你们诸位，学佛要注意四加行——暖、顶、忍、获得世第一法，头顶轮空了以后，那只能说是到了四加行的一步，还没有到无生法忍。即使得到暖、顶、忍，获得世第一法，还没有超越世间，没有超越三界。修行就有如此之难，要注意！

"喉间受用轮，脉瓣十六。"喉轮，道家就叫作十二重楼，因为喉部骨节有十二个。女人看起来好像没有喉节，因为她的骨节是向内收的，男人是鼓出来的。喉节这地方的脉轮，道家叫作生死玄关；喉轮的脉通了的人，生死会了，怎么了？就是生来死去，不会受这样大的罪。所以，古来的祖师说："两腿一盘，走了，再见。"诸位注意，有许多年纪大或年轻的，喉轮声音不好，治疗不好，那是你喉轮的脉有问题，非要经过修持不能解决。人活着的时候，喉轮脉不通，一生的烦恼业力重，病痛的苦难也重，以修道来讲，生死有没有把握？毫无把握。喉轮脉不打通，就有这样严重。

喉轮脉下来一直到胃，到脐，普通讲右边是食管，左边是气管，所以，我们看到京戏，那些忠臣自刎（自杀），宝剑一挥，剑一定在左边，左边气管一拉断就完了。有一个学生画画得很好，可是把这个画错了，我说："向右边自刎，不会死的，这叫泼妇耍赖，我要死！我要死！我杀给你看，永远杀不死；如果向左轻轻一拉，就完了。"

我们两个鼻孔，左边管气，左鼻不通严重；右鼻不通就轻一点，所以你们最好到医院解剖室去看看，学医的人就容易搞清楚。再说我们的食道管，经常不干净，就像玻璃杯装牛奶，牛奶喝完了，牛奶渣滓还挂在玻璃杯上，不洗不刷不行。我们一天到晚吃东西，食道管也有些东西粘在上面，像阴沟一样，所以修道人食道管一定要清。我现在把经验告诉你们，这是秘密，我现在一天喝两碗稀饭，稍稍多吃了一点，马上报应，就咳嗽清理，清出来就舒服了。许多人咳嗽得厉害，找我拿药，有些我晓得是胃消化不对引起咳嗽，并不一定是呼吸系统受凉，根本是胃受凉，是胃的消化不良。因为我有经验，胃药一下去，包括呼吸气管立刻好了。所以你们要把这些都搞清楚，这都是秘密。

喉轮的脉管，就是道家讲的十二重楼，从喉轮的脉管到胃上的脉管，打通之后，这个人已经没有妄念了，妄念不必除自然妄念清净。你说没有妄念，这个人难道像死人不会做事吗？他有思想但妄念沾不住，是自然的，"事来则应，过去不留"。所以，喉轮叫作受用轮，"受用"就是吸收营养，以修道来讲也就是受用。喉轮现在来讲，包括喉部的甲状腺、荷尔蒙，就是"现身受用"，感受光明清净最为灵敏。

我们头顶轮真打开，你那个"杭"字一动，自然甘露下降充满了。

刚才讲头顶轮三十二根，像雨伞一样撑着，喉轮是倒过来十六根脉，从胸腔部分，到肺部共十六根脉。喉轮气脉连通上面头轮中间的脑下垂体，脑下垂体的分泌液滴下来，也就是"甘露"，从这三十二根脉管中心滴下来，下到我们喉轮的脉管，舌头往上面一立，承接上面头顶轮管子下来的"甘露"。这些非常详细，所以，平常与你们谈没有用，现在讲了也是一样没有用。你们诸位大菩萨，没有一位变成小菩萨，到这样境界的还没有，只能说，现在只要晓得，有这个知识就好。

"心法轮，脉瓣八。"上下脉轮接上了，跟着下来是心轮，心轮叫作"法轮"，八根脉。你看心脏，或者到图书馆，看死人的内体都有，那个心脏，你仔细算，其实有八块肉就是八瓣，所以，真到了悟道时，禅宗讲的，"砰"的一下，开悟的人已经心脉打开了，脉解心开，心物一元。真正悟了的，心脉一定打开，是八瓣莲花；换句话说，心念一清净，绝对达到空的境界，这就是忘我，心脉的脉轮打开了，心脉八瓣，又是雨伞向下的形状。

"脐化轮，脉瓣六十四。""脐轮"包括丹田，叫作化轮，一切变化轮，人类男女媾精，才变化生出人来，一切生生不已，变化不已，包括两个脚底心、脚趾边都在内。两脚像高丽参之须根，所以，我们打坐两腿要盘拢来，二须根合结拢来，气脉可以回转。脐轮这部分最复杂，男女都一样，一直到肚脐，包括肾上腺的荷尔蒙，女人包括肾、子宫、卵巢；男性包括睪丸、生殖器等，一共六十四根脉，呈伞状倒转来向着心轮。

头轮、喉轮、心轮、脐轮这四轮，在身体内部，结成二重宝盖。所以，塑的正统佛像，外形一定细腰身，等于现在选美女一样，三围很好。再说当你工夫做好了，喉轮自然打开，心胸自然挺起来，腰自然细，这就是正统之佛像，中国道家葫芦两重也是一样。中国唐宋以后塑的大肚子佛像，那是不合理的。所以，修持做工夫的人，肚子越大，毛病越大；如果工夫做得对，腰一定瘦细，但气充实。

脉轮的道理细得很，脐轮又叫化轮，有六十四条，那还是粗的，真正讲起来，身体地水火风四大部分，各有一百二十脉，共有四百八十脉之多。更细的脉有八万四千条，包括了神经、血管，乃至每个毛孔都有气脉，这个是人体的大奥秘。现在中西医还没真能控制人体的奥秘，永远也不能，很难，非常之难。人体的奥秘，如果自己能够把握住，可以留形住世了，这是有道理的。人身难得，懒得再去投生一次，就把这个肉身把握住，形体留住，不是不可能的，但是，要把这些都懂了，又能修持到位，真是很难很难的。这是讲三脉四轮。

这四轮再加上梵穴轮、眉间轮、海底（密处），一共七轮。眉间轮一旦打开了，开眼闭眼，都是一片光明。所以佛像眉间之处，塑有一颗白的圆珠，就是这个道理。当然三脉七轮统统要打开，第一步最难打开的，就是脐轮，又叫化轮。道家密宗，喜欢修丹田拙火，这里打开了才能起变化，像电梯一样，一步一步上升，一升一降，这个同物理一样。就像种子种到泥土中，慢慢发芽长大，都向上升；人的身体也是一样，所以佛用莲花来比喻，莲花的种子慢慢爆出芽来，芽粒子向上伸长。但是，我们凡夫修到脐轮能够打通的，已经令人顶礼膜拜了，因为不管男的女的，在脐轮将要打通时，都会漏失菩提，精气神已经漏了。也就是说，当你有点修持，脐轮脉充实了以后，不论男女，欲念就来了，来了以后，没有办法转化，自然就丧失菩提，于是就在此中轮回。至于欲界的下三道，始终在这里轮回，上升不了，上升一点工夫都做不到。所以，脐轮脉打通以后，慢慢上来到心轮，才能打通，才能见性，脉解心开，见到空；见到空性以后，再上升修受用轮，报身的生死玄关才能破。生死玄关一破，再上升到大乐轮，顶脉打开了，色身才能完全转化，成就了报身。

一般人修持，不懂这个，也不讲这个，尤其修净土或搞禅的，固执得很，你讲这方面，他说你是外道。其实，他什么道都不懂，结果，自己心里不但拒绝，而且，他已经种了恶果的因。所以，我不太喜欢跟人讲，怕人一起反感之念，种了恶因，宁可慈悲他，不给他讲，何必使人种地狱业呢。一切众生我见太深了，实际上生命的奥秘，不是那么简单。当然，表面还是跟你们讲一点点，实际上，道理深得很，同般若性海一样深不见底。如果生命的奥秘，轻易都学会了，都懂了，那就不必说诸佛菩萨伟大了；换句话说，我就没有得玩了，否则怎能骗你们诸位那么长久！可见里头有很深的奥秘。更何况，这还不是骗呢！所以，要晓得忏悔，要晓得惭愧，世界上任何一尊佛，都不是那么简单的，尤其身心性命之学，你们学了一点点小境界，认为这样就是了，那我只好付之一叹，因为太可惜了。所以，要知道珍重自己，不是尊重我，要知道学了以后去修持，所谓无量法门誓愿学啊！不是那么简单的。

"其中如屋柱之相，右有'若马脉'白色，左'蒋马'红色，中'滚大马'蓝色。"关于三脉，等于我们身体是一个房子，三根脉是主要的大柱子，右边的脉，藏文叫作"若马"，白色的。你现在不知道，要到脉轮打开才呈现；所谓白色，是像母乳或牛奶一样，自然的乳白色。左边叫"蒋马"红色，中间

"滚大马"蓝色，梵文翻译我们不去管它，我们只叫左红右白中蓝，蓝是天青色。

"上端达到头顶，下端至于密处。"三脉以中脉为主，到顶轮，乃至头顶上，如果中脉通了，恢复到婴儿状态，那个顶轮上的跳动，上通天上；梵穴轮上与宇宙相通，就是与"天地同根，万物一体"。这个时候，才够得上谈孟子所讲的"养浩然正气，充塞于天地之间"。我们现在自己的三脉七轮还谈不上，四轮根本影子都没有，不过，大家修行，是七轮以外的一轮，叫作愣头愣脑轮。

到脉轮呈现时，要顶礼哦！更要晓得这还是第六意识境界。我们现有的身体，也就是现有的意生身，是意识的境界。成了佛的化身，成就了圆满报身，那才是真正的意生身。所以，晓得意识之伟大。大家学过唯识的，应该还记得玄奘大师的意识颂，意识的作用概括三界，"三界轮时易可知"，欲界、色界、无色界，整个三千大千世界都是意识之变化。阿赖耶识为"识"的体，"识"的用为第六意识，意识可以成佛，可以成凡夫，可以在六道中升沉，所以，意识是这样厉害。三脉四轮，还是在意识境界，可是，那是升华了的意识境界，讲它有身体也可以，讲它无身体也可以。再进一步，三脉四轮随意识能够转化，世间的缘尽，不想再留了，意念一动，化一道七彩虹光就消逝了。

"特别观中脉渐大，如麦管许、如箭杆许、如取乳筒许。"目前我们没有成就，当然是意识假作观想，如果单修中脉之观想，观成一根柱子一样，从海底中间上通天，下通地。《西游记》写孙悟空神通大，在龙宫取走定海神针，充天塞地，把宇宙空间充满。所以，讲中脉这个道理，初步修中脉，先把身体空掉，只管自己有个中脉，这个中脉就是宇宙那么大，色身就有宇宙那么大；也可以慢慢心宁静，慢慢缩小，越缩越细，最后细得像看不见的灰尘那么细。开始或者观如麦管那么大，或者慢慢放大，像箭杆那么大，再慢慢放大，如取牛奶的筒那么大。

"最后，身完全成中脉自性，细薄明亮，心对住其中而定之，即得心入何处脉，皆唯出现中脉功德之关要也。"最后整个肉身变成一中脉，如天青色一样。这是用观想的修法，已经没有肉体的观念，中脉细薄的，光明透亮。那么用意识把肉体转变化成这样以后，意识中间的念头，不管你中间是观想准提、观音菩萨，或阿弥陀佛，不要变来变去，个人守定一个本尊。本尊就是根本，不要变，不能今天修准提菩萨，明天又改成观音菩萨，那就是魔障，故意使你有分别心，觉得这个好，那个不好，那已经在起计较心，像做生意一样的。换句话说，这无形中已经堕在细微的散乱，自己不知道。所以，本尊一观定了，一动也不动，或者不观本尊，一念空灵，住在中脉的中心，这样定下去也可以。"皆唯出现中脉功德之关要也"。这样的修持，你的心念一注意那个脉轮，脉轮立刻起一个伟大的作用，要随时保持这个样子，这是一个要诀。另有注解你们自己研究。

中脉和拙火

"如是中脉之内，在脐对直处，有短阿（ཨ་），如火形相，仅发尖许，燃如马尾之火。"这就是丹田这里发出，普通叫拙火，或者灵火，道家就叫作丹。为什么把火一样燃烧的暖气，翻译成拙火呢？因为这个火很笨，拙者笨也，平常没有感觉。我们平常太用聪明，妄念多，妄念一旦消除，人似乎变笨了，拙火就清明起来，变成灵火，又叫作灵力。看到人得定了，像半个死人，也像白痴一样，妄念都没有，好像什么都懒得动了；外人看到是笨笨的，其实里面生命功能，更灵明自在。拙火变成了灵明，里面就发暖，女性子宫部分容易发暖，但是一发暖、发乐，男女都一样，赶快要转变观想向上走，不然，第二个作用就来了——漏丹。这个时候，尤其青年人，遗精或其他行为种种都来了，没有办法可以控制得了。真的拙火发起，力量大得很，不是你理智可以对治的。

这里告诉你，身心是一体的两面，有时候自己那个功力，真是没办法应对，非要懂理不可。这时能回复到本体大智能的功能上，就自然慢慢转化了，所以，我始终告诉诸位，成佛是智慧之学。他说这个拙火在丹田发起的时候，感觉上、观念上，开始一点火只像头发那么细，然后星星之火就可以燎原。那一点火星烧起来，可以把一座大山，乃至于整个宇宙都可以烧得掉。所以，这里丹田的拙火真生起来，慢慢融化一身，全身得暖，把你所有的脉轮、业气都转化了。父母所生，乃至多生所带来坏的业力习气，统统被融化了，生命之色身，重新再造，所以道家叫作脱胎换骨，不是假的。

我们这个课程，都是为了专门修持的，不过大家听了，会把这个法门拿去送人情，那不过是结个缘而已！你们不要认为自己已经学过大圆满，也懂了拙火，也修道三个月，怎么还不发暖？那不是电熨斗，立刻会发烫，而是要专修的啊。四十多年来，我的很多东西都丢了，只有这个留着，继续了几十年。算算这个账，你们才搞了几天，而且大部分的时间还在打主意赚钱呢！又想这里赚到钱，那里赚到拙火，世界上好的都给你占光了，那我不是白干了吗？所以千万要记住，这是重点专修的事，专修硬是出世法，要舍弃世间的大部分。你们有缘听了，不要傻傻地认为，自己这两天如何了，你这两天打两个坐又算什么呢？这能算修持吗？也不过是练习练习而已啊！我这个话是对在家，也对出家讲的，都一样哦！并不是说你们出家人，穿了这件衣服，就会生起拙火，不可能的。

这一点拙火像头发一样一点点，然后慢慢燃烧大起来，如马尾那么大，那么粗，火星上升，一直上来。上升以后，要懂得一个重要的道理：太阳的光能照到地球，地球吸收热能而又蒸发上升，上升到顶，碰到冷气团便下降了。所以，道家的话，也就是《阴符经》的话："观天之道，执天之行。"学道的方法就是这个道理。所以，老子说，"人法地，地法天，天法道，道法自然"，是必然的原理。

"遂触头顶豆许大杭（ㄢ）字，乃降红白甘露。"到了头顶转化成一个白杭（ㄢ）字，马上变成精气津液，红白甘露下降；白者代表气，红者代表血液、津液。人的生命，拿医学讲，为什么老人咽干舌燥，精液没有了，精神也没有了？就是脑下垂体慢慢萎缩。为什么打坐时，我特别把你们头摆正，因为不正会影响脑下垂体的分泌。

这个脑下垂体荷尔蒙的精液，部分下降到甲状腺、胸腺，一路这样下来到肾上腺。我们现在借用医理学、科学来说明，这与佛法是完全相合的。所以，一个人工夫做好了，脑下垂体分泌液下来，口水经常是清凉、甘甜，那个甜与普通的甜不一样。由于口水经常下降，如果呼吸气管有痰，胃上有病，自然会处理干净；这些尘渣没有清理干净，则容易生病。

此时红白菩提的甘露下降，"流于四轮全身，特别流入心中青灰色'谤（ㄤ）'字，遂想生乐，心不散乱"。由顶到头，经过喉到心到脐，遍满全身。当它流到心中的青灰色、淡青色，有一个色相、影像出来的时候，那么，"遂想生乐"，自然身心配合生出喜乐的境界。所以，显教讲，初禅离生喜乐，喜是心理，乐是生理快感。

"观乐忽然来时，彼'谤'字渐小渐细，末后消散去，于无所有中心平等住。"这个时候，完全是定生喜乐的心念，这个"谤"字，是心中之境界用字轮做代表。所以，你们有时打坐，眼睛闭着，恍恍惚惚，有天快要亮，微微有光，茫茫然的情景，这类似，接近于那个境界，当然还差得远。

这个境界，慢慢变去了，这个时候，一切念头无所有，所谓平常、自然，妄念无所有的自然无住。此心一刀斩平，坦然而住，定住了。为什么能够达到这个境界呢？因为修气、修脉的关系。

"由此方便，斯时极有离戏论智出现之要。"这个方便很难，先要懂得修气，比如安那般那听呼吸，那是修气方便里的方便，初步的初步。真达到心气充满，才能够修脉；修脉以后，才修明点；修明点以后，才发动拙火，色身才能得到转变，得到这个境界。

至于修气怎么修，修脉怎么修，都是只讲原理，你们不要就认为大圆满已经学过，怎么一点效果都没有？光听过有什么用，只是给你们结一点法缘而已！这些学理，你们只是知道有这么一件事，谈修持还早呢！大家要好好地修，学佛不是道听途说几下，不是那么简单就行的。他说：这个修气修脉的方便法门，"斯时极有离戏论智出现之要"，到那个程度，各有不同现象出现，就要晓得一切法门是空的道理，这种离戏论的智慧很重要。

现在我们晓得三脉四轮是这样的，大概修到三脉四轮都打通，起码要三年到九年的时间，加上中间一切没有障碍，才可以一直修下去。所以福德资粮、智慧资粮的具足，更显得重要了。如果没有福德资粮，没有智慧资粮，理上又不通，就不会成就。况且气脉部分，要想打通三脉四轮，要各种理、各种法门、各种事，都要融会贯通，才有一点希望。你说禅宗不立文字，一法都不要，请问，禅宗成就的有几个？你说六祖，有几个六祖呢？六祖成就了，能代表你也成就吗？修行不是那么简单。所以，这些都要知道。

白骨观之妙

但是，我告诉过你们修白骨观，为什么？这是我把密宗里头的秘法形式敢于推开了，因为我自己学过、修过这个，成就这个，然后推开这个；你们不能盲目推掉，大家随便毁谤法是很严重的。如果说因果是看不见的，而不信因果的话，那试试看吧！没有一个谤法而不受果报的；一步一步地受果报，多可怕啊！大家自己没有检查到。

释迦牟尼教显教的时候，不讲这个部分，因为末世众生，业力不同之故。我与你们相处有一二十年，平常不太愿意讲，只有这一回比较肯讲，也是一次而已。其实不是我肯不肯传，而是你本身有没有构成法器。佛说，自己不构成法器，就像个普通的杯子，狮子奶一倒进去，那杯子就爆炸了。所以，我把大法告诉你们，你们反而生起不信的恶念，那已是非常大的罪因，何况因此起谤，更是不得了的重罪。

现在正式告诉你们什么呢？这个相当重要，但是这些脉轮，在饥饿、细胞融化了以后，变成什么呢？当然变成骨头，就是白骨。白骨上面有没有气脉呢？没有，所以干脆修白骨观就好了嘛！很简单，免得麻烦。其实，你们在家、出家都很犟的，叫你们修白骨观，你们开始信不信呢？不信。过去是翘起嘴来听，为了老师在教，没有办法不听；实际上一般学佛的人，是不肯用头脑，不肯用智慧去参究的。《禅秘要法》不是告诉你吗？你观的时候，白骨一观起来，会不会得暖呢？（众答：会。）

比如，萧太太去年年底，为什么她一观白骨，脚指头就发暖

199

呢？暖不是拙火吗？可见此法比那个（拙火）还要高。其实成效则一，只是佛不把这个原理告诉你，所以，变成禅秘了。这也是秘中之秘啊！为什么不肯去修呢？况且这个法门，还不亚于密教的法门，密教还要受灌顶，还不准人随便参加。而白骨都可以公开讲，并且白骨一流光以后，自然会得乐、明、无念。你说《禅秘要法》中，佛有没有讲到修白骨会发大乐？你们都听到了，真能记得的话，好好修持求证，乐、明、无念马上爆发。这个道理是什么呢？现在人应该懂得，很简单，地水火风四大，细胞、荷尔蒙，是水大，拙火是火大的功效，气脉通了是风大的功效。这四大所依的是心，白骨地大是基本。白骨一观成了，然后意境意念一转，白骨流光，乐、明、无念，气脉也都包括在内了，现在原理懂了没有？

所以，你们再不修，我有什么办法！我侍候你们诸位，都像对我的爸爸妈妈一样，不管你年龄大小，我都是这样诚心地真地在侍候，希望大家成就。可是，我也同大舜一样，这些"父顽、母嚚、弟象敖"，搞得我这位孝子也没有办法当，所以，多可怜啊！现在一比较下来，就懂得这个秘密了。我可以绝对告诉你，这个秘密千百年来没有人讲的，这个法门有这样的妙。然后，你把白骨观修成，白骨流光修成了，《禅秘要法》告诉你，白骨修到后来白骨没有了。所以，你们天天想成就，没有一个人把《禅秘要法》反复研究清楚的，甚至一次都没有看过，自己在放逸、懈怠，犯多少罪造多少业！白骨流光修好，修空观，自然把它空掉，就没有身体了；此身都不存在，感觉也都没有了，哪里还有气脉？此其二。

再说回来，白骨流光修成了以后，身体一转，气若有若无地存在，三脉四轮，也就统统一起成就。我传了你们无上密法，无上禅法，当然，我没有照古代的传法。现在到了晚年我才后悔，我深深发现佛教的教育道理，如果给人这样的方便，人们就轻法放逸，后果非常不好；不但不能救人，而且犯了"博学多识"的毛病，反而跟着现代走，拍年代的马屁，也就是学者的法则。事实上，应该严肃地看待这桩事，不管现代人观念怎么变，思想形态怎么变，应该以非常庄严隆重的方式进行才是。不来学的就算了，这样对那些来学的人或者会有好处。所以我现在觉得，几十年做的反而不对了，因为跟着时代走没有用。这是我到今天为止的感想，至于明天以后，会不会变不知道，也许明天看法又变了。

这一段讲到三脉四轮，修大乐法之重要。当然，这些都是属于单修的，至于双修部分，在戒律里更深更难，不要乱去妄想，没有用。实际上，你修白骨观自然就会得大乐。三脉四轮大概介绍到这里，下面"又指示出现空乐光明自相者"。

> 复次皆离言说心，现如空境去染心，即是空乐光大圆，自性难思之法尔。

这同禅宗一样，"砰"一下，明心见性，密宗这个路线是先修身，后修性，因为，气脉不修成功，感受的障碍太大，受阴引发妄想不断。我们拿事实来反省、求证，诸位打坐做工夫，修各种法门，都有很多年了，自己搞了半天，每次打坐都在那里搞感觉，这里不舒服，那里舒服，困在受阴境界。受阴会来，因为有四大五蕴的存在，所以这个习气来了。假使修白骨观修成了，立刻转化受阴，因为白骨没有什么感受；你还有感受，这里通那里不通，那是你执着在五阴。肉体不是白骨，是四大的粗相，因为，一有感觉，杂念妄想就永远停不了。

前年叫你们注重五阴的解脱法门，色——四大包括这个色身；受——受阴，感觉、感受；想——思想；行——行阴。这其中包括色阴、受阴、想阴的不断，都是行阴的作用；识——识阴，是与想阴连着，想是识的变化。受阴是色的变化感受，色、受两个连着，想与识阴最后一个连着，行阴则有普遍之流动。

如果行阴不行了，停止了，宁静了，色受就清净，识里头就安详了。所以，我们都是在色身上做工夫，做了半天工夫，色受不一定清净，色受念念生灭不停，我们每个细胞，每个肌肉，新陈代谢，无始以来都在变化中，结果工夫跟着色身而转，那有什么用！

所以，像道家、密宗这些法门，我都学过，学了以后，又一切都放下了，为什么？这些法门非常了不起，真的很恭敬诚恳，顶礼膜拜。这法门对某一类人是无上大法，但是以上上乘根基来讲，是渣子而已。可是，诸位要知道，你自己是否属于这个根器，如果没有到，还是从白骨观来。密宗走的路子，完全对，先把受阴色身转化了，然后再渐修，见了空性才是真的。中国宋元以后学禅，多数变成狂禅，以为自己理懂了，认为就是这样，上不见佛，下不见众生了，乃至上无师承，下可以超然而独立。尤其今天的佛法，全世界越是都看到，我越想闭关，因为不忍心看，不想看。所以这些法门，特别要注意。

现在他说由三脉四轮，变大乐以后，色身障碍少，其次告诉你，皆"离言说心"，明心见性了，此心无文字无言语可表达。明心见性的境界，色身没有障碍，念头里面"现如空境"，自然呈现的心境一片，如太空一样，呈现出来自然空了。下面三句用得很好，空了以后，"去染心"，去掉了一切的污染心，所谓嫉妒心等不好的心态，都没有了。

去掉了染心，就等于"心如明镜台"，一块大镜子擦干净了一样。当然进一步，"明镜亦非台"，那么在空的境界，心如明镜呈现了以后，应该"空乐光大圆"，空而得乐，身得快乐。但是，色身有个快乐就是污染，也不可执着，这样就没有污染了。顿悟自性本来光明、圆满，"自性难思之法尔"，认清楚了自性不可思议的境界，法尔如斯；这个法身本来就是佛，法尔如斯。

空乐的修法

"若无缘观修于乐方便，则与彼相合。"在秘法里面，包括了密宗之方便，心要观想，心与所缘乐合一。换句话说，叫你们修有缘观，可以得乐方便，这在西藏密宗，是没有办法的办法；因为身心得乐，在乐的境界上，立刻要跳出来很难的。那么在我的主张，最好是修白骨观，可以直接超越。

"因身心乐故，心离聚散之自性，自然净明，如天空显现无碍通达，此乃显出空乐光明大圆满，自然智慧之自面也。"这个时候，要注意，自心当中，没有聚，也没有散乱，不执着，自然净明。自身本来清清净净，心脉打开，如天空呈现在你的前面，一切无障碍，这就是光明大圆满，智慧的本来面目。

"如《秘密明点》云：大乐金刚不思议，光明天空之自性。"如《秘密明点》上说，那个时候所呈现的，是光明之自性，犹如天空一样，这是讲明心见性的方便法门。实际上，一个人在大喜、大怒、大恐怖，或突然受到一个惊吓之后，很容易呈现这个境界。还有，像有点酒量的人，喝到刚刚微醺，稍微有一点酒意时，不喝了，那时特别清明，光明呈现。密宗与道家一样，是可以喝酒的，喝一点酒不算犯戒，有许多人一喝就糊涂，那就不可以。

那么，这个道理在什么地方呢？人性自然的规律，等于一个物理的作用，突起一个高峰，之后，自然走入一个低潮，自然平静。也就是《易经》上的道理,"无平不陂,无往不复",一个高山翻过以后,下来一定是平原,很远的平原以后,慢慢又起峰峦、高山,也是一个自然的道理。所以,观察了自然界的物理,植物、生物、动物以及各种宇宙的变化,自然可以明白如何超脱,如何学佛,如何修法。

"又示如是修观其功力之次第者",修此观行,其力有四种功德。

> 修此观即力有四,所显一切皆乐现,昼夜不能离乐境,贪嗔痛苦心不现,生解妙法文字慧。

修这个观的法门,修气脉修空乐观,所呈现出来的一切,皆是乐的境界,无所不乐。真的修到了这样的境界,当人家骂你、整你、冤枉你,乃至于打你,都是快乐的;没有仇恨心,更不会起嫉妒、怀疑人的心。面对真的仇人,都会有大悲心之慈爱。所以,佛经上说的,对一切众生起大慈悲,理上讲讲可以,一般人是做不到的,因为心性的修养不够,没有这个工夫,起不了大悲心,那都是"空话"。所以见地、智慧、福报,非专修不可,戒与慧都从定来,修定就是修福报。换句话说,你福德资粮不够,不能得定,光求自私,光想管自己,你纵然得到定,也是凡夫定,不能进入如来大定。因为,福德资粮不具备,不肯改变心行,贪嗔痴慢疑的心,样样俱全,所以修行有如此之难。多做一分功德,多转一分心行,恶的行为天天减少,善的行为天天增加,无处不是在做功德,福报才可能增加。

人得定以后,才有三禅天之乐,得定以后,就可以得乐。人生在快乐当中,是多大的福报啊!我们哪有资粮享受快乐中的福报啊!一切只在烦恼中。所以要参究,好学深思就是修慧,好学而不深思有什么用？况且有些人学而不思，看也不看。拜托你们看，拜托你们念，结果东搞一个意见，西搞一个意见，就搞起来了，以为只是名词，就造了（不好的）业。业就是这样造的，以个人的意思，妨碍了别人的去路，就造了业，还以为自己没有做坏事。学佛学久了，起心动念，有如此之可怕，你以为那么容易吗？那么容易我早成佛去了，还会坐在这里陪你们玩吗！所以啊，要注意这个道理。

得到定生喜乐的时候，"昼夜不能离乐境"，舍开了当然要重新回来，很快地回来，但是，有间隔性就不对了。这个时候贪嗔痴慢烦恼的心不现，妄想没有了，"生解妙法"，智慧开了，得了这个乐，智慧就开了，一切难解之法，不懂的统统都懂了。有人说：我打坐坐那么久，经典也看不懂，记忆力很坏，所谓定能生慧，我怎么都没有慧？你打坐那么久，你是在那里敷衍啊！你那个坐是得乐吗？是熬腿，腿都还没有熬下来，还能入定？你那个叫定的话，山上的石头都算得了定，那是不通的。你们工夫做得好，真定是得乐的，得乐以后一身发暖，气脉自然通了。暖顶忍，身体暖，心行也暖，贪嗔痴慢疑，这些坏的污染之心念，转化了，不再刚强。有些同学刚来，意见翠得不得了，不能跟他们讲，只好一笑。我要是上了这个座，我就肯讲出来，但是你们却说我是骂人；不上这个座，我对你们客气，所以都不讲，不浪费我自己的生命。

在这个乐显的时候，才能起无生法忍，起平等之心，起慈悲之念，是自然而然来的，不需要加动力，一切善法自然显现。"生解妙法文字慧"，一通百通。我现在告诉你们，我开始学佛的时候，佛经真看不懂，我哪里肯花工夫跟人研究佛学？我才不干，一天到晚志在天下。等我遇到我的那位袁老师以后，拿到佛经，原来是这样的啊！他好像替我讲话一样，大多都懂了。所以人家问我闭关三年，三藏十二部看完了，有什么感想？我说好像看一部《红楼梦》一样。人家不懂这句话，就骂我好狂啊！当面不敢讲，在背后讲，因此，我的狂名就出来了。其实，我讲的是老实话，哪里是狂话！就那么轻松容易，原来就是儒家讲的"六经皆我注脚"，那些好像都是替我下注解一样。而且看得出有的经讲的是不了义，这本是了义，这本是方便说法，那本是不方便说法，都看得清楚。为什么？你只要得这个境界，佛的话是真实语，不会假的，是真的妙法。有人会说：不要研究经典了，等得定以后，深解妙法，智慧自然来。我说那是做不到的，很难哦！要双管齐下，一边修持，一边研究，这样更快！又是一法。

再看下面的注解：

"由精发达之力，遂显现境界，昼夜住乐，痛苦不能乱心。"由于真正开发的力量，天空无碍这个境界就呈现了，昼夜住在乐的境界，这个时候，痛苦没有了，何况烦恼，更没有了，都与我本不相干了。

"生三种功力，复由其见自性面目之力，发生特具智慧及坚固大悲等。"见到自性佛以后，生起特别智慧，就是般若通达，自然发生坚固心及大悲心，同观世音菩萨一样，大慈大悲，你想不发大慈悲也不可能了。那么，这个时候，你想求自己不成佛也不可能了。

"又其功德者。"又，修这种大乐法，由乐的发起，附带有什么功德与效果呢？

复次再修眼、及通，心现如日无量德，此乃更深要方便。

进一步发起附带修眼通、耳通、神足、他心通、宿命通等，这个时候，心境呈现如太阳一样的，有无量之光明。当然，如何由这个境界起修神通，如何成就那么伟大的境界，深一步再传。

"由观修不可思议空乐法，较前得增上坚固，发生眼及神通变化等功德。复次坚固空明无念慧，如何修法次第者。"这一节叫空乐定的修法，下一次讲空明定的修法，空乐与空明不同。

第十讲

空明定的问题
空明定的修法
三昧真火 制心何处
光从何来
得到光明 眼通来了

第十讲

上一次讲了三脉七轮（四轮），关于气脉问题是最难的，平常大家好像很多问题的嘛！其实一切的修法，修气脉是最重要的。有问题的话，当众问，别人也可以听到，假使很多人分别来问，我费的时间、精神更多，现在为大家一起讲，对双方面都方便。如果没有问题，我们把修空乐定，修气脉的，先停在那里。先讲第五十三页，空明问题。空者就是指明心见性那个境界，所谓见自性空性；明者是指光明。

空明定的问题

第二指示空明法，如前前行明三脉。若、蒋、下屈入中脉，观其上端对鼻孔。三呼吸气消病障，缓三呼吸坚碎世，化光入鼻达若、蒋。至中脉内于心中，寸光光圆相溶入。能若干时而定住，上下闭口微放妙，缓徐呼吸极精勤，其他诸佛等功德，溶入心中不他散，此法心明住清澄。

前面讲过的，前行就是受上师的灌顶及选地等的加行。对前行都明白了，真证到了，更要真正明白三脉七轮（四轮）的道理。这个气脉不是血管、神经哦；但是神经、血管是属于气脉的。这些理都要先懂才能修。不要像现在很多人，随便讲气脉，好像自己身体里头有几条水管一样,那根本就错了。

"若、蒋、下屈入中脉,观其上端对鼻孔。"如果前面讲的工夫都做到了,明白了三脉,"若、蒋",就是左右两条脉,从鼻孔这里开始,乃至于说左右脉到头顶中间,这两条脉汇合结拢来,都以中脉为主。身体上的一切,皆以中脉为主,由海底一直到头顶,是以这个中脉为主体的。譬如庄子讲的,"缘督以为经",以督脉为主,督脉就是背脊神经上来,到脑下眼处,但是督脉还是依附在中脉而生。

可是中脉呢,不像其他的神经脉管那样,看得见,它必须先要练习气,当养气的工夫到家了,中脉才能够打开,而左右两条脉都入中脉,到了头顶心。这个头顶心在哪里呢?每个人的额头高矮不同,各以自己前额的发际为标准,用四个指头并拢横量上去就是了。头部中脉这样一个转弯就到鼻孔,我们现在看人体的骨头模型,上面头部的颅骨有八块,也叫天灵盖,里面就是像浆一样的脑髓。

在前额(师指眉间),我们看画的菩萨,有一只眼睛,气脉工夫到了,也打开了,透光的,这个脉下来对到这个鼻孔。

"三呼吸气消病障。"如果能够懂得练习呼吸,就是我经常教你们的九节佛风,大家没有好好学,也没有好好练习研究。你们都是鼻孔弄三下,吸呀吐呀,以为都学会了,就再也没有人问;那么我也不需要好好教,教了也不懂,岂不是浪费。

所以真懂得"三呼吸气",九节佛风只要练成功,一定祛病延年。我不是经常讲嘛,鼻子自己的,空气不要钱买,结果还是不肯练,那还学个什么呢!最好有人帮你练,弄个打气筒,套在两个鼻孔上,然后一天到晚有人给你打气,恐怕还觉得麻烦呢!也要叫人少打两次,所以怎么会修得成功?!

如果九节佛风修通了,左右鼻脉管通了,能够消除一切病障。可是你说九节佛风你也在做，怎么还是有病呢？因为你根本没有做通嘛！鼻子气随便吹两下，就算做了九节佛风，那才叫笑话咧！九节佛风如果真通了，气到了身上哪一部分，统统知道的。

上一次我们讲空乐大定的方法时，说到九节佛风做通了，气脉打通了，妄念也空了，发乐了，空乐发起，才讲空明，等于修神通了。

"缓三呼吸坚碎世，化光入鼻达若、蒋。"练九节佛风这个呼吸，吸进来是细、长、缓；呼出去的时候是粗、短、急。这样一来，嘿！你不要看这个工夫简单，如果练到了家，那个坚固力量，就是孟子说的"浩然之气"，可以把这个物质的世界、地球转变，就有这样的功效。佛法天台宗，叫你数息、随息都是练气；数息、随息仍是气功的皮毛，真练下去时，练到了成真气、真息，念跟息两个都空了，那个时候，气把整个色身四大，统统化掉了。

其实你们平常打坐，不一定用指头按鼻子练气，当然练气的时候，胃是要空一点的；平常练气停息，小腹一定是内收，慢慢一口气一口气地数，心念跟呼吸配合。最后，到达了不呼不吸，全身的毛孔，自然跟宇宙的光明配合在呼吸了，因为两个鼻子这里的脉通了，不是鼻孔呼吸，而是鼻根的地方呼吸。差不多是接近眼睛的地方，自然会呼吸气，乃至眼睛都会吸气了。由于是自然地吸进来，自然没有声音，只有往来的作用，也等于庄子所说的"与天地精神往来"，这个样子才是真气功到了！

到了以后，也就是佛法十念法门的"安那般那"，这时真到了家，到达了气住脉停，三禅天以上的境界。此时呼吸也停止了，甚至于脉搏不跳，心脏不动，自然清清净净。这个时候，修炼有多种方法，有时候在呼吸时，意识觉得吸气，加上一个观念,气跟光两个合一进来,这个光当然有好多种,想成太阳光、月亮光也可以,最好是七彩的虹光,像夏天雨后天上挂的那个彩虹。意识上七彩的光随着呼吸进来,由鼻根这里到脑,三脉七轮统统贯通,全身都通了。

所谓化光入鼻,通达"若、蒋"左右二脉,到里面的中脉去,然后归到心中,心轮的八脉就打开了。每个脉轮要打开时很吓人哦!有时候硬是觉得心脏爆炸,啪!一下打开了,一定光明都来了,心念就绝对清净,所以"脉解心开",心的脉就开了。这个时候,如果见地不清,道理不明,会被自己吓住的。

"至中脉内于心中,寸光光圆相溶入。"然后此心就是一团光明,是有相的光明。修净土的人或出家人,晚上睡觉,心里要观想一个太阳或月亮(就是光明的原故),慢慢入睡。戒律上也如此,修净土的依照《观无量寿经》也是这样观想。尤其出家专修,要吉祥卧,右胁而卧,观日轮入睡,才是合于出家的威仪。

显教的经典,不明白告诉你工夫方面的事,这个工夫道理,就是打开中脉心轮的法轮。开始心脏部分的光只有一寸,圆圆地,实际上这个光扩大起来,整个宇宙就是我心光的一片光;缩小起来,把宇宙的光收到我的心(窝)这个中间,就是这么一点小光明,也就是儒家所讲的"放之则弥六合,卷之则退藏于密"。

这是一个事相,不是道理,事实上做到这样,寸光的光是圆满的,互相融化,宇宙的光化到我的心中,心光合一。能够做到这样的观想,又能时时定住,这一个光在心中就定了,不动了,呼吸也不管了。当然你呼吸自然就停住,这是真正的念住,真正的心住了。至于那个宝瓶气的不呼不吸,不必练了,自然就到了。

真正的气练到不呼不吸,那个念头也自然止了,所以心跟气二是一,一是二。但是上乘的修法,只要"念"这一团光,住了、定了,气自然停了,慢慢影响脉的变化,所以最为重要。

"能若干时而定住。"如果开始练习,能若干时,或者三分钟、两分钟定住,已经很不错了。为什么?不是光明定不住,是你念头定不住,刚刚定一下光,思想又来了,念头一动,气就散乱,光也散乱,要慢慢慢慢练习,不是一天能够做到的。先能做到一定几个时辰,几个钟头,或一天半天。

"上下闭口微放妙。"这个时候上下嘴唇都合拢来,也可以说,上面是嘴巴闭住了,下面大小便漏口的地方,气都是闭住的,封锁住了。把这个光与气在心中定住在一境,好像强迫这个呼吸不动,慢慢要它动的时候,先让它慢慢地轻微地放松。这个不像修九节佛风时出去要粗短急,已经过了那个阶段了,而是这个光、气、念三样合一,是在定中。住定久了,要开放的时候,应该上下闭口,并且放慢。

"缓徐呼吸极精勤。"在专修安那般那的时候,也就是在专修时,要很精勤。有人机会好,有福报闭关,昼夜专修,六七天就有成就;有些人闭关好几年,或者好几个月,也没有成就,因为根本是在放逸。一天二十四个钟头,有二十三个钟头在放逸,只有个把钟头打打坐,练一点点工夫而已,那还叫闭关吗?那不是闭关,那是要搞一个闭关的虚名。

闭关是个形式,心念闭不住闭什么关!没有用的,因为心念在散乱中。像我许多朋友们,都是我叫他参加打七、闭关,好像都是奉我的命才去的,又好像是替我修行一样。实际上坐在那里,心中都在散乱,那有什么用!

所以呀,要专修呼吸,心息相依,而到达明心见性念住的话,要缓徐呼吸,要非常精勤地修习。八万四千法门,这也是一个法门，光是修这个三脉七轮、修气，也一样成佛。

"其他诸佛等功德。"所谓"方便有多门，归元无二路"，这个法门练成功了，和一切过去佛、未来佛，有同等的智慧神通，功德圆满，到达佛的境界，父母所生的这个肉身，转成了佛的报身。

空明定的修法

"溶入心中不他散，此法心明住清澄。"你把宇宙的光回转来，和气配合，再溶入到心轮部分，念头不散乱，定住、保持住，慢慢闭眼一看内在，自己身体内部是一片光明。现在你们大家打坐时，闭眼一看，自己身体内部是一团漆黑，一团无明。

所以理论上讲，有人说，自己现在没有什么脾气了，没有脾气又算老几？闭起眼睛来一团漆黑，有什么用？生死到来，一样的黑茫茫去也。必须要修到开眼闭眼内在永远是光明才是。内在光明修好了，眼睛一闭一定，或者是不闭而定，内照光明的时候，自己的五脏六腑都看得清清楚楚，哪里有点毛病，自己慢慢用光照它，用气锻炼它，内脏就变了。内脏变的时候，很痛苦哦，假使胃有病，变动时更痛苦，要忍受这个痛苦，自然会更进一步。然后整个的五脏六腑，变成了药师琉璃光如来的内脏，水晶玻璃一样，干净透亮，达到这个境界。

那么怎么样做得到呢？一是要有"定"的工夫，一是要明理有"智慧"。所以你们现在打一点坐，算什么学佛，练腿而已。真要修行，练练腿有什么用啊？要练得四禅八定的定力，内照把色身照化了。

所以我近年来，都劝大家修白骨观，走这个路子，由小乘到大乘比较快，容易把身心转化，转得快。由于这一两年我拼命叫，总算诸位对我特别好，勉强修了；以前开始都反感，都不干的。等于说大家穷得不得了，我每人送一百万黄金，可是大家都把它当狗屎扔了，我是拼命在你口袋里塞，有人勉勉强强才拿一分一厘，所以末法众生实在可怜。

真修白骨观，得定融化了，配合这个理更快成就。"此法心明住清澄"，这个修持的方法，从形而上的话来讲，是明心见性；从形而下来讲，是内心修得了光明成就，自然一天到晚心念是清净的。再看下面的小字如何解释？

"观脉亦如前，若、蒋二脉下端屈入中脉，上端至二鼻孔，气呼出外，即损害外出。"修这个法的时候，也要观想三脉四轮，要搞清楚，当我们做气功，一口气呼出去时，要把体内的病气、废气，跟意念配合同时呼出去。

"复缓吸入，即三世间一切变为诸佛功德，成五种光色，由鼻孔而入，自下端上达使气溶入心。"气呼完了，再慢慢吸气，在气慢慢吸进来的时候，要把古今三世间——"器世间"，即物质世界；"有情世间"，即众生世界；"正觉世间"，即圣贤世界——"变为诸佛功德"，就是诸佛菩萨的光，配合我的气到我身上，使自己身上每一个毛孔，光明气充满，变成我就是佛。当然要配合上观想，想象自己成五种光，甚至于七彩的光明，把宇宙的光明与古圣先贤诸佛菩萨，一切有成就者的光明，跟我合一，到达我的身上，我身变成了内外放光。

讲到这里，就是你已经知道了这个修法，慢慢这样观想配合气；但是真正生命的气是下面升起来的，于是此时就有现象来了，或者就打呃了。这是什么道理呢？我经常给你们讲的，比如我们丢一个石头到水井里去，石头到了井底就有反应，水泡就冒上来，不到底是不会冒上来的。

但是你们不要搞错了，不要把胃病的打呃，也当成是这个，那就糟了，因为这个声音是不同的，自己感觉到的也是不同的。当胃里都空了，肠胃、呼吸器官这里都空了，然后吸进去的这个气下去以后，从海底乃至脚底心的涌泉穴，那个气，一鼓作气冒上来，到达喉管、喉结这个地方时，由于喉轮很难打开，所以会有声音，因为这里还有障碍之故。像我牺牲了几个钟头给大家讲课，这个喉轮的气有些闭塞，当做工夫时，气到这里，也是一样，就变成了障碍。

下面的气上来，通到这里（师做打呃声），它就冲通了。就等于那个盖闭住，已到生死关里去了，现在气再把它打开。在将开未开之时，这个业力又把它盖拢来，下面一股气又上来（呃）冲开了。到这里冲开还不算数，要冲到喉结以上，直冲到脑、头顶这一部分。在冲通头顶、脑部的时候，很有痛苦的感受，痛到恨不得把头砍下来算了。当然年轻修道，身体没有破坏时，这个痛苦的经过少些，越年老痛苦越大。每个地方都是一根一根的脉，尤其到达脑部神经，一层一层的，太难啦！

在到达后脑，后枕骨上面，气到了脑盖，这个脑盖就像一个倒盖的饭碗，里面都是脑髓，在脑盖要打开的时候，这个里头还要起泡的，好像豆浆烧滚了那样。当然外表看不到，里头晓得莲花一样打开了，那个时候内在也在呃气，不过听不见声音了，然后冲出去，一直冲出三界。这只是形容而已，当然还在三界之内。

所以这个时候，如果东西吃多了不消化，胃中的气变浊，打呃的痛苦就长。打呃时有几十种声音，有些有胃病的人打呃，不要认为是中脉通了有道，那你就上当了。每一层气脉通了的声音都不同，所以中医望、闻、问、切四个步骤，听这个声音就可以诊断病症。

"望"，是先看病人的气象，看哪部分脉不通了，脸上显示的气色就不同，都有象征。"闻"，是听病人的声音，是哪个部位出来的声音，也包含闻鼻子味道。"问"，再跟他谈话，了解他的感受。"切"，是切脉，摸这个脉，这是中医所谓的四诊。

你们同学从外面进来，我说你感冒了，不承认，叫你们吃药，不吃。像昨天你们去游泳，回来之前，我这个老头子在家，已经把姜茶熬好啦！你们回来后，规定每人喝一杯，喝了就没事了。有一个同学没有喝，今天就不对，发冷的样子，衣服穿很多，跑来拿药，我说活该受罪！

一般就是这样，我叫你们吃药，好像害你们一样。听话吃了药，保平安没事，我已经先给你想到了；等到你病了再吃药，那要吃十倍。在病可能来以前，药先吃下去，就把病影子、病的鬼都赶跑了。有时候我一听你们的声音，就晓得不对了，有时候一看你走路的神态，就知道不对了，吃药！你们都笑我：老师那个抽屉都是药，老师最大的本事，抓这个药吃，抓那个药吃。好像我药卖不完一样，才给你们吃药。这是告诉你们这个道理。

所以说你们要懂得修持，有了经验才晓得，同样是打呃，有不同的原因。再说同样是身上酸痛，哪一种是气脉要通未通的酸痛，哪一种是风湿痛，哪一种是受伤的痛，都要搞清楚。

当气脉真通时，由鼻孔进入下到海底，乃至到脚趾足底心；再由下端向上冲，上达后气再回转下降。这些现象等于地球的空气一样，地上的热气上来，上冲碰到冷空气，变成雨下降，我们的气脉和这个宇宙、地球的法则是一样的。

气降下来以后，连带口水这些溶入于心了，这个时候才没有妄念，才没有烦恼。这根从喉轮到心轮的脉，要真正打通之后，才能昼夜照样做事，照样说话，但是没有烦恼，没有妄念。不管你修天台宗、净土宗什么宗啦，修持不到的话，实际的境相不能出现的；如果没有实际的境相而说脉打开了，就是自欺欺人，抵不了生死的，没有用的。不要说生死来了抵不住，连这个肉身四大的变化，都变化不了，有什么用！

"中脉充满五智之气故"，这时中脉充满五方佛的智慧，都具足了；五方佛是中央毗卢遮那佛、南方宝生佛、北方不空如来、东方药师如来、西方阿弥陀如来。五方佛、五方气，拿人体来讲，心肝脾肺肾五脏的五行智慧出来了，中脉充满五智五气。

"即心定而现出空明无念光明。"到这个时候你不要做工夫，不要修持，心是定的，就是要死的时候，心也没有烦恼，没有妄念；就是在最乱的环境，作战的千军万马，看到原子弹就要掉到头上来了，心仍然是定的，而呈现出的，是整个宇宙、法性的空、光明、无念的境界，也是所谓如来自性境界，统统呈现出来。

注意上面一句话，你依身起修，如果能够到达中脉充满五方佛大智成就的气，心自然就定了，而现出空、明、无念的境界。

"此法殊胜深奥，速得摄持世间力及诸佛加持。"这个修持的方法，是最深最深，最难得的；只要用意念观这个光明进来，再配合这个气就是了。这个法子修成功，可以"摄持世间力"，就是可以指挥物质的转动。传说，有人曾试验过，一个机器停住时，他用光气进入定境，意识指挥，那个机器就动了。当然这是偶然用过，足以证明他有摄持世间之力，乃至迅速得到诸佛的加持。那是诸佛的自性光明加持你，换句话说，你也在加持十方一切诸佛。

"并生昔无之智慧及三昧等"，而且在这个境界，自然生出以往没有的智慧，前生的事情都知道了，连从前没有经验过的各种三昧和定的境界都出现了，这是自然来的。我只说明这个原理，你们诸位记住，不要听了这个大圆满，就以为修过大圆满，没有资格哦！因为实际修的方法都没有教过你们，还是讲的理论哦！不过比不懂的要好一点啦。

如修气修脉，其实每次我们打七的时候，或平常也都教过，但我也不轻易问你们，一看就晓得你们没有好好修。我觉得已经够浪费自己了，何必再问。你现在不要认为听了三脉七轮，就以为真的知道三脉七轮，可是听了这个气、呼吸与光，如果你聪明的话，也可以自己悟进去，也会办到的；或者你前生有修持过，听了再慢慢自己去研究，你也会悟出来这个境界。

"复次光明清净之所缘者"，那么刚才的一段，也叫作空明定的修法，空、明这个修法还没有完。

三昧真火 制心何处

> 复由心光现一光，身内四轮燃烧时，观光外现遍世界，数日昼夜唯观此。灭梦境而光境界，如月、燃火、萤虫、星，见五光显、满内外，明境见性生妙止。

你心里的气跟心的光，在心中能够定住不动，永远在定，乃至站起来是定，睡觉也是这个光。到这种程度时，够资格了，可以去闭关，可是还没有达到禅宗的破参哦！不过修持做工夫到这里，须要闭关，应该专修了。我不是常告诉你们吗？你们快到闭关的时候，我会告诉你们，不到时候，你去关起来干吗？在里头享福、睡觉、打妄想。你在关中多打一天妄想，多消一天福报，多消一分功德；消掉了功德、福报，那是不得了的呀！

上一步是讲，把宇宙的光引到自己心里头来，这时候，把自己心光用意念想，呈现另外一个光轮，像太阳一样，照到自己的三脉四轮，从脚底心照上来，照到身内的四轮，像太阳的热能照到了一样。照到的地方就发热、发烫。这光一步一步燃烧上来，四大身上的寄生虫和一些毛病，被这个三昧的火光一照，都没有了。所谓三昧，就像小说上写的三昧真火，就是这个东西来的，也是唯心一念所造的。

有些人可以做得到，生出三昧真火来，哎呀，我热得不得了。笨蛋！你不能以一念转过来，变成三昧真水吗？就变清凉了嘛。怎么那么笨？还要来找老师问。所以我说你们，就像孩子看到娘，无事哭三场，老师死掉了，没得问了，你总要自己想办法吧！这还不懂吗？自己一念可以变成三昧真火，一念也可以变成三昧真水，凉快凉快，也可以变三昧真风。《楞严经》不是告诉你吗？性火真空，性空真火，性水真空，性空真水，你定力到了都变得出来呀。你把自己风湿痛的地方，发麻的地方，自己用三昧的念力，把它一烧一照，就会有效果了。现在生癌症到医院，就是照钴60，像太阳那个日光能一样烧，把癌细胞烧死。我们可以靠自己的心念力量，引起三昧真火来，把有病地方都化掉，然后再把这个光扩充到外面，遍照整个的世界，在一片光明中。

不过，到这个时候就要发愿了，凡有众生知道也好，不知道也好，有相也好，无相也好，接触了我的光，都离苦得乐，消灾免难，早消罪业，早证菩提。要有大慈大悲的愿力加上，进步才越来越快；如果只为自己，而没有大悲菩提心，就会变成外道魔法，你能发光有什么用啊？不过是多一支蜡烛而已。所以要发大愿，我的光明照遍一切众生，不管众生感觉不感觉，是否受到我的光，都能够得到利益、清净、消灾免难。随你的发愿，就在几天几夜当中，定在这个光上，那才叫作修定，叫作闭关，叫作住茅棚，叫作专修。

"灭梦境而光境界，如月、燃火、萤虫、星，见五光显、满内外，明境见性生妙止。"此时灭除了梦境，在一片光中，自然没有妄念，就是禅宗所谓醒梦一如，不会做梦了。白天张开眼睛，也无所谓梦，夜里闭着眼睛，也没有梦，灭一切梦境，昼夜六时都在光明中。

所以阿弥陀佛是无量寿、无量光，时间无穷尽，空间无穷尽，光明无穷尽。如果把光的这一念再灭去，就变成常寂光，涅槃了，连光都没有，真空一如。这个时候，你开眼闭眼，发现自己身体内外的光，有时候像一支香一样，一点点火光；有时候像萤火虫一样，淡淡的一点光；有时候像星星一样亮亮的光，都看见了。

在眼睛前面看到五色的光明，充满于内外，如果到达这个时候，光明一来，光明一成就，自然明心见性，文殊菩萨等妙二觉的境界，自然就来了。所以都是要专修来的，不是像大家这样放逸，原谅自己，而且忙于外务。

下面来研究注解。

"观中脉内智慧光后，即观其遍满身内及四轮处，复次又现于外，等虚空界。"这是叫我们在中脉之内智慧光明呈现之后，来观光明遍满全身和三脉四轮，其次又呈现光明到外面去，充满了整个的虚空界。

"为五智慧光遍满故，即定心闭气，若外放时，则稍持下气，缓吹吸而修。"整个的法界，遍满了五方佛的智慧光明相，这个时候注意哦！要进一步定心闭气，杂念不起，气也自然停住了。这不是要你有意去闭气，如果有意做工夫闭气，那不是个杂念是个什么啊？那还叫定心吗？定心是自然闭气，当念一定，气若外放的时候，则保持不放（就这样自然闭气）。这个时候下行气，好像有屁要放似的，但不能放，这种不是屁，是下行气要漏了。尤其是女性，有的前阴会漏的，男性前阴的漏，比较少一点。同时上行气的打呃也是一样，不能让它出声，要把舌头立起来。

"中脉得五智气之验相者。"我们身上有五行气，下面是下行气，上面是上行气，遍行气、左行气、右行气，各有不同。所以说中医的十二经脉，简直没有人搞通过。左边是太阳脉，有时候你们左边肩膀痛，尤其年纪大了，大家试试看，如果是左边不灵便，就是阳气衰了，快要衰老了。右边不灵还好办，容易医，那是血液阴症的亏，阴亏和阳亏都是一样的亏，亏者就是不足的意思。

所以有些女性，看起来有很多的病，是阴亏，不是阳亏；结果吃一些药，中药、西药，各种维他命、高丽参，都是补阳的，越补越糟糕，再补下去就快一点补死了。所以不能乱吃，要晓得滋阴，尤其中年以上人的阴虚，呈现的是阳盛，但不是真正的阳；少年人则有阳中的阴虚，各种各样的不同病情。

所以老年人屁多，动不动放屁；老年人尿也多，男性是前列腺慢慢松了，下行气衰弱了。老年人多半是肠胃不好，最大的本事是放连珠屁，机关枪一样，一串放出来；年轻人还不容易放屁，放一个屁像打炮一样，很有力气。

下行气有下行气的道理，这个时候要"稍持下行气，缓吹吸而修"，缓慢地吹吸，这个缓慢是用嘴呼气，所以我教你们的六个字，这个时候便用到了。天台宗采用的这个六字诀，"呵、嘘、呼、吹、嘻、呬"这六个字，可以调整五脏六腑的运作，吹气的时候，不要出声音，是用意识。"呵"是去心脏的病，"嘘"是去肝的病，"呼"是与脾胃有关，"吹"是肾的关系，"嘻"是三焦作用，"呬"是帮助肺。

这个时候用嘴巴轻轻地吹一下，中脉得到五智气，你们注意哦，你中脉究竟通了没有，这个五方的气有没有充满，应该有下面的效验。

第十讲

"若静室周围现五光境界，或如燃灯月照、萤火、烟、云、星、明点，天空影相等显现，无量现出，于彼时，制心一处之后，妙止、及自明赤露之观二者一体可现出，又现有境界之定者。"在你打坐定中的房间，没有灯光，外面天黑了，但张眼一看，天亮了一样，而且有五光的境界，红黄蓝白黑，自然呈现，美得很。闭眼的时候，也是如此，那就是说你中脉的五智气通了。不过大家注意哦，有时候瞎猫撞到死老鼠，偶然也亮一下，嘿！不要高兴，以为自己中脉成功了，没有这回事，那是你那几天或者身心特别健康，偶然撞到的。

他说这个光，不管闭眼开眼，在黑暗的静室里，看到了五光的境界，看到的是什么光呢？有时候不是这个肉眼看到，是意识上的心眼看到，或者电灯亮了，或者觉得是月亮的光一样，或像萤火虫的光，或像一片烟一样，朦朦地、淡淡地，或者比烟浓一点，像云一样，或者同天上星星一样，一颗一颗亮的，或者是珍珠、玛瑙、金刚钻的发亮放射，那种种的明点，每个人反应不一样。有时候统统来了，或者如天空影相等显现，好像自己坐在这里，没有脑袋，没有天灵盖了，一下爬到楼顶上看天，天上什么星星、萤火，都清清楚楚看得见了。不过中脉真的通了，看见的这个是蓝天，就像秋天万里无云蔚蓝色的晴空那样，一点障碍都没有。总而言之，无量显现就是无量寿光，同阿弥陀佛的光和功能一样。

他说在这种情形当中，境界来了，在这个时候，"制心一处之后"，心要专注于一。你们都听过《禅秘要法》的白骨观，释迦牟尼佛跟你讲，最后白骨也流光，观空了以后，整个的身体观成一个囊了，整个身体都成光了，里头也没有骨头，只有薄薄一层纱。工夫做到这样时，让我们制心一处在什么地方啊？那么中年以上就不问了，中年以下的年轻同学答复吧！

223

我晓得一个也答不出来，尽管打过七、打过八也没得用，你们要真的惭愧耶！尤其是专门想学佛的，说自己一天忙得没有时间，搞些什么事呢？笑话！不要自欺好不好，有那么多时间都不去用功。换句话说，你就是没有发心修行，所以要痛责，要反省。

我不是给你们讲过吗？在这个时候，或者制心在额头上，或者是头顶、眉，或者是胸口上。嘿嘿！老师一说，是呀！好像也记起来了。所以我们自己反省一下，这样想修行会有成就的话，实无天理。在家出家不是要修行吗？为什么不深入经藏？天天早晚课都念这句话，这对得起自己吗？太多无明，太多烦恼障碍，当然无法深入经藏。

我同你们一样也是人，为什么我会那么用心去记住它呢？不但记住，而且好的法门，坏的法门，也都自己体验过，练过，做到了，晓得怎么样不对，怎么样是对，都清楚了。你们经常有句话：我们怎么能跟老师比呢？听了这个，我的火就起来了，如果是个笨老师，上你的当，还以为是恭维呢！我这个老师不吃这一套，凭你这一句话就该打三百下屁股。我也是人，你也是人，我有什么特殊之处？我是敬其事，恭敬心，一辈子在做这一件事，专心进去，等于一个人要求发财一样，天天在做生意赚钱，你们不是啊！

所以我说，我问你们的问题，一定答不出来；假如丛林书院开办了，包括你们年轻的，都要重新考试过，答不出来，一样不卖交情。在学理方面，每个人至少通一部经或一部论。

所以现在要注意哦！"于彼时"，在这个境界里头，制心一处了，又要回转来重新定在胸口这里，就是两个乳房中间。你看塑的佛像，释迦牟尼佛这里有个卍字，就对着胸口这里，或者定在眉间。平常不要随便定眉间，或者头顶，尤其血压高的人，定在眉间容易出问题，因为你脑部气脉没有打通，所以危险。

尤其是血压高的人，气脉没有通不行哦，这里讲的都是气脉通了的，所以"制心一处之后"，就可以得"妙止"，自然定了。怎么样叫妙止呢？不是普通的定，是根本用不着定，也用不着用心，自然就在定中。清净极了，而一边能够办事，一切都是自然的，一点力量都不要加，所以叫作无功用行。

不但能够得妙止，这个时候，自己自然明心见性。"赤露"就是赤裸裸的干干净净，赤条条来去无牵挂，这个赤裸裸无牵挂的智慧之观，自然成就了。也就是唯识学的第六意识，转成妙观察智，赤裸裸地妙观察智呈现。无分别智，虽然无分别，但有智，一切知道得更透彻了。"自明赤露之观"，其实这个有形和无形的智慧，有境界的光明和无形的智慧，二者是一体，是同时呈现出来的，这是空明定的这个道理。

所以大小乘、显密，理通了，自己证到了某一步，一切都会融会贯通了，没有冲突啦。

刚才我向你们提出来，那样地勉励大家，要求大家，劝请大家，修白骨观法，你们翻开《禅秘要法》对对看，原则不是一样吗？表达的方法不是一样吗？不过这个大圆满，当然把详细做工夫的境界，说得非常清楚。你自己没有去努力，没有去研究，一天自己号称忙死了，每分钟都在浪费，虚耗米粮，其实没有这么忙！我也是忙过的人，现在又何尝不忙，更忙，但是，每一天在差别智上，如果不补充，那就像今天犯了罪一样。所以人要有愿力，就是立志，人不立志有什么用！你们大家修行，很多都犯一个毛病，都愿意做一个瞎猫，在那里等死老鼠撞过来，哪里有这样便宜的事呀！一分苦行，一分修持，一分收获。现在回转来看。

光从何来

> 复次回复心之光,渐小渐细住空寂,空明净心皆不缘,现出自性无戏光。

刚才第一步三脉四轮通了,起了光,把宇宙光收进来,第二步把心光放出去宇宙,现在这是第三步又回转来,回复自己本性的光明,缩小了。刚才是放出去渐小渐细,细到没有光,空了、无相,住在空的境界,也没有空的境界;这个时候,无念涅槃了,所以本来无一物啊,何处惹尘埃,有光也是尘埃。

"空明净心皆不缘,现出自性无戏光。"这个时候,空的境界也不要管了,光明也不要管了,什么心念清净境界也不要管了,都不要去攀缘,要放下,一切放下,放下的心也要放下。这个时候,所谓明心见性呈现出来,自性本有,没得戏论,无所谓空,无所谓有,无所谓是,无所谓非,无所谓光,无所谓不光,这些相对的观念都拿掉了,无有戏论自性光明出现了。自性光明不是有相的光,是没有相的光,明心见性,明白了。

"光之显现,皆由四轮集于心中故。"哪位年轻的同学解释一下看,我看看你们将来离开我的时候,自己去研究懂不懂?(某答:那个心的作用,在心的法轮之中,任意可以变化可以转变。)

刚才这位同学解释的也不对,为什么要你们解释?是训练大家读书要用心。尤其是学佛法,这是个生命科学,不能对自己马虎的。前面你看讲得多微妙啊,把宇宙的光吸进来,配合这个气,又可以放出去,我们大家能不能做到?真修持是不是能做到?(众答:应该可以。)讲大声一点,不要在牙齿里面讲话。

对的,当然可以做到。

大家有没有经验过?虽然没有练过这个工夫,有时候偶然也有光明的呈现。这就是禅宗祖师所讲,珠光偶遇;就是瞎猫撞到死老鼠,有时候也亮一下。有没有?(答:有。)你们都有这个经验,平常我也讲过,我好几本书上也写过,这些光明是怎么样来的,你们留意了没有?所以老师早,老师好,老师不得了,结果老师的书都没有看。

这些光明都是生理的作用,都是气的变化。当心境无念,生理的这个运动作用——行阴,同宇宙的运动一样,照样还在动。由于心是清净的,就偶尔会闪进一点光明,而我们普通人,因为心在散乱,思想在动、放射,身体的血液和气也在周流,都在动,所以都散掉了。现在因为你心清净下来,思想不放射,心里比较宁静,而身体还在转,在动,那么动静一摩擦,就发电起光了。懂了吧?所以没有什么稀奇嘛,要理路清楚就明白了。

所以现在佛法告诉你,光的显现,皆由于三脉四轮气脉动的力量,反应在心意识的境界里,出现了光。懂了吧?这句话,现在告诉你们了,万一离开我,就自行去研究。怎么研究呀?所以要好学,要深思。大家青年同学们,既不好学又不深思,所以都不懂。我的书都写出来,都讲明白,你们看了才怪呢!没有看,因为我还在;等我死了,大家会说这个人不得了,这本书好得很,还有人会发动出钱去印,人就是那么怪的。

"又彼渐细,住于如虚空无所有之境中,现出直通周遍清明自性,此乃是空明自然之智慧也。"又说,叫我们把光慢慢收缩回来变成气,住在如虚空无所有之境中。所以,有相光的呈现,固然是工夫,不做工夫,有相光还不能够出来呢!但是叫我们不要执着有相的光,不能把它当成究竟,不然就是外道,就是魔道,所以这个时候就要般若智慧了。《金刚经》的话,"凡所有相皆是虚妄",经上是这么讲,不要又搞错了,有相就丢吗?不对,既然有效果就有效验,有相出来,只是叫你不要执着相而已。有光出来不当光,等于一个真正有钱的人看到钱不当钱,你不能说它没钱啊,懂吧?穷光蛋时说,哎呀我素来看不起钱,不要吹了,他根本一毛钱都没有,那当然是看不起钱呀;大富翁钱用惯了,看到钱不当钱用。

所以有相光来了,不执着,并不是说是无相,而是有光但不执着。此时住在虚空无所有的境界,"本来无一物,何处惹尘埃",了不可得,这个时候才现出来,"喀嚓"一下,了悟禅宗讲的明心见性,原来是自性的本来。

"此乃是空明自然之智慧也。"这个时候,直通周遍清净的自性,才得到空明自性圆满的自然智慧,自然智是无师智,不是从老师那里得来的,一切成就,最后证到阿耨多罗三藐三菩提,都是无师智。像释迦牟尼佛,睹明星而悟道;像迦叶尊者,看拈花而微笑。到这个时候,并不是没有老师,已经不要靠老师再拉一把了,自然就有智慧,自性本有出来了,才是空明修法。

"又直指义者。"再说,所谓直指,就是刚才所讲的是自然,一直指到底,彻底明心见性。

此乃空明本元智,自性大圆之本性。

这个自性的光明,明心见性,是本来空嘛!本来自性是光明的,哪里来的呢?谁都没有给你呀,是每个人生命本有的,本有之智,所以六祖说:"何期自性本自具足。"

到这个时候,这个才是自性大圆满的法门,这才叫大圆满,彻底成佛了。大圆满个什么呢?就是大圆满悟到自己的本性。原来自己生命本有的掉了,掉到哪里去了?没有掉,掉到自己口袋里；等于我们钥匙放在口袋里，到处乱找不到，伸手一摸口袋，哈哈！在这儿！本有的自性大圆满之本智出来了。再看下面小字解说：

"清明直截之本体者，乃空明大圆满之本性也。如《遍行》云：非意所作不随相，此乃自然光明意。"注意哦！这个"非意所作"，不是第六意识所生的妄想，是不生一切相哦！就是《金刚经》上说，"凡所有相皆是虚妄"，"无人相、无我相、无众生相、无寿者相"，也无光明相，也无非光明相。你认为光明相不是，非光明相是，那已经着相了，一切不着也不住。

所以说这个境界，明心见性，自性光明彻底出现了，"非意所作不随相"，不是意识思量妄念所生，也不随一切境界转，不住相，但是明白了，悟了，悟了那个是不是意呢？"此乃自然光明意"，这是真意，这是第六意识真正的现量呈现了。

也就是《楞严经》上说的，"心精遍圆，含裹十方"，就是意识的真现量，这个时候才是明心见性，山河大地皆属于一念之中。所以佛经上说，此时观三千大千世界，山河大地，如掌中观庵摩罗果。此乃自然光明意啊，自然智。那么修这个空明定，还没有完，才讲了三个。

得到光明 眼通来了

"如是观修其功力者。"当然，你们做不到，不能得光明的人，慢慢起修吧，所以要你们气脉打通，慢慢起修，心念清净。

修此功力亦有四，所显净空念通明。昼夜住于明朗境，妄念不生心清明，无碍般若离能所。

第一，功力修到时，你的心念不是烦恼不是无明，而是没得障碍，随时呈现心上是净土，念头干净，能够灵感地感通一切事。

"昼夜住于明朗境。"第二，功力修到时，白天夜里身心内外，硬是感觉都在一片光明中，大圆镜一样，昼夜住于光明的境界。我们凡夫没有修持，夜里睡着就糊涂、黑暗。你们闭着眼睛打坐，就在黑暗中，然后再打瞌睡，黑暗又加昏沉，越来越堕落，要注意啊！不是玩笑话。换句话说，越是这样下去，智慧就越来越低啊。"昼夜住于明朗境"，是第二个功力、经验，就是说你修这个定，是有象征的，一天有一天的效果出来。

"妄念不生心清明。"第三，效果是妄念不生，昼夜妄念都没有，妄念不起，不是说不能做事啊，做事更爽快，更明白，更干净利落，不是婆婆妈妈的，心境永远清明。

"无碍般若离能所。"第四，是功力效果，那个智慧像尼加拉瓜的瀑布一样，那个源源滚滚而来的无碍智慧，一切都通达了，而这个无碍智不是能所，而是非能也非所。"所"则是妄想心，"能"则是阿赖耶识变的，离开了能所，都变成法、报、化三身的妙用，真正的实相般若、文字般若、方便般若，都具足了。这是修这个空明无念的四点效验、效果，也是由修气功来的，先修气，然后修光，下面解释：

"于彼发生气之功力，显现念净空通达（一），及昼夜分明（二），以念灭故心清澄（三）之三种。"一个人修气充满了，得定了，自然念头空了，没有妄想，显现念净空通达，这是一；日夜分明是第二；念头妄念灭了，心永远在清净，这是第三。

"由护持认知自性真面境中之力，即无能所，而心能速现大智慧也（四）。"由于昼夜经常地护持，《金刚经》所谓菩萨善护念，护持认知，随时都在明心见性境界里头，认清了自性的真面目，空灵自在。由于这个力量，所以离开了能所，而此心能够达到般若波罗蜜多，大智慧的圆满，这是第四种功力。

> 复如是修现功德，断障又能通他方，成就见眼及幻变，此乃更深精华法。

由于修气修光的结果，这个功德所产生，断除了八十八结使的妄心一切障碍，消除业力，而且能够通达他方国土。不要说死后，就在生的时候，一念要到西方去看看，就去了，要回来就回来，能断障碍又能通他方，要修眼通很快，乃至修神通幻变也很快。不过修这个眼通，是要另外特别传授，但是基础是从这里来的，这是更深精华的方法。下面小字解说：

"修习气之瑜伽即生三昧，而由其力现神通及得能透见墙等所障碍之他方眼并幻变等。"这个瑜伽就是修法，"即生"，就是这一生修这个方法，即得到成就，山河墙壁没有障碍，两个眼睛看通了所障碍的他方。这些天眼通及一切幻变神通，都是气修成功，脉修成功来的。

"如《集经》云：若以禅定法，舍下劣欲乐，成慧通三昧。"如果以禅定的方法，得禅定空乐定，舍弃了凡夫下等的，及下三道的欲念的快感，而成就禅定之乐的话，马上启发智慧得神通，很快就变化过来。

"又指示明空无念说其法次第者，本来中脉内渐大故，若心注之，即成就无念，与他法相同。"我们这个生命的气脉，中脉内本来就是很大，是个空管，所以我们的心念，气不散乱，跟神、光归到中脉，中脉又归到心脉，归到了空，所以很快就成就无念。其实这个密法的修法，与显教其他的修法，原理是相同的，方法不一样。显教不告诉你详细的修法，所以你永远摸不进门来。普通讲密教的，教你念个咒子，观个想，灌个顶，拿个红包，就叫作修密宗，这样也永远摸不进门来。

现在把真正密宗的密宗，真正的修法，轻易地告诉你们，你们要自己晓得珍惜啊，与我是没有关系的。所谓珍惜就是努力真正修持，一天马马虎虎，恍恍惚惚，再不珍惜那不得了，没有那么大的福报哦！

所以他说这个法门，明白公开地告诉你，是成就无念，尤其我这样给你们讲（你们才可能明白），不然我看很多人学密宗，学了几十年连法本都没有读通，何况自己还没有得到哪个上师真正的传法。所以我反对一般人学密宗，因为不把禅宗修成，不到达禅宗明心见性这个阶段的，去学密法，没有不走入魔道的，很严重。你们注意哦！话我都早交代了。

假使懂了显教，禅宗就是大密宗，然后转来懂这个方法，那就好了，那就快得很，所以很快成就无念法。

"特别以射、持、修三者钻研入于自性之要。"这是讲气功，"射"法，就是吸进来慢，放出去快（师出射声），这就是射，射箭一样出去。"持"法，宝瓶气就是持。"修"法，气也不射也不持，听呼吸，慢慢修，也可以专修气，而修到神通成就，又可修到证得菩提明心见性，配合空明大法而修，证得一身内外的光明。

第十一讲

修无念法
什么是真正的无念
无念与神通
贪乐 贪明 贪无念
修无念 入邪路

（编按：补充第四讲 修无念法）

上一次讲到空明定，就是自性空与光明结合的修法，跟着下来五十七页就是无念这个方法。关于这个无念定的修法，我们在第四讲时，抽出来讲过的。现在再念一遍大字的原文，有问题可以提出来问，没有问题，马上念过去了。

修无念法

第三指示无念法，前行如前而正行，射持修法三次第，射者心中心性明，阿或光团一寸许，猛声念哈二十一。达顶远离归于空，渐高渐散复不见，松懈其境平等住，刹那于彼断念流，即住于离言思境，力亦不见心离境。

"第三指示无念法，前行如前而正行，射持修法三次第。"这是由修气脉修气功来的，射法、持法、修法，共有三步。持就是宝瓶气，包括安那般那。

"射者心中心性明，阿或光团一寸许，猛声念哈二十一。"这是说，由气功的"射"法，变成念头的"射"法，心中观想一个"阿"字，或者一个光明点，有一寸的样子，大声地念"哈"二十一声（师出"哈"声）。所以有些往生法，也就是破瓦法，开顶，念射、阿都差不多，出气的声音和作用，稍有不同。为什么声音不同呢？因为身上的气脉反应不同。

"达顶远离归于空，渐高渐散复不见，松懈其境平等住，刹那于彼断念流，即住于离言思境，力亦不见心离境。""哈"的一声，由顶上出去空掉，空掉一切以后，立刻休息，平等而住，这一刹那之间，一切妄念切断了，然后就住在无言无思的境界。这种力量，由气脉成就达到无念的力量，可以让心离开一切境界，而住于无念。

这个法子我们上一次讲过的，大家也没有去实验过，当然也没有问题需要问。关于这个气脉的三脉七轮，普通只修学三脉四轮，为什么海底轮这些不修呢？因为一般没有定力的人，一注意下部海底轮，就容易引起欲念，所以普通只修三脉四轮就够了。详细的修法，一定要了解七轮。

但是气脉的成就，是属于前面第一步空乐定，乐就是觉受方面的快乐。换句话说，由于欲界有欲乐，要把欲界的欲乐转化，变成空乐定。

再进一步就是上一次讲完的空明定，是由性空与光明的配合修法。

第三就是无念定，无念而住，就是刚才讲的部分，曾抽出来讲过的。由于修空明定归到无念，刚才讲过了"射"，把念头观成光或"阿"字，但是这里有一个关键，先要得止。观时，不一定观成光，或者观成"阿"字也可以，像修定、修光明的方法那样。显教的念佛法门，在心中念佛专一的一念，或者禅宗的初步参话头这一念，或者专念大悲咒也是一念，让这一念在心中专一，直到心中没有任何杂念。当然普通人也做不到，假定做到还不算无念，由此再向顶上散出，三脉七轮统统要散于虚空，然后虚空即我，我即虚空，虚空与我无二无别。然后定在这个境界上，就是修无念法。

我这个话不晓得大家了解了没有，这里的修法是利用光，大家要多研究一下。很多人光是听，变成听书了，好像当年的老前辈们在茶馆里听小说一样，觉得好好听，每天晚上到，听过了就忘了，那就很糟糕。你们这段没有问题，我们就跳过去了。

刚才讲的修无念法当中的"射"法，像箭一样射出去，"持"法也讲过的，我们再补充一下，"射、持、修"。

持者背向日月边，眼注清空顿然住，不觉气动皆缓行，无念离戏由内现，出生性如天空性。

"持者背向日月边。"现在人的生活，就是靠灯光的亮，像现在大家这一堂，想修"持"法，就不可能，因为光是从顶上照下来的。这里说的是要光在背后，假使在山顶上或旷野里，住茅棚闭关专修，就是上午面向西方，太阳从东方出来，光的照射刚刚在背后；下午修的时候，太阳偏西则面向东方。换句话说，时间季节不同，原则是背对光线而修。

这个就是太阳光明从背透过来，修起来便当，如果对着光修，功力到了也可以。后来演变，道家也有采日月精华的修法，就是面对太阳月亮的办法，那又是另一种方法，现在不讲那个方法。

"眼注清空顿然住。"前面所谓"持"者，背向日月光，"眼注清空"这个"注"不是注意去看，是眼睛张开不用意识。平常我们眼睛张开，那个意识就配合眼睛，注意看前面东西，这是凡夫境界。达摩祖师的画像，眼睛瞪得大大的，他那个意识不是向前面看，只是眼睛张开，等于窗子打开了，这个时候顿然住，顿然就是一下停住，没有杂念，只是眼睛瞪着。

第十一讲

当然基本上都已先把气脉修通了，这个时候不觉得气动，就像气住脉停的境界那样，但不是真的完全气住脉停，而是那个呼吸似乎没有了。像你们，有人经常问，说自己好像到某一个时候气没有了。平常问我都跟你讲：你真觉得气没有了不是好事吗？真气住了，你担心个什么？又没有死，气住了有什么关系，还要问！问了，告诉你又不信，又再问，很烦。

凡是念头真专一的时候，不要说念空，气都好像没有了，一定之后到达了气住，但还没有到达真正的脉停。又有的说，有时候听到人的呼吸非常粗，那又是另外的修法，是故意引用粗的气，把障碍的气脉转化通畅，那又不同。念头真专一，气就停住了。

还要注意哦！千万不要讲错了，很多道家、外道修法，都以为丹田起呼吸叫作胎息，那是很错误的哦！丹田的内呼吸是好事，不要认为就是胎息，真正的胎息就是《庄子》所说的，"真人之息以踵"。那时鼻子的气停了，感觉全身毛孔都在吸气，乃至到脚底心。焦先生也有报告过，写的经验也差不多，全身都在呼吸，那才算是胎息。但是很多人鼻子的呼吸感觉不出来，把小腹丹田里的呼吸，当成是胎息，这是一般道家自欺欺人之谈，都搞错了，那只能讲是内呼吸。这是关于气住二字引开来说的，现在回转来看下一句。

"不觉气动皆缓行，无念离戏由内现，出生性如天空性。"这个时候自然不觉得气在动，气好像都在，文字这么写，用话来讲，这个时候好像觉得气没有了，其实是有一点呼吸，非常缓慢在动。在这种情况之下自然是离戏，无所谓空，无所谓有，无所谓即空即有，这些戏论都不谈，而境界由内在呈现出来了。离戏无念的境界一出来，内外配合的境相，身体的感觉，心理的现象配合，就生起与太空一样的空。这一段我们也是讲过的。

> 修者眼注空不散，心明无散乱境中，地石山岩诸情器，观想皆归于一空。自身亦无粗现执。

然后心里是明朗的，不是昏沉的，是在光明的无散乱的境界里头。我们普通眼睛张开，都被墙壁、山石障碍了，无法透视。假如用功到了这一步，眼睛面对这些山石岩壁的障碍，乃至一切有情世间的东西，都要把它观空，观想成皆可以透视的东西，透就是不受障碍了。

开始是有意的练习，不练习不知道。现在我们面对墙壁打坐，眼前有一面墙壁就被挡住了，看不出去。要把眼识和意识配合起来练习，把面对的障碍观空，慢慢地，要把这个被困住的习惯性拿掉，观想一切障碍是空的，乃至山岩也都是空的。修成功了，可以在空中自由自在地活动。大家看过密宗木讷祖师的传记，他修成功后，跟一位法师辩论虚空，这个讲经的法师说虚空是空的，本讷祖师说是有的，那个祖师不信，木讷祖师就在这个虚空中走路，也可以坐一下。

他问法师：你说这个土地是有还是空啊？法师说这个是实在有。木讷祖师说这是空的，我走给你看，就在地上走进去走出来，空的。要实证性地观空，就是"观想皆归于一空"。这些道理，四阿含经上都有，在小乘修法的一些禅观经典中也有。你们尽管在信佛，可是很少研究佛经。

"自身亦无粗现执。"自己的身体，还有感觉在那里，要把自己身体粗的现执除掉。什么叫粗现执？像我们现在一打起坐来，就感觉有个身体在，舒服不舒服的感受都知道的。这个是受阴，就是我们无始以来，执着自己这个身体的惯性，这个惯性就是无始以来，种子识执着的习气，变成我们现在的现行，这是唯识讲的种子变现行。

所以你要在这个境界里头，把自己身体感受现行粗的执着，先要除掉；就是说，把身体全部的感受都空掉了。假如一个人修行，能够达到一切观空，身体感受没有了，你不要高兴，认为我现在没有我执了，错了！这只能说身见粗的现执去掉了，细的还没有除掉哦！这个时候，细的身见我执在什么地方呢？假定到了这个境界，我问大家，细的身体现行的我，是在什么境界上？（有同学答：六识的清净面上。）

上面讲观想一切皆空，这个时候你觉得一切皆空，已经有空的境界了，所以我刚才就问你们，这个时候没有身体感觉，只能说粗的现有的身见、我执去掉了，细的执还没有去。细的执着在哪里呢？细的执着在空的境界。这个空的境界的身执、我执，就是细的。要再进一步，把自身粗的现有的执相也去掉。你们自己修行用功到这里，如果觉察不到，依然还有我执，不能说是无我，连小乘极果的无我都没有证到，更谈不到大乘。现在这个道理了解了吗？要记得啊！这个空的境界就是我执，下次就要答得出来。下面接着又是一法。

什么是真正的无念

> 心空住于无二别，内外中三无散法。于空境中之身心，念思作意自溶化，心无聚散住本位。彼时法尔难思心，不别如空密意现，此即三世佛心要。

"心空住于无二别，内外中三无散法。"这个时候心是什么心呢？那个空的就是你的心。什么是空呢？全心就是空，全空就是心。这个境界，等于说"全波是水，全水是波"，所以心与空住于两个无分别的境界上。换句话说，到这个时候，你不要再问

239

自己念头空了没有，心在哪里了。这时，心在空上，空在心上，心空住在二无差别的境界上。

因此说，这个时候，内空、外空、中空，是三空，《般若经》有十八空。这个时候说的内空，就是身体内部也感觉到空；所谓内部空，就是五脏六腑跟白骨，统统都没有了，都空掉了。所谓外空，一切外面山河墙壁障碍都空了，不是理论的，而是要实证的啊！或者内外中的三种都谈不上，无所谓外，无所谓内，无所谓中，而是自然无散乱、无念。你说无散乱，有没有个定啊？这个时候，也无所谓定不定，如还有一个定，已经住在有分别境界了。假如到了这样，无所谓定不定，既无散乱，当然无昏沉，无止亦无观，坦然而住。

"于空境中之身心，念思作意自溶化，心无聚散住本位。"再说在这个空有不二的境界上，这个时候你的自身与心，注意喔！修到这个时候，你的色身和你的心念，以及你的念思作意，自然地融化没有了。做到了，才算是真正无念。

这个心，没有聚也没有散。聚者，譬如修定修止观，就像修白骨观，先把心念聚在白骨上，再来转化，对不对？止者就是聚，修止观的止、定就是聚。此时心无聚也无散乱，住在坦然而住的自性、法尔如是的本位上。知道了吧？有没有问题？没有问题，我替你们提问题：

他说修持到这一步空的境界，这个时候身与心都溶化了，怎么还有念？念是指什么念？念和思有什么差别？念和思和作意有什么差别？刚才问你们，都笑一笑说没有问题，这不是问题吗？念、思、作意的分别在哪里？所以学般若必须要学唯识，懂唯识必须要懂般若。

甲：念与思，是粗细的区别，思是更细一点，作意是注意。

师：差不多。

乙：思是思维，作意是思想，念是妄念，思维是一种动作，思想是已经产生了。

师：开始讲的还有点道理，后来又讲到哲学去了，这些是要讲实际的事，不讲哲学理论哦！

丙：念是普遍的，在普遍的心这种散乱中，思应该是念的这种更进一步的宁静，一种思考方面，作意比这个思更集中。

那么"于空境中之身心"，这个时候还有念、思、作意吗？（有人答：应该没有了。）应该没有的话，为什么提出来？所以佛学上这些名词，刚才几个同学答的都差不多，拿学理来讲都对，以实证工夫来说，都不对。

实际上，我们晓得这个时候在空的境界，很空灵啊，假想一下吧！身心都融化了，一片空灵，对不对？这个空灵就是念，这个时候的念叫作念空；换句话说也叫作空念。在这个空念上，你灵知的知性的本性功能知道，就是现在学术名词所讲的思维，知道这个是空的觉性还在，那一点作用就是思，是正思惟，似有似无。作意是不同的，作意就是境界，那个空念的境界就是作意。懂了吧？所以唯识五遍行都有作意。

阿赖耶识怎么作意呢？前七识的作用，以及整个宇宙三千大千世界，一切山河大地，都是阿赖耶识的作意。由此应该懂阿赖耶识的作意了吧？前五识的作意和阿赖耶识的作意，几乎有相等之处，范围非常小，所以都有五遍行的作意。你懂了这个以后，就知道菩萨到某一种境界可以修意生身，就是这个作意来的。

如果笼统地认为念、思、作意是无差别的，那就变成中国后代禅宗的"笼统真如，颟顸佛性"，分辨得不清不楚了。

意生身是有程序的，有六识作意、七识作意、八识作意的不同，所以菩萨境界分十地，分五十五位，懂了吧？这是咱们"大乘学舍"的专利啊。所以学术思想再好，没有修证的话，佛学讲得倒背如流,也是没有用的。乃至那些唯识论的经典,讲得都对,可是论师到底只是论师,自己未必有证悟。

所以读书、研究佛学要注意,我再说一遍,你们讲佛学、哲学,不必如此讲,不能照学术化的讲法,这样讲别人反而不懂,只能够放低学术性去讲;可是对于自修的人来讲,这个道理不能不懂。

现在回转来再念一遍,"于空境中之身心,念思作意自溶化,心无聚散住本位"。要注意这几个字,这个时候念、思、作意自溶化为一了。怎么样叫溶化?一二三、三二一,全念都是思、作意;全思、正思惟都是念、作意;全作意就是念、思。知道了吧?可是各有差别。这个时候心无聚散,住在本位上。

"彼时法尔难思心,不别如空密意现,此即三世佛心要。"他说这时法尔如此,不可思议的本心本性自然呈现,也就是禅宗所讲,有些祖师顿然而悟,喔!就是这个!就到达无念。所以要拿工夫解释六祖的"以无念为宗",也就是这一法。

因此六祖不以工夫境相来解释,六祖说"无者无妄想,念者念真如"。无妄想就是有正思作意,就是这个法尔难思的本性出现,自性的境界出现。这个时候"不别如空密意现",不别是没有分别,犹如虚空一样,这才是真正的自性的奥秘。

所以,这就是修"见法身"的最重要的地方,这是三世一切佛的心法。这也就是说,过去佛、现在佛、未来佛,要想成佛的,没有不达到无念的,所以《心经》上说"诸法空相",然后"不生不灭,不垢不净,不增不减"。这个"不生不灭,不垢不净,不增不减",是法尔的难思心,难思就是难以思议,就是不可思议的自性菩提出现了。

这一段上次也讲过的,可是每次讲又不同,假使下一次再讲,又不是这样说哦!东西都是一样,在西门町卖的时候,或到东门町卖的时候，就两样了，卖一百次我要喊一百次。这要你们自己知道哦！所以佛法不是那么简单，不是死的。

  如是观修力有四，所现广垠无粗想。昼夜不离无念境，五毒自消心柔细，生诸法如空觉受。

"如是观修力有四，所现广垠无粗想。"他说修这个空观，修这个无念，有四种力量，第一种力量就是呈现无量无边的境界，粗念的妄想没有了。注意这个话哦！什么是粗念妄想没有？我再问你有没有细想？什么是细想？再参！刚才你们自己讲过的，我答复你们正思维，所以我骂你们佛学没有贯通，光讲学理有什么用啊！

这个时候呈现广大无边的空，这才是正思维，才是无念。所以无粗想，这是第一功德，功力、力量。

"昼夜不离无念境"，就是第二个功德，第二个力量。真证到无念境界，白天夜里都在无念，有没有问题？（某同学讲：那是超越时空没有昼夜。）你们同意他讲的话吗？是不是问题在这里？所以每个人都要参哦！

现在讲四力，修持的四相，你们都听了那么久的课，应该对这个课有问题要提出。你们既然提不出来，我问你，白天清醒不离无念，心是无念了；可是夜里睡觉是什么？睡觉就是念！你们学佛以为睡觉没有念，睡觉就是念，是无始以来习气的昏沉念，那就是大无明。所以做工夫修行，要离开"财色名食睡"这五盖，睡觉就是念嘛，是五盖之一，这是粗的念，就是大无明，睡眠盖。

所以你不要把睡着当成无念，那就错了，问题是在这里呀！懂了吧？你讲昼夜，刚才说是离开时空的，那是讲学理去了，道

243

理都很对，和工夫有什么相干？那还没有到无修无证，还早呢！你懂吧？这个时候不谈无修无证，当然是一种醒梦一如；只是空境界的醒梦一如，而不是妙有境界的醒梦一如。因为此法还只限于无念的范围，给它加一个无念的范围，了解吧？这是第二个功德，第二个观力。

"五毒自消心柔细"，这是第三种力，属于行愿上的测验了。贪嗔痴慢疑五毒自然消失，但是根没有除去，不过消失而已，心变成柔软、细密、宁静；不再是粗浮、散乱、爱动；永远是"沉潜静定"四个字，心沉下来潜伏了，清静又安定了。

我们大家在座的，包括我在内，大概都做不到，心既不沉，都浮在上面；又不潜，高亢散乱得很。所谓空腹高心，又不静，心不定，更不能柔细，因此啊，我们五毒俱全。

"生诸法如空觉受"。他说到了无念这个境界，不管出世入世，种种一切法，都住在如空的觉受里，都是空，昼夜都空灵的，这个地方大概都没有问题了。

无念与神通

> 如是由修三无念，眼及神通三昧成，定、慧，止、观，能双融，暂及究竟满二利，第三之后法有四，功力、助进、证悟、果，二力无过如前示，有过由各执着生。

"如是由修三无念，眼及神通三昧成。"如是由修三种无念的修法，眼通及一切神通的三昧，都可以成就。有没有问题啊？你们问的都是皮毛。眼通最难发起，眼通发起，耳通、他心通、宿命通也都跟着来了。前四通还容易，神足通比较难，而真正难的，当然是第六漏尽通，那是无漏果证道。现在我问的不是这个问题，再念一次："如是由修三无念，眼及神通三昧成。"为了你们将来修法，除非不修，有没有问题啊？不叫你问你就不问！还有问题没有？我的问题还不在这里，是看你们留意不留意，学法读书，有问题的话，问题在哪里？假使我是你们，我就会问一个问题："假使修到无念法，就可以得神通了吗？"这是不是问题呀？嘿！我一问你们就笑了，是问题呀，那你怎么不问？所以你们学法和我就是不同。

刚才提出一个问题，他说"如是由修三无念，眼及神通三昧成"，所谓真正的大密宗就是禅宗，换句话，禅宗也就是密宗，处处都是话头，都是问题。学佛的人一切都要留意，学佛是为了修法实验求证，所以研究到这里就要问。

无念就可以得神通吗？但是神通是有念啊，通从念发，通从念生，怎么说无念可以生神通呢？这是多重要多大的一个问题！问到你们时，大家都没有问题，听了就相信了，这是迷信，这怎么学佛啊！不要打呵欠，打了呵欠就忘了。

这就是说神通的发起，是以无念为基础的，先修到无念，再修起用的，才是真修法，无念是自性不可思议之境，心境没有明，那就是魔道，不是神通；因为鬼、阿修罗、神道、天道都有神通，不稀奇。而神通的境界各有不同，阿罗汉、缘觉、菩萨、佛的神通，境界各有大小，原因是各自的无念，都是有限的。达到无念，证得菩提，这才叫真神通。知道了吧！你们问题都不会提，还要我帮你们提！

现在这两句话解决了，神通的三昧，是六通都具足了。为什么是六通啊？把前面五神通具足了，无念是第六漏尽通，这样就六通具足了。天道、鬼道、阿修罗道，都具备五通，无法得漏尽通，得漏尽通就是得了佛果，或者得小的阿罗汉果了。通就是神，所以真无念，漏尽了，而得发起神通，六通具足了，这才是正法。

"定、慧、止、观，能双融。"得到了无念这个境界，不但修六通便得成就，不修六通也无妨，所以大阿罗汉分两种，一种是无五神通的大阿罗汉，一种是五神通具足的。了解这个道理，你们将来看《大智度论》就懂了，得道的人，不管神通具足或不具足，都是得道的人；但凡夫认为，得了神通才是得道，没有神通不算得道，这是凡夫之见，不谈。

所以由于修三无念，得到定慧等持，换句话说，也是止观双运。其实止观就是定慧，定慧就是止观，为什么分开来讲？因为程度有深浅。这个时候修止观、定慧，都能够双融。

有没有问题啊？你们连问问题都那么慢，何况修证，何况说法。我替你们提问题吧。既然得无念了，还要修定慧，还要修止观吗？"定"有八万四千种定；"慧"，了空即慧。那么既然得无念，还没有得定慧吗？问题在这里。无念是无念，如果常在无念中定，也是一种定哦，在无念中不是没有慧哦，能知一切万法皆归于止，就是慧啊。

这就是说得到无念了，见法身，是体相的一面，法身起其他的相、用，所以要修八万四千定慧三昧法门，修各种止观的境界，无所不能，都可以双融，即有即空，即空即有，这知道了吧！

"暂及究竟满二利。"证得了无念的修法，然后，暂时地或者彻底地满足了自利利他。自利利他问题有暂时的，当然也有究竟的。譬如我们有时候，得了一点清净境界，因此对于有利他人的话，答复得头头是道，也解决人家的问题，这是暂时的自利和利他。至于彻底的究竟的自利利他，必须要福德、智慧的毕竟圆满成就才行，但都是以无念为基础。

这是无念法，上次都讲过了。大圆满禅定修法，是三个步骤，第一是空乐定，修气修脉，详细修法还没有讲哦，还没有教哦，只是给你们先讲这个理。修空乐定，先要修气、修脉、修明点、修拙火（灵力），修成功才能进入空乐定境界。空乐定之前叫作欲乐定；欲乐定是粗的，欲乐定升华成为空乐定。要想修到法、报、化身三身成就，也就是转色身的修法，必须修气脉、明点、拙火、欲乐定；非如此不能成就。

得了欲乐定，进一步修就是空乐定，再进一步修空明定，再转进一步是无念定，就是上一次讲的，这就是大圆满。

空乐定一转，解脱了欲界。三千大千世界众生，皆在欲界中，尤其是我们现有的肉身，是父母所生之身，是淫欲之念来的，所以先要了欲界的欲。了就是升华，就是要修空乐定，包含了菩萨修持的一切等法门。这些法门，难道都没有讲吗？其实原则都讲过了，就是了欲界。

换句话说，以身体上来讲，先了脐轮六十四脉，再到达心轮八脉，进一步达到空明定。心轮八脉以上到达受用轮、眉间轮为止，了色界的是空明定。

这些是我在这里所告诉你们的，不但《大乘要道密集》没有，即使查遍了所有密宗的经典修法都没有，现在我都给你们指出来了。

然后眉间轮以上到梵穴轮，乃至遍虚空法界，修无念定，才能了无色界，然后才能说跳出三界外。跳出三界外，跳到哪里去啊？有第四界吗？所以，之所谓观自在，是天上人间六道之中，任意寄居，这才真叫作大自在。就是要到欲界就到欲界，要去色界就到色界，这个就是大圆满禅定的修法，三步讲完了。

"第三之后法有四，功力、助进、证悟、果。"这是告诉我们，三步之后还有四部分。

"二力无过如前示。"二力是两种功力，善业、恶业两业力，这一段是属于戒律部分，我们跳过没有讲。戒律有大小乘戒律之分，由沙弥戒、比丘戒一直到菩萨戒，到密宗道的金刚戒，都没有讲，都跳过去了。这个"二力无过"，不是说善恶都没有过错，那就错了，修持到某一种程度，当然，在地狱中行而如浊水之污泥，不造地狱业；在天人中行如浊水之污泥，不造天人业，这个叫二力。这个道理前面没有讲，所以不谈。

"有过由各执着生。"至于说善恶差别之故，一切修持有的过错，原则上都由于无始以来的执着习气所生。善恶是非法分歧，也是见地上、观念上的执着关系，所以在有过、无过之间，是个人执着所产生的，因此要晓得上面讲过的，我们大圆满是三步大原则。

贪乐 贪明 贪无念

贪乐、贪明、贪无念，执了、邪着、合毒，三。乐邪、精漏，唯贪欲，心不适、及沉最甚。明邪、气粗，唯嗔恚；妄念粗、及掉散大。无念邪即唯愚痴。心沉昏眠及无想，如是相合诸误缘。认识所生作对治。

"贪乐、贪明、贪无念。"空乐定以欲乐为基础，加上空明定、无念定，三样都不能偏废。贪乐是贪快乐的感受，大家打坐修定，都是受苦受罪，腿发麻，这里难过，那里不舒服，因为大家没有得乐；没有得乐绝不可能得定。一身的三脉七轮，通了才能够得乐，全身从头发顶到足趾尖，十万八千毛孔无处不快感，无处不乐感。

但是一有快感、乐感，没有不贪的，这个感受就住在乐境界上了，当然堕落欲界。讲到欲界的堕落，比如我们晓得世间之苦，人间之烦恼，因此要修道，不管出家或不出家，都想住在清净的山林，两腿一盘，享清净之乐。从大乘道说，这是堕清净之中。研究《三界天人表》，是堕在哪一天啊？最高不过在净居天中而已。

我经常说，学佛的基础在三世因果六道轮回，《三界天人表》多年前我花了那么大力气，你们算是弄出来了，如果三界都没有弄清楚，你怎么修？所以自己修持到哪一步，就要晓得是属于哪一个天人境界。你不要认为学佛一定得菩提果，看不起天人，你能够持戒修定升天，已经很难得啦！

所以我说苏曼殊是假和尚，可是他作的诗很对呀，"生天成佛我何能，幽梦无凭恨不胜"，那是真的，不要说成道不能，生天都没有把握，一切都在梦想中。生天成佛哪里做得到啊？这不管了，那是诗人的话。

若贪乐，耽着于欲乐定、空乐定，诚然堕在欲界中，不过，以这个功德修行，此生寿命终，他生来世，生欲界天人，也不错啊。当来下生弥勒佛，现在就在欲界的兜率天为天主，不过兜率内院是进不去的哦，除非念佛真证到，没有这个力量，只能往生外院。

等于我们在这里一样，平常听课是在外院听这个课，这个坛场才是比较内院的，弥勒菩萨一到内院说法的时候，外院的天人听不见，《瑜伽师地论》是弥勒菩萨在内院说的，是无着菩萨听了记录下来的。

所以讲到"贪乐"，我们现在修行，还没有到达乐境界。"贪明"，贪光明境界堕色界，色界当然比欲界高，大自在天王，是三千大千世界天主，大梵天王，是初禅天主。据我的研究，佛经所谓香水海，就是银河系统的界限，过去一般解释错了。

堕在无色界，是因"贪无念"，无色是四空聚天，所以修行修定，纵然得到四禅八定的定果，没有般若就不能悟道，因为四禅八定只是天人境界而已，所以说那不是究竟。但是不管在家、出家，不要乱加批评，有很多人认为四禅八定非究竟，我何必修呢？哼！你没有四禅八定的基础，那个天人基础你都没有，自以为悟了，狂禅！狂慧！不知道一身都是业力，是堕下三道的业力，都呈现出来了。这很严重啊！所以我一生最反对狂慧，这里就是讲功力的重要，修持要切实做工夫才对。大圆满修法，乐、明、无念，要平等平等，偏向于哪一点就堕在那一点上。

"执了、邪着、合毒，三。"就是说贪乐、贪明、贪无念，执着、邪见，乃至于说，因贪乐、贪明、贪无念，反而是在造三毒贪嗔痴之业，修佛法反而修成地狱种子，严重得很。所以看到世界上有许多人，拿佛法号召做外表，实际上都是骗人，自己已经搞糊涂了，结果变成造地狱之业。

"乐邪、精漏，唯贪欲。"因为修欲乐定，本来是升华的方法，但是结果因为被欲乐定所困，而执着变成习性，欲乐变成了邪见；而且漏失菩提，精漏了，气漏了，在贪欲境界上，现行业识种子，就完全走入了贪欲的境界。

所以广义的欲乐，贪图清净之乐也是邪见，就像喜欢住山林一样。我曾跟你们讲过自己有一首诗，笑自己爱干净的毛病，爱清洁也是欲，如果可以不这样，可以不爱，那你才能够解脱；如果你只能爱清洁，不能接受不清洁，那非堕不可。照这个道理就可以晓得，假如贪乐感，更不得了，更严重。关于广义的欲和狭义的欲，其间的差别道理都告诉你们了，意思都了解了吧？

"心不适、及沉最甚。"如果这样贪欲、精漏、乐邪了，心里则是不开心、不舒适的，更谈不到开悟；脉解心开做不到，永远在沉闷、枯燥中，心自然不适，永远在清冷中。

而且根本都在昏沉，竟日里都在无明中，等于《红楼梦》

所讲的,"每日家,情思睡昏昏",要注意哦,这就是昏沉。所以有些文人、诗人、艺术家,那个境界是大无明,以修持的立场来讲,就有这样严重。工夫修持到了的人,可以这样也可以不这样,那才有资格行菩萨道,因为六道轮回之处都敢去滚,有因缘的时候就跳进去了。菩萨道明白了的人,唯怕不堕落,堕落就像皮球拍下来,越堕得重,蹦跳得越快越高。凡夫境界是不可以的,这是关于空乐定方面。

"明邪、气粗,唯嗔恚。"在气功练好有定力时,或自性在一片光明中定久之后,精气神非常充满,不过脾气大得很哦,碰到一点事,马上现金刚相。自己内心也觉得不应该这样发脾气,但是又发起来了。所以我不是跟你们讲过吗?过去我就发现虚云老和尚,脾气怎么那么大!那个大丛林,他从山门外骂起,骂到后面厨房,到骨灰塔,一路骂到后面,后面骂完又一路骂到前面,转了好几圈都在骂,反正是五六个钟头都在骂人。

以前我就参这个话头,奇怪这个是不是嗔心呢?这都是话头。所以你看吕纯阳那个诗,是修神仙之道的,当然炼气,炼剑道,都是先炼气功,并不是不通气功啊,也是要气脉成就,三脉七轮通了才行。吕纯阳的诗:

朝游北海暮苍梧　袖里青蛇胆气粗
三宿洛阳人不识　朗吟飞过洞庭湖

谁叫他朗吟啊?嘿!他还非吟不可,不叫一下还不行。

再看药山禅师,"有时直上孤峰顶,月下披云啸一声",什么叫啸?是虎啸龙吟那个啸,一般就是吹口哨。药山禅师这一吹,声音达到三十里外。像这些都是话头,我都参了多少年,因为问谁都没有解答。

所以必须要修光明定，气粗了不行，道理是什么呢？修光明的人，自己心境如明镜一样，纤尘不能染；有一点灰尘掉下来就看不惯，脾气就来，也是必然的。所以像我看到慢吞吞讲话的人，"去你的"，因为我反应快，看见你慢一点，心想这么笨。所以修光明会走上岔路，变成"明邪"，气又粗，嗔念反而越大。

再说"明邪"，走到了邪路光明，只是稍稍偏差一点。所以你们打坐，上座先昏沉，刚才有人好像跟我讲，昏沉过了就清醒，对不对？清醒就是光明，虽然没有看到光明，这个时候清醒了念头就多嘛，妄念就粗啦，那是一定的。没有关系，你认识了这个理就好办，知道是法尔如此，必然之理，不去执着就转了。

那么这个时候对治就要无念了，所以乐、明、无念这三样，互相为用为药，也互相变成病，哪个时候该给哪味药，就要注意了。

所以他说"明邪、气粗，唯嗔恚；妄念粗、及掉散大"，妄念粗，及掉举也来了，散乱心也大，这些修光明的偏差毛病，正面反面都说了。

修无念 入邪路

"无念邪即唯愚痴。"第三是无念，都以为学佛是无妄想，无杂念就是对了，哈！真正的无念，多数人都认识不清，所以常修的是假无念，他生来世因为修行不当，堕入了畜生道，当然一定是好畜生，变成一只好猪啊，被人宠爱喜欢的猪。有人常想，下次生到这个世界，宁可变成外国人抱的那个娃娃狗，吃得好，穿得好，无忧无虑很舒服。但是，虽然如此，到底是个畜生啊！

所以常修空、无念，搞错了，就修成假无念，就堕落在愚痴的现生境界，心境容易昏沉。所以没得思想容易昏沉，就是因为常修的是假无念。你们不是听我说过吗！当我三十岁左右的时候，三年当中，我拿起笔写信都不会写了；某某先生，写了"先"字，不晓得"生"字怎么写了，慢慢才又恢复。

许多人一天到晚都昏沉，也不会写，也看不下经书，都被无念困住，不得了啊。所以跟你们讲，要努力看经典，努力做事啊，不能就这样贪图清净，小心哦！变成娃娃狗还好，要是变成那个黑老哥，一身都是黑的，那就很惨了，所以"无念邪"，容易堕入愚痴。

"心沉昏眠及无想，如是相合诸误缘。"心沉昏眠容易堕在无想，落在这样错误与偏差的境界。所以修行，一定有相有用，有境界，八万四千法门，八万四千三昧，乐、明、无念这三种现相，一偏重就堕落。禅宗祖师说，学般若的人"如冰棱上走，剑刃上行"，不能偏差一点，所谓"差之毫厘，失之千里"。"认识所生作对治"，要认清楚，才晓得修对治法门。

"如是修习即出现功力，其力摄善力及恶力二种。"这样修习，就是空乐明无念，要依此法起修，所谓力字，是业力这个力，至于业，成佛也是业，佛造的是成佛的善业；下地狱当然是恶业，反正善业、恶业都是业。

"善力前已指示竟，恶力者则无有量也。"善力者已说过了，业力是无量呀，诸佛菩萨神通不可思议，智慧不可思议，一切众生业力也不可思议，业报也不可思议。众生的业力翻过来，就是诸佛菩萨的智力了；业力多大，智力就有多大，如果众生的业力轻，翻过来智力也轻，妙在这里。

"然总归之，由乐明无念之执着邪谬而成者有三种。"总而言之，统而言之，修空乐定、空明定、无念定，由于执着，走入偏差邪见的有三种。

"初者修乐时，贪乐境界（一）。"开始修欲乐定的时候，经常有贪图，随时有贪图。

"思维自心在空乐境中之执着（二）。"自己心里，包括第八阿赖耶识下意识，要随时留恋，自住在空乐、欲乐的境界上，自己都检查不出来，所以执着了，这是第二种，可能成为空乐定的堕落。

"以除此而外，他即非真实道（三）。"邪见来了，认为学佛做工夫除了这个修行法门以外，其他都不行。譬如修密宗的人认为，除了密宗以外其他都不行；修净土的认为净土以外，其他都不行；修禅宗的认为禅宗为最上。这已经是邪见了，果报不可思议。认为欲乐、空乐才是佛法，除此而外，其他的不是真正的佛道，这是第三点，所以也是堕落。

"持此为究竟（四）。"认为欲乐定、空乐定的修法，就是究竟。

"不觉察乐乃与贪欲毒相和合（五）。"自己检查不出来，贪图气脉之乐、觉受之乐，已经是低等的性欲之乐；这个乐之乐已经与毒素结合在一起了，只是自己检查不出来。

"此乃由所修法而成者五种。"这一句归纳上面，因修空乐无念法而产生的五种偏差。

"乐邪、明点障而漏失（一）。"因修空乐法，而走入了邪门，包括不当的双修法，所谓欢喜佛等，都属于"乐邪"。又因明点起障碍而漏失。这个明点包括两种，男性的精虫，女性也是精液。男女身上的精漏失，不是光指男人的精虫、女人的卵脏，那些只是精的一个成分，要分别清楚。所以明点的漏失也就是精漏失。

如果明点没有障碍而转化了，就是炼精，是道家所谓的炼精化气，进一步则炼气化神，一天一天的生理、心理变化，不但奇经八脉通了，三脉四轮通了，乃至五脏六腑，连皮肤、骨节、毛孔都转化了，那才是色身成就，报身成就。但是明点经常会有障碍，此中屡成屡败，困难得很。所谓道高一尺，魔高一丈，有时候受外面气候风寒暑湿的变化，起了障碍；有时候不是外面的影响，而是自己偶然饮食不对，起了障碍。

所以要懂得医药，要懂得卫生，要懂得八万四千法门，所以说，修持之难啊！因明点障碍而漏失，包括男女性的遗精，男性有经验的多，女性的经验少，因为自己觉察不到，少数聪明的女性会晓得漏失了。

漏失的方式多得很，或遗精，或者是气漏失了，以致修持往往不能成功，所以学道如牛毛之多，成道如麟角之少，这是第一点，就是"乐邪、明点障"。这个障碍并不一定是因为男女欲念所引起，饮食的障碍，衣服的障碍，受冷受热，外感风寒，等等，都可能成为障碍。

内在的心理情绪，喜怒哀乐也会障碍，真修行难得很。什么是"明点障而漏失"？并不是说十年八年没有性行为，也没有遗精，认为自己没有明点漏失，那是假的，因为精没有化气，没有变成明点，没有用。当明点化成了，自己在内外中，自性内在的光明自然出现了，这才是真明点。

"唯生贪欲顺其根底（二），因精漏而意不适（三），因污秽而心成簪沉（四），于境作意之贪欲（五），此乃所弃而成者五种也。"这一部分还没有讲完，下一次提醒我注意哦！（编按：此段下次讲）

第十二讲

修气时的偏差
修无念产生的偏差及过失
如何对治偏差
如何调治过失

第十二讲

上次讲到空乐境中的执着。

修气的事情,大家有个观念,以为九节佛风、宝瓶气,就是修气的全部。实际上,那不过是修气最初步的一个方法,而且是修气必须要经过的阶段。所以大家修宝瓶气、九节佛风都没有修好,对于修气这件事,根本就没有办法了解。九节佛风和宝瓶气修到了,还是很粗浅、很基本的阶段,只点燃了内在的气动。关于内在的气动,你们多数对于自身内部气的发动,没有真实的经验,平常感觉到任督脉这些转动,都还是假的,不是真的。如果气真发动了,全身的气脉,好像连骨节都融化了。至于说返老还童,那的确是真的,全身的机能,肌肉、关节、骨节都转成健康的了。然后进一步,最难的是五脏六腑的变动,心肝脾肺肾有病的部分,统统转换了,不过在每一个转换的时候,都是很痛苦的。

最近萧太太有经验,得了痛苦,也得了好处。她为了征信起见,还到医院检查,医生说都没有毛病,这是很奇怪的一件事。至于年轻的,有一点点经验不算的,所以修气很难,在此特别说明。此外香港有位女性,她修道家,虽有老师,却算是盲修瞎炼,的确白发变黑发,返老还童,月经也修断了,很多的征象,不过她只修了两年。所以走道家或密宗的路线,都差不多的,她还有很多问题问我,看起来很粗浅,道是什么她也不知道,不过工夫做得很好。

现在讲大圆满,都是讲实际工夫,属于修持、修证方面。换句话说,大家对于修气方面,既没有好好下过工夫,也没有实际经验,同时更没有真气发动。年轻的道友们,在讨论各种各样的境界时,老实讲都是幻想,没有经验;幻想没有用,现在这本法本告诉我们,修气的时候常会有些毛病发生。

修气时的偏差

"第二修气时,贪明境界(一)。"第一个毛病,修气修好了,会贪图光明境界。光明境界分两种,一种是心里头,就是脑子里很明白,比如不要睡觉了,头脑不昏聩,明白的明;一种是有相光明的境界,昼夜就在一片光明中。道家所谓的昼夜长明,就是白天夜里永远在光明之中,像在阳光下照耀一样,当然也不需要睡眠了。一般凡夫的习性,觉得自己不想睡眠就很害怕,实际修道的话,则是当然的现象;有时候睡也等于没有睡,没有睡又好像有睡,当然这些因为你们都没有切实修持的经验,所以不知道。有时候在睡眠中,硬是有沉堕的味道,好像在高山顶上,一下子掉到平地似的,但心中并不害怕。那时候已经在睡眠了,可是仍是清醒的,因为你没有经验,当然会有点奇怪。像这样各种各样的境界都有的,所以修气偏差会贪明。

"自心持为空明(二)。"自己心里永远保持在空,在光明中,住在那个境界不舍,永远保持在那里。修行修到这样,那还不好吗?可是你到那个境界,常住空明而不舍,同样是沉堕,理由是贪着了。《金刚经》上说:"菩萨于法应无所住而行布施。"住于空明,就是住在贪嗔痴恶法中;被善法捆绑也非佛法,不得解脱自在。这是第二偏差。

"舍弃他道（三）。"其他都不要了，只在光明境界上，其他佛法都不修了，这就是偏见。

"执此为究竟（四）。"认为光明到了就是，见地马上就偏差了，认为这就是圆明清净，就把这个当究竟了。

"不觉察明乃与嗔恚毒和合（五）。"这一点上次讲过了，所以修道人有时候看到人家笨，一点都受不了，因为自己太亮了，太干净了，所以看见一点纤尘，脾气就来了。人太明了就容易生气，换句话说就是气大，这些都是偏差。

这里只讲偏差，对治的道理都没有讲，比如气大，光明大了，气满就不思食，饮食减少，甚至于不吃了，肠胃空点较好。明是与嗔恚和合的，你们有智慧就可以了解世界上的英雄、豪杰、学问好、头脑聪明的，对别人的要求都高，一般人吃不消，因为他明，明就气大，禀赋气质也和人家不同。所以大多脾气好的人，跟笨蛋是兄弟，聪明人跟脾气坏的是两兄弟，世法和佛法是一样的。

"此乃由所修法而成者五。"所以修气有这些偏差，这些是在讲大原则。这是教我们先认清楚，在毛病偏差境界出现时，就要知道。下面是讲因修空明定走上邪路，偏差得更严重了。

"明邪气障而气太粗野（一）。"明邪了以后，气脉发生障碍。我们人人都有气脉，平常当然不觉得，除非有毛病才觉得，这是讲坏的一面。从好的一面讲，是你修到了就感觉到气脉了。你们一天到晚在昏天黑地无明中，当然不觉得。"明邪"走入邪路时，气脉有障碍，气就非常粗野，变成普通练武功，练内功的气功，不是真正在修道了。练气功的人，对健康长寿绝对有辅助，但那不算是道，可以说它是气障明邪，是练有形的气了。

这话要注意，你气脉一动，对世间法处处都执着，平常本来看空了，这时反而执着，什么都要，这就是气障，自己不知道，反而妄念增多，空不了啦。不过依世法来讲，读书也懂了，一切思想、知识也知道了，好像在进步，可是这个是邪门。所以邪与正很难区分的。正中之邪就是歪了，这时候你的妄念变成主体，临济讲这是宾做了主，曹洞言这是臣做了君。这个时候，没有明师指点，一堕下去，自己不晓得几生几劫才翻得过来。

"唯生嗔恚（二）。"脾气越来越大。所以学武功的人爱打架，练气练得一身都发胀，格老子看到就想揍人，连自己挨打都过瘾，练气就有这个毛病。当然学武功的，如果气化得了，那就走上空明定去了。

"妄念增甚而粗猛（三）。"就因为气修好了，气脉动了，因此对人世的一切也看不惯了，这就是由气脉所发生的毛病。但不要因为过程中的毛病而害怕，不修持还没有这些毛病呢。这是第三个明邪。

"气盛而昏眩（四）。"有时候工夫做得好头脑会发昏，有些则感觉想要睡觉；这个时候大大需要睡眠。所以道家、密宗到这个阶段要闭关，大睡一觉，那一大睡说不定三个月、三年都睡下去，如果讲病态，也是得了睡病。修道有时候到了某种程度，就像得了睡病一样，道家有很多，陈抟在华山，一睡九年。俗话说："彭祖年高八百岁，陈抟一睡一千年。"禅宗祖师好几位也都大睡，临济悟道后，在禅堂里一躺就睡。丛林下禅堂，谁敢这样不守规矩？他不管，把禅榻弄一弄就睡；师父黄檗过来巡寮，手里拿着棍子打人的，看到临济躺在那里睡，他却不响。有两个坐在临济旁边的，他们用功得很，黄檗拿着棍子两个都打，说：这个年轻的在参禅，你们在这里打什么妄想！一点都不冤枉，临济那时就是"气盛而昏眩"，进入那个境界了，需要睡觉。所以善知识如果道眼不明，怎么接引人，照应人呢？如果那时说临济是昏沉，只睡觉不用功，你就把他害了。所以真到了这境界时，需要睡，翻一下身子都不翻，一身是柔软的，就是所谓的"暖、寿、识"。普通没有到这个境界的，就是病态的境相。

"不欲住于一处（五）。"心不能在一个境界上专一而定，甚至影响到生理也不定，在这里坐不住，到那边也坐不住，跑到街上，又觉得厌烦，反正哪里都不对。然后只怨环境不好，没有清净地方。其实净土是在你心中，哪里不清净？因为自己在业报中，而不自知；因气动了，但气走邪了，明邪而发生障碍。换句话说，自身的气质改变了。

"此乃由所弃而成者五种。"以上五种偏差，是由于世间法放空了，修气有成，而变现出来的毛病、偏差。

修无念产生的偏差及过失

"第三修无念时。"关于修无念，有同学讲：这个无念不是禅宗悟道的无念，这个无念是做工夫做到的无念。对的，比如空明定，这里讲的光明圆满，也不是《楞严经》《圆觉经》所讲的那个光明圆满；如把由气脉成就的光明定，和清净圆明混为一谈，也是邪，等于说"执着真如亦是邪"。

"贪无念境界（一）。"修无念时，会贪图无念境界，久而久之，有念头来都讨厌，最好随时无念。我在这个境界住了很久，甚至于三年当中，书拿起来看，意思也懂，但那是什么字念不出来，也写不出来；无念到这个程度，就产生一个毛病，任何事都容易忘记。所以贪图无念境界，会产生那么多微细毛病。

"自心持为断空（二）。"身心保持那个无念的境界，保持久了，实际上就等于断见，落在偏空，自己不知道；因为念来自然讨厌，心中意识有个念头来就讨厌，就向无念境界走。后世学禅的，很容易落在这个毛病中；至于现在学禅的，什么都谈不到了。

"舍弃他道（三）。"这是三个修法中都有的，认为其他的法门都不是。

"持空为究竟（四）。"认为只要无念、空，就是道，有这种偏差的话，如有成就，最高不过在无色界中，无色界中当然什么都没有，一耽误就是八万四千大劫。也好嘛！躲躲原子弹也好，可是在那个定境界中，也只觉得一刹那就过去了。而且在那里等于傻瓜一样，就像猪老兄，吃饱了睡，无念的结果，会落在这个境界，变成真愚痴。

"不觉察此与愚痴毒和合者（五）。"我心本来如寒潭月之皎洁，最后反而会走入这个愚痴道去了。不过要声明，这是讲工夫上的无念，不是悟道那个无念，悟道那个无念，那是无上法了。所以在工夫上，你纵然能够无念很久，乃至三年五年，但是越来越愚痴，不得了的，在修证境界上，这是很严重的偏差。所以你们学了这些，自己要会单独做工夫，离开我，都要会自己走路，再不晓得走路，那也没有办法了。

"此乃由所修法而成者五。"以上这些，是因为专修无念定，所造成的五种偏差。

"空邪无念之障，乃心照无记空，此唯是愚痴（一）。"由于修无念的空，而走入邪门，所谓宾做了主，也就是正中之邪。空本来静，没有错，所以空之邪，就是静之邪，因为你心里观照一念不动，以为这个是空，但这正是顽空，顽空也就是无记定。什么是无记？无记者是善恶皆不记，不是善恶皆不住。落在无记空的结果，你们知道吗？注意哦！很多人打坐都想除念而求无念，叫你们系心一缘，始终不肯去干，如果不从系心一缘来修，最后不可能证到真空，那是做不到的。系心一缘都做不到，那是不行的。所以不能停在那个空，那正是在无记中，就是愚痴境界，这是第一点。

"未到清澄而沉者（二）。"本来面目，就是《楞严经》所讲的"妙湛总持不动尊"，也是所谓"觉海性澄圆，圆澄觉元妙"。你那个觉得无念，实际上正落在细昏沉中，在沉没之中，根本没有见到本来面目的澄清一面。

"未得分明而昏者（三）。"在无念中不能分分明明，所谓物来则应，过去不留；理上会讲，事上没有做到，落在非常微细的昏沉中。因此整天头脑昏昏的，对于世间、出世间，觉得百事无聊无兴趣，情绪也非常低落。这个都要注意，要仔细地检查自己。所以严格地讲，你以为是在修行，实际上是在造不好的业。现在跟你们讲这个，真是你们的大福气，多生多劫难遭遇的，给你们说得那么明白。许多在座的，不管在家、出家，都没有资格听，今天有缘听到了，好好记下来，种在八识田中，千生万劫，总有出头的一天。到那个时候，乃至末法时候，佛法没有了，自己能够回忆起来，就可以救自己。不好好用心，光是瞪着眼睛看，没有用的，要特别注意！

"于赤露自明不显扬而空者（四）。"真正明心见性了，赤条条来去无牵挂，本来面目清清净净，自性本来随时随地都是赤裸裸的，根本不显扬，但是觉得好像自己空了，把这个空的境界，当成是赤裸裸的本来面目，反而不能真达到赤裸裸的这个境界，这是第四偏差。

"于无念空由断绝境中灭无识之行动（五）。"你自己认为已达到无念了，以没有念头为究竟，甚至一起心动念，不管动善念或恶念，自己都认为自己错了一样。实际上那是断见，断绝一切因缘，也就是断绝了一切功德资粮，因为功德资粮也是因缘所生。在断灭见中，认为无意识的行为，所谓打坐，打而不打，不打即打；吃饭，吃而不吃，不吃即吃，认为这样是对。有许多用

263

功到最高处，吃饭时，觉得不在吃一样，认为这个就是无分别，错了。无分别是随时随地在分别中，即分别处是无分别，这个你们不懂。一般人把"灭无识之行动"，当成自己已经达到无分别，这是大错。

"乃由所弃而成者五。"这是修无念定，因偏差而成的五种过失。

"总上有三十种，修习时之过失。"刚才讲到关于做工夫，修持空乐、空明、无念的偏差三十种，这是大原则，没有微细的分，互相变化起来就多得很，配合《楞严经》五十种阴魔，都是同一道理。修行不是那么容易吧！所以大家随时随地落在偏差中，而不自知；然后贡高我慢，自以为是。这样一错，就不是一生两生的事，而是错到好几生去了。

如何对治偏差

"普通对治方法，一一认清彼之所修法，何者现最有力，此乃易知也。"每个境界来，自己都要认清楚，要有自己的智慧。所以修行想靠佛菩萨，靠上帝帮忙，是不可能的，上师只告诉你修持的方法与经验，以及可能的偏差；你自己要努力修智慧，要认清楚。有时上师或善知识告诉你的，你还不信，说你现在错了，你还不承认，还犟起来；这就是五十种阴魔里的，就下去了。个性不强的人，慧力不一定高；个性越强，魔境越大，自我贡高我慢之故，自然就偏下去了。偏下去了，你说诸佛菩萨怎么处理？只好不理，让你在轮回中慢慢滚。要下油锅，干脆下面还加点火，油炸硬一点，等你炸酥了时再来；你要下地狱，那就给你下深一点，那就是大慈大悲了，不然有什么办法！所以自修智慧，自求福德太重要了。至于对治方法，晓得现在在做什么，修的是什么法，到了什么境界，自己都要一一检查清楚。所以我始终告诉你们，学佛学道的原则，就是反省的工夫，反省的学问，也就是检察自己内在最深的行为科学。这个时候的反省最有力，对于所呈现的这个境界，就会知道如何对治了。这就是共法，是医治自己毛病、魔障、偏差的共法。

"其不共者，唯以知自性之真面一种而调治之。"悟了道的人，真正明心见性了，神通具足如佛一样，放光动地也很平凡，腾空变化不过如此，皆是此心此性之所变现，邪正也都是它所变，这是不共的法。不共法是大智慧，自在的解脱，无所谓对治与不对治，一知便休，知道了就了啦。

"如何障来须当认清，则以信解恭敬，启请上师，猛力恳求加持，遂观察彼障由何而生，住在何处，障害于谁。"最上等的法是自己悟道，认清本来面目，哪一种障碍来都认得清楚；有时认清力量不足，唯有信解恭敬，祈求上师的猛力加持。为什么不祈求佛呢？佛总比上师好吧？这其中有大奥秘。所以修密法是上师相应法，与禅宗一样，师承最为重要，比佛都重要。这时候只有修上师相应法，求上师的智慧、功德加持，观察自己的障碍怎么来的，现在落在什么境界，障碍在何处；或者是气的障碍，或者是脉的障碍，或者是理上的障碍，或者是事上的障碍。

"若是等皆不可得，唯自心通达，住于赤露明显时，一切皆自心自色中解除也，是即名为障碍了知为悉地之瑜伽者。"真正悟后起修的人，比较好办，当然不一定完全好办。每一个境界来，都很清楚它的起处与落处，知道一切境界，一切的一切，都是了不可得，都是迷幻药，没有一个真实。真的菩提，乃至如来成佛，也如梦如幻。何况这一切皆是由修而起的境界，更是如梦如幻。所以此时了知皆不可得，一切唯自心所变，自心所现。佛是自心所成，魔也是自心所成，唯自心通达，住在赤裸裸的见性明白,才晓得是障碍或非障碍。于是一切皆从自心中解除,一切皆是自"色"中解除。

色法,包括地水火风,变现时能加以解除,当然这就要大智慧了。所以教理上,般若与唯识都要通达,乃至于世间、出世间一切都要通。所以我经常感叹现在的青年,在家出家一样,光是说学佛、学佛法,而一本经一本论也不通达;佛法不成系统,佛学也不成系统,世间法全都不碰,像这样就想成佛,世界上有那么便宜的事吗?动不动就说学佛,虚晃三招就能成功吗?告诉你吧,不可能。

佛能通一切智,彻万法源,所以教你们要跟佛学;佛在年轻时,世间、出世间一切学问皆已成就,后来才证得佛果。一个凡夫想成佛,也是一样,要遍学一切学问。你们现在学会念个咒子,会唱、会念、会拜,会讲几句空啊有啊,油腔滑调,然后闭眼睛会打坐,这样就能成佛吗?那别人都白玩了,佛也是白玩了?难道古今的善知识都笨,就是你们最聪明吗?也不努力看经典,研究学问都不努力,然后空闲时什么都不干,以为这个是学佛,大家好好检查自己吧。

刚才这些话是说如何在"自色"中解除之难,你不要看这两个字容易,自心中解除还容易懂,自色中怎么去解除?色法就是四大地水火风,自色就是你四大的身心中,就像物质世界的日光、空气、水、气候等一样,乃至用药物来调整,都是"自色"中解除之法。所以自己因为障碍,而了知而成就,这样的人,才可以说懂得修持了。由修持所发生的魔难、障碍,自己都能清楚,成就真正的悉地(成道的境界),这才是真修行的人。

"又凡所现所生而成功德过失者,若知一切皆自心之境,无有他者,苦亦自心,乐亦心,忧亦心,喜亦心,心而外则无有也。"再其次接近禅宗的路线了,你真明白了,晓得现有的善恶各种境界，各种成功，各种过错，魔障界、佛境界，一切都是自心变现的境界，绝无一个真正魔来魔你。如果你看到一个青面獠牙的魔，形状恐怖可怕，咬你的头，这仍然是你自心所变现来的，绝无其他的。从前有一个修道人，在定中有个魔来吃他，魔张开一个大嘴，比他的头还大；他把头伸进魔的嘴里说：你咬吧！结果没有了，一切皆自心之境，无有差别。所以苦也是自心变的，不过你要检查得出来，自心今天为什么变成这样的情绪？乐也是自心变，忧也是，喜也是，心外无法，一切都是自心。所以要随时晓得检查出来，晓得怎么样是对治法，修正它，这就是修行。

"若能了此关要，是极欢愉，衍文也。吾云解除彼一切障，生极快乐，凡生障及不适意事，惟全要行加行，此乃瑜伽者所需也。"修持中，一生一切魔障碍，乃至心里头感到，这两天修持特别欢乐，或者不痛快，也都是障碍，除了修上师相应法之外，就要修加行。加行道很多，比如拜佛，求忏悔，念佛或做体功，打拳或其他的运动，甚至于上咖啡馆，看场电影，或跳一场舞，上街逛逛等等，自己试试看把境界变换，要自己去试。这就是二祖所云："我自调心，何关汝事。"要晓得调心，以为修持只要一味冷清孤修，那是不会成功的。

"若不如此，而作他方法，此名为恶劣者，故魔害之也。"如果自己不晓得调心，修各种加行方法，而另求他法，或者再求个魔法来修，变成头上安头，就非常恶劣，反而真的落入了魔障。

什么是修道的加行法？八万四千法门皆是加行法，念佛、观呼吸，各种观想、念咒子，都算是加行。没有大彻大悟以前，一切法皆是加行，八万四千法门，都是调心的方法。乃至山边林下走走，种花栽竹，乃至唱歌、跳舞都是调心。不过比丘《别解脱戒》，唱歌跳舞是犯戒；大乘的修法，戏曼歌舞不算犯戒，是调心之法。如果你借题而贪图，那就犯戒；如果心中知道是在吃药，行为虽如此，不算犯戒，不需要向人家解释。

"凡有所生，自心使之分明，于内妄念，寻求障碍，了不可得，此乃自性大圆满之紧要。"《金刚经》讲"凡所有相，皆是虚妄，若见诸相非相，即见如来"。但是一般讲《金刚经》都偏向善法一面解，也错了。凡所有相，即使成佛之相也是虚妄，一切相皆无所住，皆不着，统统舍了，过去不留。所以有人说，我当时的境界是空的呀，多好，可惜后来……你这么说已经违反了佛法的道理了，过去不可得，你留恋过去干什么？"苟日新，又日新"，昨天是昨天，今天是今天，认为昨天的境界就对，那你不是错误了吗？哪有对与不对的境界？应无所住而生其心的道理，也不懂。所以要你知道，有障碍，障碍也空，空也空，了不可得也了不可得。换句话说，上一句是不了义，障碍也不错；这一句是了义，也是不了义，错与不错都是混蛋。所以什么是佛？干狗屎，这是了义法，这是"自性大圆满之紧要"。

"示出如我所行持而著述也。"祖师（本书作者）说：我为了慈悲才把修持的要领告诉大家。

"第二义，等持之助进。"这是第二义，是助道品；今天的法本，不过是你们的助道。

"于何所出方便，对治失坏及未失坏而令增上二者。"这是告诉你们如何修持，怎么样叫对，怎么样医治自己修行的魔障，使你得增上道法。你看过去的祖师们多慈悲，为了后世人，把佛法的大要集中；有成就人的著作，都是因悲心而著作，绝不是为成名，不需要名了，名对他没有用。这是他们无上的慈悲，所以我们要珍惜，要恭敬，一恭敬就得利益了。

如何调治过失

"示对治功力有过之次第者。"下面是讲在修持做工夫境界上，有过失的时候，对过失调治的次第程序。

> 助进调坏及增上，调治坏失有三种。最上见治、观诸法。心所安立如幻化，体无实执遍如空，离我所执自性空，无有执着中任运。染障之力现本性，一切障难求化善，违缘悉成菩提伴，体乐心安续不断。

帮助你修行做工夫是"助进"，修持境界坏了，如何调整，乃至修增上法。关于如何调治修持境界的过失，共有三种："最上见治、观诸法。心所安立如幻化，体无实执遍如空，离我所执自性空，无有执着中任运。"对治、调整各种魔障，最上品、最上乘的是靠见地、智慧。比如大家没有修行，因此没有进步，这就是魔障。讲《宗镜录》时你也听，打七也参加，静坐也坐，你们进步在哪里？这样大的魔障，还说没有魔障，连这一点见地都没有。自己连这个都看不清楚，怎么谈见地呢？没有魔障早成就了，少一分魔障，多一分进步，怎么说没有魔障？而且自己检查一下，每天都在魔障中。比如想打坐，刚坐好一点，又有事情不对了，就是魔障。

凡夫的魔障在哪里？爱说话的，没有对象讲话会活不了，起码短命好几年；爱打牌的，凑不齐牌友，好几天没有牌打，快要生病了，这些都是见地。假使见地真到了，没有什么魔，观一切法都是如梦如幻，也就是《金刚经》上说的，"凡所有相皆是虚妄"。那你说懂了，什么境界都不要了，那你三餐吃饭忙忙碌碍，你希望什么事都能了了，这不是境界吗？整天妄想不断，这不是境界吗？人生哪一点不在境界中？人生一切都是相，"随顺世缘无挂碍，涅槃生死等空花"，谈何容易啊！真做到了就成功了。

如果你见地到了，在世法中一样修持；当年与袁太老师在成都，创立了"维摩精舍"，一切简单潦草，哪里像你们这样有冷暖气，一切铺排得舒舒服服的。那时我们在哪里打坐？在跳舞厅、茶馆、咖啡馆、戏园。我们看戏去，票一买，茶一泡，看我的戏，就是打我的坐。越唱得吵，越清净得厉害，"随顺世缘无挂碍，涅槃生死等空花"。你们在这里还坐不下去，还想跑到山里头住茅棚，那叫作修行吗？什么是见地的对治？就是"心所安立如幻化"，一切法，世间法、出世间法都在内，魔与道也在内，都如幻化。"体无实执遍如空"，一切本来离我的，不要我去离它；"离我所执自性空"，我所执的自性本空，你修得了的，空得了的，那不叫作自性空，那是你去空它的。

我们大家为什么修行没有进步啊？你不管打坐或不打坐，一修道时，就去执个自性空，偏要去空它，那更糟糕。所以见地一错就会样样错；头不正，尾巴怎么正？自己连这个都检查不出来，你们怎么修行呢？"无有执着中任运"，一切都不执着，那就差不多了。如果说我一切都不执着，就是要打坐，那你早执着了，要在一切无所着中，任运自在。要注意的是，善法无所着，当然恶法更不要执着了，所以五祖说："不见本性，修法无益。"见地不到的话，你修行的法门，都变成了邪门，何况修邪法，更是邪中之邪。

"染障之力现本性，一切障难求化善，违缘悉成菩提伴，体乐心安续不断。"在染障当中，在恶法中，在魔障中，乃至在地狱中，呈现出自己大智慧解脱之力，这个才是明心见性。如果只会在善法中修，那有什么稀奇啊？所以在一切障难当中，要把魔法都变成善法。如果一切的违缘不能转成菩提，你还求个什么道？你以为清净就是顺缘，就是道吗？你落在清净中，清净就是违缘，就见不了道。所以真见道，真修道，越看越难，佛陀常常提"善男子，善女人"，太多了。四川话，善同散同音，散散漫漫的，无所谓，满地都是这样的人。所以我非常感叹，几十年当中这个材料（真的法器），也就是真修行的人很难找。

这个时候，你明白了，智慧知道了，涅槃清净之乐自然就在烦恼中，"体乐心安续不断"，不用功之用功，无功用之用，无往而不用功，相续而不断，这是见地。见地就是禅宗的悟，当然这是我讲的，不是你们的悟，可能越听越误了，非要各人从自己蹦出来的才行。

"'现出无方天空悟'，最上瑜伽士，能了悟一切皆如幻，无有实体，则障碍根本解脱，现出法尔证悟。"最大的见地就是明心见性，真到了明心见性悟道的那个境界，就像是满天的云雾散了，立刻呈现如青天一般的本来面目，无边无际，了无挂碍，了不可得的虚空，这个才是最上瑜伽士可以修到的。悟到了这个，还有境界吗？有境界。那不也是一相吗？相也无妨，所以永嘉大师见六祖时，围绕三匝，当面一站，什么都没有讲，六祖跟他对话几句，最后问他，你这个不是分别心吗？永嘉大师说："分别亦非意。"分别也不错啊！六祖讲就是这样，就是这样，你对了。

分别也不错，悟了以后什么叫作有相、无相？所以这个时候，相与无相，悟与不悟都不谈了。悟到了"一切皆如幻，无有实体"，再悟后起修，回转来捡起这些破铜烂铁来用，再来修空乐定、空明定、无念定，那么所发生的这些魔障，不成其为魔障了。你们要问，悟了还要修这个吗？《圆觉经》讲，悟了道，好比挖到金矿，但无始劫来的金子，是夹杂在泥沙中，还要经过工夫化炼，才能纯净，再打造成器，放光动地。所以你悟到本性以后，正好修行，也是正好供养，也就是正好解脱。

第十三讲

如梦如幻
虚幻的体道果
中根器的修法
总的调治法

你能够真见道，现量境界呈现，达到空性，了悟一切如梦如幻，没有实体。这其中的道理，有两点要注意：第一点是，一般认为悟了自然是空，但空是一个境界，悟是般若；境界固然是般若，但要觉悟到实相般若才是大悟，而这个觉悟实相般若的觉，可不是境界，这些地方大家要特别注意。第二点，一般学佛修道的，都拿境界当成道，当成了悟，真是大错而特错。

最高的瑜伽士，在了悟一切皆如幻，无有实体时，所有的障碍，包括生理上气脉的障碍，心理上的障碍，就都根本解脱了；这个时候，证到空性的境界，悟到大智慧解脱的理。

如梦如幻

"又涅槃轮回之法，一切皆显如幻之自性故，无有自性，本自如是。"诸佛是成了佛证得涅槃的，一切凡夫是没有成佛，而在六道轮回中生死旋转的。涅槃与轮回是相对的，梦醒就是涅槃，梦中生死就是轮回，这是比喻；事实上真悟了，到见了空性时，才晓得涅槃与轮回只是相对的境相。当一切都明白了，则无生死可了，也无涅槃可证，生死与涅槃一切皆显如梦如幻，这是自性的本来道理。换句话说，它本身没有单独存在的性质，轮回本身也无单独存在的性质，一切万象都是一体，而变化成物质世界、精神世界……一切一切都在生灭变化中。如果有一个涅槃可证，涅槃就是个境界了，凡是境界，都是生灭之中。

这里"如幻之自性"，是指本体的自性；"无有自性"，是指涅槃与轮回这两个境界现象的本身，它没有单独存在的性能、性质。中国佛学最麻烦，这两个自性常常混淆起来，害得一般讲佛学、唯识的，都陷在这个问题中了。现在有许多人都认为是"无自性"，说禅宗讲明心见性根本是外道之见，因为书没有读通，都陷在这个问题之中。这还不止是普通一般人，近百年来，多少的大德，佛学专家，乃至大法师们，都落在这个错误当中了，非常严重。现在的佛学著作里头，更是如此，若是秦始皇再世，把这些都拿去烧掉才好。所以这个要特别注意，同样的两个自性，词汇不够，翻译的人没有留意，自己懂了，以为别人也懂了（结果混淆了）。

涅槃轮回，本自如是，本来是空，生死本空，涅槃也本空，空的自性无所谓生灭，无所谓变异。

"般若八千颂帝释品善现（即须菩提）云：天子等，我谓较涅槃有胜法者，然亦皆如梦如幻。"《般若经》的八千颂帝释品里说，善现对帝释（玉皇大帝）说，我告诉你们，世上一切事都是假的，只有涅槃是真的，但涅槃也如梦如幻。

"是故如梦如幻，亦与彼涅槃之法无有分别。"所以如梦如幻也就是涅槃的现象。因此之故，五祖、六祖都提倡《金刚经》，不是只从理上懂，而是要证到"一切有为法，如梦幻泡影，如露亦如电"。这已经是全部的佛法了，也就是般若这个道理。

"无可分者，有情为业幻，瑜伽士为道力幻，佛为住清净幻，故一切法皆幻也。"为什么说一切如梦如幻呢？因为一切众生都是被业力所捆绑，但业力也是梦幻，所以众生如梦如幻。修禅定修道的人，是被道业所捆，但道业也是如梦如幻，佛证得涅槃住在清净境界里，是住清净幻，因为一切皆是如梦如幻。所以执着了佛法为实在的话，佛法已变成外道了。那么我们现在修什么法呢？修如梦如幻法，所以是如梦如幻修法，要有这个认知。

"《无二尊胜本续》云：诸种幻神变，自然清净现，瑜伽悉地果，道力现各种，三界诸有情，生业烦恼苦，于彼诸如来，知一切智慧，秘密不可思，现净作业力。"密宗的法本告诉我们，一切都是幻的神变，如梦如幻不是没有，一听到如梦如幻，就以为什么都没有了，那是断见，与唯物观点一样。诸佛菩萨的智慧与神通，也是幻化中的神变；换句话说，也是神变中的幻化。但能够使我们起神通道业幻变的，是本体功能，本来清净。所以修持的人，修禅定证得"瑜伽悉地"，就是这个境界圆满的果位。

我们修道的果，也是道力呈现的各种境界，比如气脉的发动，气脉本来有，因为你不修道，没有定力，发不起来；你一修道，清净久了，清净道力呈现了，就把本有的功能发了起来。所以三界里头一切众生，被业力烦恼所困，佛则把烦恼转了，变成智慧。换句话说，凡夫的烦恼越多，悟道以后，智慧越大；这也就是说智慧越多的人，烦恼越多。世界上也是这样，一个人学问越多，痛苦越深，因为他看的、懂的太多了。所以学问好，懂得一切人，如果悟了道，其智慧神通就广大。所以笨笨的脑瓜，什么都不懂的，就算是修道成功了，也不过是笨瓜道而已，由冬瓜变成西瓜，同样还是瓜。

所以我们要知道一切差别智，在没有悟道以前，学识越多，障道越深；悟了道以后，就怕你学识不多，学识越多，智慧越大。所以佛在《大般若经》上说：一切众生，学问越好，智慧越多，烦恼越深，等于一个人吃毒药一样，是会死亡的。假定是孔雀的话，它专门吃毒品，吃蜈蚣、毒蛇、蛤蟆、蝎子……这类最毒的东西,使它的羽毛展开得更美丽,更漂亮。佛说菩萨的大般若智慧如孔雀,不怕毒多,毒越吃的多越好。所以众生业力烦恼苦,到了佛境界,这些烦恼一转,变成智能了,这就是自性的功能,这就是最高的密宗,是秘密不可思议的力量。这是现量境界,烦恼的本身就是净土,所以烦恼即菩提。

不过,我们大家可不要这样讲,那是玩嘴巴的,你把烦恼当菩提看看!你去烦恼吧!等一下就把你拖入地狱去了,不可以玩的。这是要把烦恼转成现量清净境界,现量境作为业力,才是善业智慧的力量。

虚幻的体道果

"又瑜伽者,应知体、道、果三者之虚幻。"修持的人,应该知道自性本性、修道、证果,这三样也是如梦如幻;如果执着证果,还真有个果可得,那就糟了。体、道、果等于《中庸》的"天命之谓性",这是体;"率性之谓道",这是道;"修道之谓教",这是果。"致中和,天地位焉,万物育焉",也就是果。而体、道、果三样,也就是体、相、用。在凡夫是体、相、用;在修道的人是体、道、果,但是你要认识"三者之虚幻"。

"如《智慧海本续》云:本自无有体,自性住如幻。"形而上的本体,是个假名,是表达用的,哪里有个真正的体!如果有个体就不叫体了。比如海水,咸味是它的体,海水提炼出盐巴,盐巴再化炼就变成空了,咸在哪里?找不出个固定的体,所以没有体的。比如原子、核子,到了最后,是空的,中心是空的,没有体。但是你说没有体,它又有这个功能,自性本来常住在如梦如幻的境界中。

"住及断常力,所现妄念幻。"我们自性本来就在,大家修道要想明心见性，你到哪里去见？哪里去找？你自性本来在你那里嘛！但是众生之所以找不到自性，是因为不落断见，就落常见。我们的观念总认为，断了一切烦恼妄念以后，自性才呈现，这已经错了。烦恼断得了吗？"抽刀断水水更流，借酒消愁愁更愁"，烦恼一转就是智慧，烦恼的自性本空嘛，断个什么？烦恼又不会停留。你昨天生气，到今天怎么找不到那个气了？昨天高兴，今天也找不到那个高兴了。喜怒哀乐烦恼都是本空嘛，不要你去空它。一般人学佛学个空，上座拼命要求空，自己去造这个空，不是"瓜"是什么呢？所以上座个个都变成瓜了。你造一个空那就是烦恼，那个烦恼本身不停留啊！它本空的，你去断它干吗？

那么你说自性永远在这里吗？无常啊！"昨日之事不可留，今日之事多烦忧"，烦的时候就是烦，不烦的时候就是不烦。那你今天痛快不痛快？不痛快；明天痛不痛快？不知道；昨天呢？昨天痛苦也好，烦恼也好，过去了。你留它干吗！还坐在那里做工夫，拼命断烦恼。你的烦恼锁在保险柜里吗？根本早就跑了。所以凡夫不是落在断见，就是落在常见，不知道你现量所呈现的，如留下一念的妄念，本身就是虚妄。所以说众生愚痴可怜，被当下的梦幻所骗，被梦幻所骗就是愚痴凡夫；知梦幻如空花，就是圣贤之道。

"是故生起圆满次第为幻境界，应知一切亦如是也。"这句话把密宗"一股邋遢"就踢掉了，所谓生起次第、圆满次第，一切不过都是如梦如幻。在这个道理上，应该知道世间法、出世法都是一样的。

"《智慧海本续》云：佛身现空者，体幻离言思。"成了佛，这个佛真有个肉身吗？佛的身体是空的，所以永嘉禅师说："幻化空身即法身。"你真证了身空，那就是菩提，这个空的体，是幻，离一切言思境界，不是言语思量所能表达的。

"性无别离边，而形相不离。"它的自性没有分别，离一切边见，佛身是空的，但是，是有形相的，不过形相也空也幻。这个道理大家很不容易懂，比方说吧，我们大家有一个肉体，你以为这个肉体是实在的吗？它本来是在梦幻境界，天天都在衰老、变化。可是虽然如此，在目前偶然暂时假的存在，它是"有"，所以说形相不离。

"悉能圆满故，于诸一切法，善解等应知。"在这个"空、有"之间，由这个道理，我们学佛修持的人，对一切方法要善于了解，一切平等，都是如梦如幻。这都是讲见地，明心见性方面，大家先应该知道。

"是故以缘之幻，无有而又表示明显之一切法，已指其无实，为业幻三界令解脱故。"所以要了解一切都是缘起性空，因缘所生，自性本空。有人研究佛经讲缘起性空，就问《中论》的"中"在哪里？既然缘起性空，因为性空就缘起，中就在其中矣。中者空也，空者中也，不空不中，即中即空，还找个中干吗？又问《中论》讲八不中道，那么"中"在哪里？这个问题问得好，不要看得简单了。龙树菩萨著《中论》，是用因明的办法，破而不立，把一切都否定了，那么肯定在哪里？所有否定完了的那个，就是肯定，这个中间是空性的。建立一个肯定，已经落边了，这个逻辑不是西洋的逻辑所能懂，这就是所谓因明，能破的即是能作，批驳了你以后，我的对在哪里？我的都不对。到了没有一个问题想得出来了，那时没有对与不对，那里头就是了。

这个道理就是说"是故以缘之幻"，一切法皆是因缘所生，所以如梦如幻。凡夫的断常之见，就会问：一切皆是缘起性空，中在哪里呢？断常之见总想去找一个道，你既然知道一切皆是缘生，因缘散了以后怎么样呢？散了又空，空了就是中，就是道嘛！道在哪里？道就是一切因缘皆空，散了就算了是断见，散了而不了，不了自了，这都是见地。所以缘生一切如幻，"无有而又表示明显之一切法"，一切皆没有，但是，这个没有不是唯物论的断见之没有，而是全体的有。

中文翻译修道证果，解释得很好，说果中有核，核为两瓣，阴阳合拢，一敲开，里头是空的。但是树枝、树叶、果子等，都是从这个空来的，所以空即是一切有，真空就是一切。佛经上说，世上一切如梦如幻，如芭蕉，芭蕉的中心是空的。所以一切的生物，根根的中心是空的，证一个空什么都有了。可是学佛开始，如果走迷信的路，走不正的路，最后的成果不会正的；所以空是那么重要，一切无有才是一切有。同样的，佛法如此，世间法也是如此，一切都没有时，才觉得自己真是大富贵。钱越多越穷，越痛苦；地位越高，越痛苦，也是世界上最可怜的人。什么人最痛快？穷光蛋，穷到只有一条命，天王老子来都不怕了。所以一切空，是人间最富贵的事。世间法也是如此，要看空，尤其是年纪大的，必须要一切放掉，一切空，才是真富贵。空的重要这个话，千万要了解。

世间法"已指其无实"，一切如梦如幻，没有一个真实的，凡夫在世上，为什么最痛苦？因为把世上一切假有当成真实，总想抓住，所以就痛苦了。智者在这世间没有痛苦，本来知道不属于我的嘛！连我的生命在内，都是借住在这里玩玩的。"为业幻三界令解脱故"，今天活着，到现在为止，还可以跟你们讲话，说不定明天不讲了，也走了。走了就走了嘛，散了，谁知道明天怎么样！既然如此，佛法为什么叫我们解脱呢？因为凡夫在这个假有的世界，以假当真；佛叫我们不要被假有骗住，不受骗就解脱了。

"夫法之幻者，即修法及示无有实体之人等，与其后成就智慧幻之圆满正觉等。"把这个见地搞清楚了，才好修。一切佛法如梦如幻，一切修证法也是如梦如幻，你说下午修数息观修得非常好，可是现在又不行了。现在是现在，下午是下午，把那个境界始终留着，直到下午还好，那就不叫作一切法如幻了。所以上午白骨观观得好，下午观不起来了，观不起来不是更好吗？那是空观，如果你觉得空也不是，那更好，连如幻都没有。那你在干什么？我在烦恼，好，烦恼即菩提，没有哪样不好。这些不是玩笑，真这样你就解脱，你就悟道了。

你们都听说过，禅宗说当下即是，为什么昏头昏脑时，不在昏头昏脑上？叫你睡又不敢睡，叫你醒又醒不了，你说叫我怎么办？那就半睡半不睡好了嘛！又不敢。这样也不敢承认，那样也不敢承认，怎么解脱嘛？所谓解脱，还真有一个解脱的境界吗？物来则应，过去不留。这个茶凉的，嘿！我本来爱喝冰；烫的，我从来不吃冷的；不冷不热，正合适；又冷又热，怎么办？吹一吹，等一下凉了就行了。都好，就解脱了嘛！佛法就是如此，真做到如此，恭喜你，你就成就了，就怕你不能解脱。这是解脱法，这个是见地。

大家修气脉、光明、空乐，甚至于无念定，这一切的修法，你不要执着，也是无有实体；甚至现在我这个人，乃至将来的成就，乃至一切智慧……一切皆如梦如幻。"为如是了解而教诫之"，所谓无上正等正觉三藐三菩提，也是如梦如幻，要有这个认识，这个见地。

那么三界如梦如幻，谁在变化呢？是自我的业力在变，六道轮回的众生，无主宰、非自然，一切因缘所变。

"《妙幻师请问经》云：由业变化幻，是六种众生，以缘变化幻，如镜影像等，以法变化幻，是我周比丘，我乃真圆觉。"

当我们在镜子里照到自己的影像，你不能说没有这个影像，有，可是这影像不实在，如梦如幻。法都是意所生，我周围的比丘也如梦如幻，乃至缘觉、罗汉，诸佛菩萨智慧之变化，也如梦如幻。

"智慧变化幻，如是故知取舍为修习幻之时也，应知一切法离有无边。"这个见地认知了以后，你什么法都可以修了，取舍之间很清楚，离开了有，也离开了空。

"如《无二尊胜续》云：此幻离有无，虽中亦不住，是皆为世俗。"这些都是对于世俗人而言，没有办法，只好那么讲。

"诸法亦不住，乃幻之自性，不灭境自生，此等之理趣，可广看虚幻休息妙车解。"一切佛法都不住，了解了如梦如幻自性本空，到达这个境界，自然了解本来自性不生不灭。有一本密宗法本，讲的是幻网法门，把幻网的中心扼要统统讲了，大家可以看。

这里就是说，不管前面修气修脉修各种定境，先要见地清楚。刚才讲是上等根器人的修法，同禅宗一样，根本不需要修法，言下顿悟，一切如梦如幻，无所谓修法不修法。

"复次中等瑜伽士者"，下面讲中等根器人的修法。

中根器的修法

中修调治清朗起，制心一处得正念，不散住乐明无念，散不住─是有过，刹那不散境中住。

中等根器的人，不能言下顿悟，必须要修定，世上有许多人，都把自己看成上等根器，道理懂了以为到了。换言之，他制心一处都办不到，叫他打坐都坐不住，一天到晚在散乱中，随时随地在散乱,念头都控制不住,还自以为在学佛,不晓得自己是在造地狱之业。那么高的理固然懂了,但都是太用假聪明。我是否比你们聪明,不知道,但是我修法时,走的路子笨得很。我读经读到"如芭蕉",硬买芭蕉来剥,一层层剥光了,才相信。这个道理很笨,你们一般人不肯走这个笨路,所以我经常说你们不踏实,理懂了是个理,你要再求证啊!佛经说制心一处,无事不办,我做不到无事不办,那么我先来制心一处吧,试试看。你们制心一处都做不到,还能够谈定吗?什么叫制心一处?外面的境界一动,你就东看西看,这叫什么制心一处?这是什么佛法?自己都不晓得反省,不晓得惭愧,还自以为是。过去的丛林,像这样子的话,就打棒子,赶出山门。

老实的修持,中等根器修法,先要把心境修得昼夜在清明中,先要修到制心一处,得正念而不动。这很难了,要没有散乱心,随时在正念中。什么叫正念?随时在快乐、光明、无念的境界里,正念而住。乐、明、无念不是念,而是境界,就是心理生理两种现状。比如你观"光",这时一念光明;你观白骨,这时就是白骨朗然;你修止观,心息定住了;如果念佛,念到这一念没有散乱,也不昏沉,就是正念的念佛了。比如念咒,一念空境,昼夜长明,躺下也好,站也好,行也好,永远在这个境界里。上上根器言下顿悟的人,就是永远在这个境界中的。你以为悟了道就没有这个境界吗?那还叫作悟吗?没有用!要制心一处得正念,不是散乱住在乐明无念中。如果散乱,不能制心一处,那就犯戒,有过错;这个戒是根本大戒,比杀盗淫妄还要重。你们不管是否受过戒,只要一念发心学圣贤之道,如果你的心,不能正心诚意而住,已经犯戒了。我们天天要反省,一天有一念不在正念中,已经是犯戒了。等到你去犯杀盗淫妄才叫犯戒,那就太迟了。所以真修持的人,要刹那间都无散乱心,既不散乱又不昏沉,得正念而住；而这个正念境界是乐、明、无念，这才叫定。

有许多人以为，打起坐来，什么都不知道就叫作定，那是大昏沉；有许多道家、佛家中人，都把大昏沉当作定，我已看了几十年。不过你们打坐姿势都不对，要身正而后心正，心正而后身修，身修而后家齐；身都不能调整，身子都不正，怎能叫作得定？现在佛法都告诉你们，不散乱，住在乐、明、无念，同时三种平等，这个才是正念定。所以佛在《涅槃经》中说"常乐我净"，那才是真净土，才是真正的我。

"观修一切过失，皆由散乱而心不能制于一处。"观白骨观等等，要注意，你修观时，已经在散乱中了，因为你要想到脚趾头，或者玉枕骨啦，想这一念本身是散乱，观是利用散乱的这一念，把念集中起来。比如一团面粉散在那里，然后滴一点水，把面粉裹成一坨，把散乱心都裹起来，变成一团面，把一团面再变成一个馒头，所以修观的观想，本身就是一念。不错，这是以妄来治妄，那么你说要空嘛！那你先把妄念治住了再说；佛也告诉你制心一处，制就是制住，但是你修法要先会调整。

为什么不能定呢？因为我们散乱心多，如散掉的面粉，被风一吹都在飞扬，我们先下一点定水下去。所以《楞严经》也讲，你道理都懂了，讲得天花乱坠，没有用，了不了生死，那叫干慧，像干面粉一样，风一吹就没有了。什么才不是干慧呢？要定水来滋润才是。我们修白骨观集中在一点时，就是用定水，先把念头制服下来。有时观不起来，也不一定是因为心散乱，很难讲的，也可能因道理不懂。儒家讲的，过犹不及，都是病，太聪明与太笨都观想不起来；太用心反而观不起来。说观想时便观想，轻轻松松定在那里就好了，只是轻轻松松摆着，轻轻松松地制心一处；制心一处久了就叫作定，慢慢就有变化，程度一步一步深入。所以大家慢慢来吧，不要急。

"故生所依脉、气、明点及能依心等之诸障碍也。"因为心散乱，不能够制心一处，而产生气脉、明点（包括精）的障碍，气脉等都是"所依"的境界；"能依"的本身是心。物质世界也是附属的，是"所依"，本身的主体是"能依"，是唯心。所以"主"是心，身体是"宾"。如果把气脉、明点认为是主，你就错了。一般学密宗、学道的，也多数都把这个观念弄错了。可是话说回来，你的心真能定了，就是"能依"能够定了，"所依"的自然会起来。如观足趾白骨，你"能依"的心定住了，"所依"的暖就起来了，"所依"的定久了，气脉自然通。如果"能依"的不能定，"所依"的气脉明点就起不来。明点硬是有一个东西，像弹珠一样走动，在身体内部能够化精、化气、化神，它本身也就是精气神，道家叫它丹。"一粒金丹吞入腹，始知我命不由天"，就是这个东西。

但是有了这个也不稀奇，这是所依的，不是能依。由于我们不能得定，因此气、脉、明点不起作用，仍旧是有生老病死苦的凡夫，没有办法转生老病死。如果你得定了，"能依"心明白了，"所依"的气脉、明点发起来了，但不随生老病死转，反而能转生老病死苦。所以修定很重要，不要玩嘴巴，自己没有证到的佛法，不要乱讲，讲不得，乱讲会有下地狱的罪。有一天你证到了这个境界，不管你怎么说，都是功德，所以要求证。这一段完全是讲工夫。

"若中等瑜伽者，应知有总及别二者之调治方法。"做工夫如何做到制心一处呢？有总的、差别的两种，这还是大概分类，差别里头就很大。这样你自己修成就了，就可以做善知识了。所以要多修功德，来生再来吧！要了解一切众生的毛病，以及各人的思想、业力、根器，才会晓得对治的方法。这是中根修行人应该注意的。

总的调治法

"总调治者,无论何障,观照自性自清修法,则极清明修乐明无念之境。观修过失,其体无余出现。"总对治的方法就是放下、观察。不管你修什么方法,数息、白骨观、准提法……在发生障碍时,只有一个方法,就是放下。我们在山上闭关时,随时碰到障碍,一餐吃不对就难过,气候不对时也难过,或者烦恼起来,这样搞不好,那样搞不好。管他呢!算了!一被蒙头万事休,睡一个大觉再说。嘿!好了,那才真放下。修不成功,死了再来。万一投不了胎怎么办?做孤魂野鬼也修,孤魂也当不成呢?随便撞到那里就是那里修,都一样。无论碰到任何障碍,你要观照自性本来清净,本空嘛!那么就一切有为法都不动心了。所以你们万一修法碰到障碍时,充其量不修就是了,放下,不观了,自然清净。十念中有个念死,当成自己死了,大休息,佛我都不想成了,行了吧?你说生死最可怕,老子死了算了嘛!我不成佛了好不好!彻底放下。

所以在峨眉山闭关,几个大法师都被那位护法(狐狸)赶跑了,他就赶不了我。我跟他明讲,老子不修道,不成佛了,放一把火烧了你,你怎么样?你变魔,我变魔王,格老子比你还狠,他就没办法了。碰到这样坏蛋,你越怕,魔就越凶。这个放下的精神,就是金刚般若波罗蜜,能断金刚,一切放下。有什么了不起!你说那来生还要再来,我本来就是生生世世要再来的。没有这个狠劲,只能做个小乘声闻;大乘菩萨就是勇,有道理的狂妄,这个也是勇。

对治一切的修持障碍,能先了解自性的本自清净,既然本空,立刻放下,就成功了,就可以对治障碍了。能够真把一切放下，清明在躬的境界就来了。其实道理很简单，不知大家听懂没有？只要那么一狠，本身真放下了，心中当然清明了嘛！还怕什么障碍！就是这个道理。你们以为这是狂话，就是因为你们没有这个狠劲！对自己这样一狠，心已经放掉了；真放掉了，清明自然呈现了；清明一呈现，乐明无念的境界就来了。这是总修持对治法门，这个时候，自性体性没有保留的，自然呈现。

"《二观察集》云，如火灼烧者，还以火而治，如水入耳者，以别水提出。"这个方法很对，比如手被蒸气烫了，不要拿开，赶紧再给它烫一下，就不痛了；如果手烫到了，用冰一抹，痛死了。耳朵入水，干脆再倒进水，等水充满了，它就自己流出来了。所以密宗的修法，想发脾气的，给你一间房子进去，随意大骂发泄，等你骂累了，就清净了。

"如是所说，乃与法极相合者也。"这些对治法门，与法很相合；实际道理就是一个"加法"，一个"减法"。所以后世中国禅宗，对没办法悟道的，给你参话头，给你加，拼命加；观空就是给你减，给你吃泻药，讲来讲去就是制心一处，得正念，修正念而住。你们修白骨观的，什么是正念？你确定要修白骨这一念，就算是正念，因为你很清楚全天必须要修这个念。如果说今天要修念佛，念佛这一念就是正念；如果说你万缘放下要空，你认定空这一念就是正念。你现在所要对治的法门，是把这一念变成你的正念，不能变动，就是这个道理。

比如说你观想观音菩萨，突然一想观音菩萨离我太远，我观别的好了，那就是魔障；正念一变动就是魔障，认定一念就不要变，如此修去，就不会错。制心一处时，你忽然觉得另一个法门比较好一点，这个已经不是制心一处了，是被第二念插进来了，这个第二念插进来，已经是魔障。所以制心一处，不能变动，那么就无事不办了。

下面讲修定当中，与身体有关的事情。这里主要告诉我们，修持要到制心一处，不管你修空明定、空乐、无念，都要制心一处；不要今天修这个法，明天修那一法，变来变去的，没有用。有的说，这是想求效果快一点，这种解释都是魔障的话。重要的只有一句话，相信佛说的，"制心一处，无事不办"。一念专精，第二念未来，所谓专精不二，就是制心一处。

第十四讲

不住于法
受阴境界
关于精漏
知时知量
执着欢喜
开眼闭眼 上升下降

"又于分别调治三种中,初乐邪调治者。"要特别仔细地听,其实不止是大圆满,《宗镜录》也好,白骨观也好,我现在所说的佛法,就是按照释迦牟尼佛说的。当年阿难,听见有人把佛所说"若人生百岁,不解生灭法,不如生一日,而得解了之",东传西传愈传愈错,变成"若人生百岁,不睹水潦鹤,不如生一日,而得睹见之"。其实就是上普通的课程,都会被人听错,所以教与学都有困难,更何况我们所说的,还不如佛的说法。我发现这种人很多,不管显教密教,很多的话都被听差了,实在没有办法,这就在于各人自己了。很多人常常抓不住要点,抓住皮毛又听错了,佛法这样就很糟糕了,希望大家注意。

不住于法

现在有人提问题,关于六十六页小字第一行的第三句"而形相不离,悉能圆满故",这个是讲"应知一切法,亦如是也,《智慧海本续》云:佛身现空者",成佛的有三身:法身、报身、化身。法身是本身空的,肉身修成了转为圆满报身,也到达了空。这个空有没有呢?有。实际上像什么呢?道家所谓的报身成就了,这个肉身"散而为炁,聚而成形",一念之间可以散,没有了,不是隐起来的,而是同太空的气合一。要它凝聚的话,还是成为肉体，看得见。关于肉体凝聚起来，就要看《列子》了。

列子有个师父叫壶子，是有道之人。列子见到一个人会决断人的生死，他就把这个人带来看师父。看了以后那个人出来讲，你师父都快要死了，气也没有，神也没有。列子回报师父，师父笑了说，我是表演"地气"给他看，等于另一个境界，你再叫他来。这次再见，他说你师父好了！又会活下去了。列子又告诉师父，师父笑笑说，这次给他看的是"天气"，你再告诉他来看看。结果再来一看，立刻就溜掉了，因为根本看不出来了。这个道理就是说报身修成了，是"散而为炁，聚而成形"的变化。这个化身更是如此。"体幻离言思"，所以说三身成就的佛身如梦如幻，不是没有，是散而为炁，更要有聚而成形，不可思议的境界，要有要无，任意自在。"性无别离边"，这个自性无分别，离一切边，绝对中观正见，空也是边，有也是边，非空非有。"而形相不离，悉能圆满故"，要活着的话，还是像人世间这个形态，这个形态并没有别离自性，甚至自己一念之间演变，要变欲界天人三头六臂，就现三头六臂。所以说形相并不离，因法身、报身、化身三身悉能圆满故。

这页小字倒数第四行，"如是故知取舍为修习幻之时也，应知一切法离有无边，如《无二尊胜续》云：此幻离有无，虽中亦不住，是皆为世俗"。所以一切法修成功的人，诸法也不住，《金刚经》上说不住一切法。我平常都跟你们讲过，一般人看了佛法以后，抓住鸡毛当令箭，一做工夫，就要"不住一切法"，你早住了，你住在不住一切法上面。"诸法亦不住，乃幻之自性"，一切法本来不住，一切法本来自性如梦如幻，虽然如梦如幻，但能起一切作用。幻并不是没有，幻有就是境，空也是境，"不灭境自生"，不灭一切境，自性生而不生，不生而自生。

第六十七页第四行"则极清明修乐明无念之境"，用功修行,在定的境界,是乐的,大家现在却是苦的,腿子麻,全身难过。真得了乐,乐、明、无念,是平等的,这是进入成就的方法,就是在修乐、明、无念境界的成就。"观修过失",观一切修法的过程,太贪求乐则落欲界,太贪求光明落在色界,太贪求无念落在无色界,所以要知道调整对治才是。"其体无余出现",你晓得乐也好,明也好,无念也好,都是分别幻的变化。也就是上面的一句话,这些都是境,一切"不灭境自生",这个体本身涅槃无为,无余涅槃,虽然是空的,能够生起功能,生起乐、明、无念的境界。所以在乐的时候,太住乐境,或光明境偏强了,就赶快要转入无念。

还有气脉修久了,光明修久了,毛病会出来,身体上还会生病,等于饮食吃太饱,太过分了。所以告诉你,"如火灼烧者,还以火而治",如果是被火烫伤的,就要拿火来治,吃太饱时,就拿米面来治。中国人面食吃饱了,再拿面烤得焦焦的,然后碾成粉末喝下去,就是药。哪样东西吃伤了,就用哪一样来对治。大圆满整个都讲了,不过,因为以前很多人搞错了,就走入错误的观念,所以说密宗流弊很大。这个懂了以后,并不是说就可以修双修了,如果有这个错误的观念,自己听错而去造不好的业,到时候自己下地狱去!所以千万不要搞错啊!

这个法门,我把这个见地和修持的方法,都告诉你们了,你们重点绝不抓的,都是喜欢抓错误东西。注意第一点,由于禅的见地不透彻,而修这个法门有误,流弊百出。第二,白骨观如果修好,这些法也是多余了。换句话说,这次讲这个,是为了你们真能把白骨观修好,这些密法都在其内,这个话我是讲过的吧?好在有人点头说有。你们没有听清楚的,那你们活该,因为自己听法没有专心。若真要依佛法的戒律,你查查看,听法时若是听错了,是犯戒的,犯很严重的戒律。可惜大家不懂戒律,出家受了戒的人，也根本不懂戒律，不要以为磕两个头，到戒坛搞一个月，就是受了戒。在家的戒律也不懂。大家听法时，上师那句法听不清，听错了的，是犯戒的，这是真受过戒才知道的。普通在家人教书，世间法搞错了也很严重，何况出世间法错了，那更严重了。当学生的能把老师的意思搞懂，有高明的见解出来，那就是好学生。现在已经都交代你们了。下面看正文。

受阴境界

于精漏者金刚瓶，其内由吽（㕮）而燃火，焚烧身内之诸精，观无余状即解除。病漏、魔漏亦要奥。

这是关于漏丹的问题，所以不要说双修了，连遗精都是有罪的。密宗所说的十四根本大戒，不管男女，"漏失菩提"是犯大戒的，这是很严重的。男性漏失菩提，当然第一是性行为，第二自慰也会漏，第三是遗精。男性的遗精，有时候严重的，小便都会遗精，我见过很多人，还自称是修道呢！还有修道家的，专门搞这方面的，还在遗漏；至于女性更是如此，对遗精根本就不懂。

附带有一个问题，就是在静坐的时候，常常觉得乐、明、无念，一直在身上各部位同时发生，而且有互不抵触的现象，仿佛好像乐、明、无念各得其所。这位道友提出了问题，问这个时候如何再求进步。这个问题之中另有个问题，就是在静坐的时候，你觉得乐、明、无念不分部位发生，那是刚刚有点现象。乐、明、无念的发生是同时，也是不分部位的；如果脑子很清静无念，觉得乐在下部或中心，而其他的部位没有乐感，那是初步给你体验的，有进步了。

所谓乐、明、无念，整个身心都是乐的，话都懒得说了；乐到最后，自然清明，自然无念，而境界则是光明，但无光。所以乐、明、无念是不分部位的，你的情形是在进步而已，这与真的乐、明、无念不能混为一谈。你所说的同时在部位的感受上，觉得乐是乐，光明是光明，无念是无念，互不抵触，好像各得其所。当然，你这个好像是真的乐明无念，其实这正是受阴境界，这个地方，你就要参了。

你们注意啊！大圆满的修法，我没有讲到结论，如果我讲到结论，我会把这个本子批驳得一塌糊涂。我现在也没有精神，我要有精神的话，我就把密宗所有方法的错误之处，都讲出来，他们执着的，同样是受阴境界。所以你所讲的情况，和一般人受阴境界统统一样，属于受阴不得解脱。事实上，由于修行者对禅宗的禅没有修好，所以对于所讲的，乐、明、无念，一定会走到外道的路子上。为什么？因为他不晓得，这就是《楞严经》上所讲的，落在受阴境界，不得解脱。你要知道，乐也是感受，光明也是感受，都是受阴境界；受阴不得解脱，五阴都不得解脱。

至于说这个乐从哪里来呢？是地、水、火、风的变化而来，是受阴境界。所以从前一讲密宗，对那些大喇嘛，我就一条一条的，把他批驳得一塌糊涂。这个法本修持方法，像我们后世，我倒也蛮提倡，因为如果做工夫不踏实，根本谈都不要谈，更不要说见地了。但是工夫踏实了以后，如果被工夫所困呢？那就统统完了。

所以学佛是大智慧的解脱，你们懂了吗？现在回转来再说工夫境界，刚才有句话，乐、明、无念若到了圆融，人就变成一团了。这话是形容词，形容身心融化了，用庄子的话简单来讲，就是与天地同根，万物一体；是浑然一体，没有部位是分开的。乐、明、无念，因为真发了大乐，到了极点自然光明，懂了吗？

不分部位的。这个时候拿感受来讲呢？当然先感受乐，自己身上感受到了，动都懒得动。所以我经常跟你们讲，在这个时候才有资格闭关；这时的闭关不一定是打坐了，也许是脱光了睡个把礼拜；其实不是在睡觉，是在这个境界上懒得动，连手指头都懒得动。

所以我对你们讲过，我连一张纸都拿不住，这不是病，你拿一张纸给婴儿，他也拿不住，这是到达婴儿境界了，就是老子所说："专气至柔，能婴儿乎。"那是专气至柔，一身软到极点，好像骨头都没有了，会到达这个境界。这个时候必须要闭关了，再不然就是没有章法地打坐，也许脱光躺着，佝偻起来也好，反正要躺着，什么都懒得动；要不吃什么都不吃，要吃吃一大堆，一切都无章法了。但是一切也无挂碍，也没有不好的反应。这是反过来另一个体验，这个时候才是真正的乐、明、无念。

实际上，以中国文化来讲，这正是修道进入一个基本的程度，叫作平等，真的平等。所以庄子说"中央之帝为浑沌"，浑浑沌沌的，那么南方、北方之帝，为了要感谢浑沌对他们的恩德，就一天给他开一个窍，七天开了七窍，"而浑沌死"，就是这个道理。"浑沌"，是七窍六根，原来不动，灵明自在，这个时候才是百丈禅师所谓的"灵光独耀，迥脱根尘，体露真常，不拘文字，心性无染，本自圆成，但离妄缘，即如如佛"。所以有一次我跟马一浮先生见面时问他：你著作上讲"灵光独耀，迥脱根尘"是果位上的事。我一问话他立刻就晓得了，他说：唉！我都后悔，很想把我全部著作都烧了，这是一大过错。当时他如果答复时仍坚持原意，我就告诉他，"灵光独耀，迥脱根尘"是因位上的事。所以前辈的老师们的答话多高明啊！那就是马一浮先生。他如果是跟你们谈话，恐怕嘴都说破了你们也不懂。

现在再谈道,在这个时候,这个平等境界时,"灵光独耀,迥脱根尘",你说一定是因位吗?不是因位,已经入果位了;你说是果位吗?果位也是幻呀!即使成佛也是幻呀!所以因果同时,也无所谓因果了。这是给你们讲成道的因果,这不是你们所能懂的啊!果也是如梦如幻,但是确有其事。所谓确有其事,刚才所谓的其体自性"不灭境自生",就是这个道理,所以你们不要听错了,认为没有因果。

关于精漏

现在又回转来讲精。有些女性也漏精,这个资料很难找,尤其中国的女性不大肯讲,但是在修道、医学上有这些数据。女性的漏精有像男性那样的,但数量较少,不过女性漏气比漏精还厉害。如果身体不健全,气就不充满;气不充满则精、气、神都不全,这个人根本就是破漏之身,像破瓶子一样。像破瓶子的人,如果想这一生修成就,要很努力了。所以叫她发愿求往生吧,一心念佛,求佛力加持,他生来世转身再来吧!

所以要各方面都充分了解才行,先把气凝转来,把身体先调整好,像这些问题,一两个钟头也讲不完。对于这方面,你们诸位要知道,没有中西医方面的常识是不行的,要仔细研究。大家对于身体的调治,和气脉这一门学问,太欠缺了,这一门不简单啊。现在简单的结束了,告诉你们,精漏者赶快要修九节佛风、宝瓶气,我都教过你们,不过没有一个人真搞清楚的,都是做做样子,鼻子吹两下,好像为了老师,不得已,真可怜!所以精漏的时候,要修宝瓶气,然后瓶气修了要修脉,要观想内在中脉的中心根上吽()字。其实也可以不观想这个梵文的字。

第十四讲

某某小孩！你有时来有时不来，你考完试没有？参加听这个课不能那样自由呀！不要妄作聪明，要好好修，要来就每次都来。这样玩聪明的人，世法、出世法一无成就，你就是很爱玩聪明，做人做事要踏实呀！要听的话，就好好一起听下去。

内在漏了精或者遗精，特别要注意，第二天就要做工夫。换句话说，第一天遗精了，第二天要重新来过，你所有的打坐定功都不算的。当然大家常常漏精，一辈子都这样，哪里有不漏的？那你说：我都不漏了，我行了！那你是根本发不动。至于独身的人，包括出家的修女、神父、和尚、尼姑、道士、道姑，乃至包括有些菜姑，独身绝对不漏的人，没有一个。只有七八十岁以上的人，那是衰老。问题来了，有人虽不漏，他气脉没有成就，精没有化，有什么用呀！甚至那些人多半有癌症嫌疑。那么你说有漏的就对吗？那又错了。所以修行这门学问，没那么简单，不要以为写写佛学，嘴巴讲讲佛学，就是学佛了，那是开玩笑。所以我经常说，修道是一门大科学，而且是综合性的科学，包括了中西医学、生理学、心理学、哲学乃至政治学，没有哪一样不懂，不是两个脚一盘就叫作学佛。所以大家要注意，漏精与不漏精之间，讲起来细得很。

假使漏丹，第二天就要打坐，生活饮食都要注意，所以在家有夫妇关系的人，一点调治不对就出问题。比如你看某某，他不在乎，可以公开拿来做榜样。当时我还在莲云禅苑，也是夏天，他一个人自己开车来，跑上四楼见我，脸黑了，腰弯起来，那个时候才四十多岁，脸上汗珠一颗颗像豆子那么掉，这么严重。他说到医院检查，照X光了，医生说是"肾结石"，要赶快开刀，医生也开了药，他不放心说，老师，我还是要找你。我说这样呀！我开几样药你到中药店去买，煎煮后先喝了，晚上再喝一次，夜里舒服了，明天再去搞清楚，我看不是肾结石。第二天来跟我讲,舒服了,好了。

好了以后,他问我这个是什么病?我说是你跟你太太的房事,他说对!五天前。我说就是这样来的,夏天到了,你们又不懂卫生,窗子都开着,风寒钻到肾里头,那是男女性关系不知道守戒,久了就弯起背,病就是这样来的,那几味药是散风去寒的,把肾里的风寒赶出去就好了。

这个道理说明,修行不是那么简单,一点不懂就不行,以后如果再受寒受凉,当下就要注意饮食、男女的问题。有些人找我看病,十之八九都是从这方面治好的,其实都是精漏的问题。另有些吃我的药好了的,大都是肝出的毛病,不是肝发炎,而是生活紧张用脑过度;再加上一个鬼聪明的人,肝用得太多,神用得太大,愈用脑子的肝愈坏,用药把肝气调顺就好了。所以学佛学道不懂医,就不要谈了,慢慢去摸吧!

现在这个法本,讲得那么简单,其实不是那么简单的,漏精以后第二天就要做瓶气,用气功调治。既然做气功,饮食就要注意了,吃坏了不好,营养不够不好,吃多了不好,太少了也不好。然后再观想丹田,女性是观想子宫部分,先由明点火力的燃烧,一团光一样在烧,其实你们懂了白骨观作用以后,比这个更好,这是我传给你们的密法啊!照密宗规矩又要拿供养了,又要磕很多头了。这我不是跟你们说笑话,这个话是吩咐你们,自己要晓得慎重,敬其师、敬其法。其实你懂得白骨观,这个时候最好修白骨观,然后白骨火力一燃烧,把一身烧热了,百病皆除。密宗用的这个方法,比我刚才讲的还差一点,可以用,那就要麻烦一些了,要观丹田火光起来。

"焚烧身内之诸精,观无余状即解除。"火光在三脉七轮烧遍,就把热力贯通了,把每一个毛孔都充满了热力。然后在定中观察自己身体中的感受,没有毛病,也没有任何部分难过,或漏了的过错,漏后的神态也没有怎么样,虽然漏了也没关系。这是第一步就开始修了,可是今天修了,刚刚进步,明天又倒退了,那就又从头再来了,所以修持,一百个人修,没有一个修成的。

"病漏、魔漏亦要奥。"关于遗精这一部分,佛在戒律上,从生理、心理、性心理各方面分析,他那个学问之渊博,真是叹为观止。现在西方人谈这些,都想不到他老人家两千年前,就懂得那么多。关于漏精,吃得过饱会漏,饿了会漏,棉被太热也会漏。仰着睡会漏,受了凉会漏,所以想男女性关系的漏,只不过是所有漏当中的一点。看了戒律,你才晓得佛之伟大,那是个大教育家。在佛经上你没看到他骂人,但看看戒律,佛昼夜都在骂当中,多烦啊!你看,那么多弟子,每一样事情都来问他,连女性弟子如何洗澡也问他。因为说洗澡要这样洗,那样洗,不懂这样洗只懂那样洗,结果比丘尼都搞得不洗澡了,夏天一两个月住在一起不洗澡,那怎么受得了呢?然后佛说我教你们洗。这个大教育家,烦不烦呢?他晓得漏丹,有弟子因病而漏,有的因魔而漏,那是被他力所感,像给鬼迷住了,被妖怪迷住了,比丘尼之中有这种事。不过我们现在接触范围不广,看到的好像少一点,你要是到医院精神病科看看,那不晓得有多少!有许多精神病人,说看到鬼,分析他心理,是精神出的毛病。

所以漏有病漏、有魔漏,怎样对治非常奥妙,这是修持的第一步,就是修色身,要观想白骨。所以我再三告诉你们,要修白骨观,一修白骨观就把病漏对治了,魔漏更没有关系了。魔要你,你观白骨,变成了白骨,最后白骨空了。要是变成鬼,跟他一样;你是魔,我也是魔,有什么好怕。所以白骨观用来对治魔漏、病漏,最为奥秘。

知时知量

　　坏灭执乐而观空，注观贪欲本体心，调渗住无疑虑中，贪欲去现空乐智。

这个时候不要贪图这个乐境界，要观一切白骨，一切如梦如幻，都幻灭了，幻灭得乐空的境界。这等于参话头，许多年轻人修道，贪男女性的欲望，这一念，要转到这个理上来，理性上觉得不应该，知道这个贪欲的本体是空的，就住于无疑无虑中。其实修白骨观就容易除去这个贪欲，照他这个路线走，"注观贪欲本体心"是空的，把这一念调整渗透，住在无有疑虑的境界。这时贪欲之念，性的压迫这一念去了以后，显出了空乐智。

　　心不适坏明点过，于此燃滴修乐定。沉重清浊不分过，复此身要端直坐。合口持气自心中，由光充满满现有，观想空乐即解脱。

"心不适坏明点过"，有时候是心理受影响，比如大家不管在家出家，有几天心理很沉闷，有些年轻人一天到晚，乌云横扫，糊里糊涂被遮住，心里不痛快，不爽朗不开心。我们成年人，有时候也会有两天很烦闷，马上反省，那是生理影响，还是心理的影响？"心不适坏明点过"是精漏，这个精漏不是遗精才是漏，在其他的情况之下也会漏。比如人精神耗用过度，像我吧，平常一坐几个钟头看书，两个腿子发胀还坐在那里，贪图再看一点，心想最好马上看完。其实精也在消耗，神也在消耗，这个精神过分的消耗，也会令人沉闷，所以精不能化气，气不能化神,这个叫明点过。

"于此燃滴修乐定",这时候就要修燃滴的乐定——不要搞错了,这不是双修。其实我经常说,已经教给你们最大的法宝,你们不注意,如果会了《禅秘要法》,则修燃滴、灌顶法,乃至加行修法都有。但是在座恐怕大多数的人,《禅秘要法》再没有看过,有的录音带也借去了,听了半天,录音带归录音带,书本归书本,我归我,不要说白骨观,连黄骨都观不起来,那有什么用呀!不知道多么浪费时间,浪费生命。

对于这个世界的苦难众生,可以观白衣观音菩萨,拿着净瓶,洒下净水,消除众生的苦难,然后白菩提下降,丹田暖和起来,水火既济,就归于发乐温暖。这在我讲《禅秘要法》时都讲过,修得好的人都会注意。你们都听了,可是都没有用,他生来世有缘碰得到,算是种一点种子。

"沉重清浊不分过",所以这个时候,修这个燃点,程度轻重不要过分,就像吃药一样。比如修气脉,如果昼夜都观想海底,昼夜沉在海底那还不漏吗?讲个修白骨观,大家天天就抱住脚趾头啃,那你不如去菜市场买点白骨来啃。《禅秘要法》叫你脚大拇趾头一观好,就观五个脚指头,五个观好就观一双腿,一双腿观好,就是观全身。所以这些都要懂得"知时知量",随时调整"易观"。结果你们自己不研究,还要来问,老师呀!我那个脚趾头观了半天怎么办?等于一个药给你吃了以后,药量过分了又出毛病了,所以都要清楚明白,不要过分。

"复此身要端直坐",还有打坐的姿势要端正,我发现大家经常来这里静坐,花了那么多精神时间,没有得益。首先大家坐垫都没垫好,恐怕在家里也没弄坐垫,为什么要垫高?为什么要坐垫?尤其是女性静坐,小肚子不能挺出来的,坐垫要垫得适中,把屁股向后面一翘,腰立直起来。那个白骨模型就放在这里，你去看嘛！就知道腰的骨节一节一节的。结果大家打起坐来，腰骨这里是弯的，我给他改姿势时，我一动，他就自己乱动起来了，然后我说不要挺腰，他又弯起来了。你这样一挺腰呀！把这个骨节拉开了，这样的话撑不了几分钟。所以叫你不要挺腰，不要故意拉开，可是一节一节还是逗拢来的，然后两肩胛骨这里张开，人就端正了，这就是最标准的姿势。

结果你们自己坐在那里，都是贪图习惯舒服，屁股坐到一点点，脊椎骨这里很多人都不对，突出来了，学了几十年，我懒得再改。实际上，我叫你们盘坐起来，两手伸直向前趴下去，慢慢坐正起来后，两手在后面一对抄起来，就是军人的稍息，这样一抄后面腰一正，尤其是女性这个腰，自然端正了。一放下，一沉下去，这样一坐，很快气脉就通了。你们每人佝腰驼背，不晓得调整合适，也不晓得研究，等于我是那个妈妈，端着每个孩子的屁股，叫他这样摆好，一离开了，这个孩子又玩起来了。一个打坐姿势都不晓得研究，都没有搞好，气脉不会有进步的。然后每个人小腹就挺出来，因为腰没有搞好，尤其是女性，肚子一挺是不对的，这样一来，子宫有点向下垂，所以都要严格地研究，此身要端正坐。

"合口持气自心中。"你们工夫到了，自然告诉你，修宝瓶气，工夫在舌头，舌头上舔，舌头下收，舌头后退，舌头前绕，就是这样巧妙地运用。你看那个杀猪的，把舌头这么一提，这个食道管下面胃、心、肝五脏六腑，一直到肛门，一串连着，所以舌头的位置一摆对，五脏六腑正位了；舌头摆不对就位不正，坐在那里没有用。

"由光充满满现有"，就是心脉这个部分要光充满，和整个虚空合一，然后在这个里头观想空、乐、定。空乐定不是和欲乐配起来，不是双修那个欲乐，真空自然会发乐，白骨观修好了自然就会发乐。《禅秘要法》不是告诉你吗！观好了就会发乐。比如这几天，有些同学有一点懂了，但是你们还没有得大乐，没有得大乐是你们空得不大。

"观想空乐即解脱。"得了空乐，自然一切就解脱了，先解脱了世间一切，再解脱出世间的一切。你在这个台北都市里住着，看到这些人、汽车，一天到晚忙忙碌碌，就像住在一个蚂蚁窝里，一堆蚂蚁在那里乱玩。看过城市的境界，真是又可怜又可笑，自己心情自然超出，得解脱。这就是补充第一步定，知道了吗？

执着欢喜

"观空乐时，所修法五过者，由贪欢喜而执着所生也。"修空乐定的时候发乐，贪图那个乐境界生出来的欢喜，会使你留恋，会过分地执着这个喜。

"即观察喜时之自面，成空明之境即解除。"那么这个时候就要用禅宗的方法了，回转来参这个快乐感受，这一念欢喜的根本是什么，本空，也就是观察喜时自己的本来面目，成空明的境界，当下就解脱了。

"五所弃者，若贪欲自生，即注意其本体而观之。"青年人精漏了，身体的自然变化，过几天慢慢精又生了，生理荷尔蒙刺激欲念也又来了，很可怜，也是依他起。所以我经常说，以我看这个世界，在这个观念上，一部人类历史文化，都是荷尔蒙造出来的，就是生理周期性的成长变化。发生压迫感时，你的意志毁丧了，有贪欲的需求。这时当然叫你注意这一念的本体，因为你这个欲念受压迫，发闷或者是难过，那个觉受就是你的一念，这一念要空得了很难啊！这一念空不了，只有你意识上一个想到的空，那有屁用！那是自欺。当然照这样修法是很难的，我之所以再三叫你们修白骨观，当你那个生理荷尔蒙成长变化，欲念一来，一修白骨，再把白骨化光，这一观，可能超过了乐明无念。乐不要住，已经转化气脉了，成就报身也就更快了。

"贪欲自解而现大乐。"他说照他这个修法，贪欲空了解脱了，现出大乐的境界。

"若精漏者，于金刚瓶，由蓝色吽字燃火。"精漏，在男性的金刚瓶，女性的子宫部分燃火，因为你漏了这一部分精，神经系统萎缩，虚了，所以要你注意本体观想，"由蓝色吽字燃火"。为什么"由蓝色"呢？观蓝色（天青色）是与中脉的关系。"烧一切种子后，想成空即解除。"由蓝色的吽字明点火烧，种子指精乃至每个细胞，燃烧火光，把一切种子烧后，观想化空就解脱了。于是漏精以后的过失，身体虚弱，难受发闷，精神差，这些现象就没有了。我告诉你们，修白骨观要注意呀！饮食要吃得好，要补充营养，这个时候补充得好，由白骨观很快就进入定境了，这是非常重要的条件。如调理不好，不但修不成，有时反而有妨碍。所以有几位同学，炖牛肉吃，因为牛肉补中益气呀！再不然你就要晓得用药调整，他们也不懂药，只好用食物来治疗，就是这个道理。

"若昏沉甚者，以前修气之方法解除之。"有些人上座昏沉太厉害，赶快修宝瓶气，停止呼吸闷住，乃至气功没有做好，闷得脸、头脑都发涨，然后呼出去，这样几次后精神就来了。我以前不是告诉过你们吗！拼命打牌不睡觉的好方法，是打牌没有打完，还要再撑下去，就把鼻子捏着，闭一下气，涨得脸都发红，精神就来了，其实就是这个道理。你以为宝瓶气这个气，是靠外来的吗？只要你没有死，父母生来本身这一点元气，还有一点能源的话，就会燃烧，如果这一点元气都没有了，就死亡。

第十四讲

"若心不适者，作明点上提，由脐之短阿（ཨ）字燃火，触头顶杭（ཧ）字，降甘露充满全身。"心里太闷时，就是把下面明点观起来，向头顶冲，注视虚空，注视光明。由肚脐当中丹田，观一个火光，这个火光由中脉向上到头顶，那就是明点，到头顶降下甘露，就是水火既济。刚才我讲了，如果你修白骨观，就是《禅秘要法》的灌顶法。还有，告诉你们年纪大的老年人注意，要多修灌顶法，可以长寿的。密宗的长寿法，就是灌顶法里变出来的，都是佛菩萨灌顶而来。还有白衣观音的净瓶水，注到全身，这是长寿法的修法。在密宗的规矩，传长寿法要磕头又要供养，我现在什么都传给你们了。

"降甘露充满全身"，其实再传你们一个密法，万一有漏丹的情形，你最好修甘露灌顶法就救回来了。你们年轻人眼睛近视，一修灌顶法，一修光明法，眼睛一定好起来。天天嘴里说学佛，道理讲那么多，功力上一点见不到效果，不去实践的话，世界上何必要这个学理！所以要努力用功，不要光幻想。

"复于毛孔中燃火，一切精皆清净后，想身中一切皆乐充满。"再观想暖气，《禅秘要法》里有火大观嘛！所以我那么跟你们讲，你们自己都不研究，你说犯戒不犯戒？这里说修暖火的成就，一切精清净后，身中都是乐，快感充满了。《禅秘要法》是白骨化作火，观一切欲皆焚化，焚化清净。如果修成功了，最后走时，一入定，自己用三昧真火把白骨化成火光，这就是真本事了。

"如《二观察》云：由脐燃拙火，如是之谓也。又桑布扎云：唯全发尖上，如千电光闪。"这本法本讲，在丹田上脐内火发起，开始只有星星之火，在发尖上一点火，然后到身上十万八千毛孔，人都放光，"由毛孔而出，即住于十方，威嚇佛非佛"，这时观想都由毛孔出来。假使有病感冒，这个热气一观，统统把

305

它赶出来了，即住在十方空定，光明赫赫，这个威光这个光明"佛非佛"。什么叫"佛非佛"？是观想成就，我即是佛，我也不是佛，有一个佛的念就执着了。"又明邪调治者"，下面解释调治。

开眼闭眼 上升下降

> 执明、修大不执力，明邪、昏沉观清心，掉散、合目于心内。观光、或字、莲花剑，及十字等徐徐下。其线由心渐渐长，观想下降金地基。此无不除决定要，嗔恨、掉散，当下住，空明镜智中解脱。

执着光明中修四大，色阴境界中修光明，不执着在光明定当中，不住光明，任其自然。可是你没有光明，任其自然就不好了，是要有光明而不住。光明太过，气太充足，容易起散乱；无光明，精气不足，容易落昏沉，这个时候要观一念，容易散乱的人，要闭眼打坐。

"观光、或字、莲花剑，及十字等徐徐下。"观内心一片光，观佛像，观心中莲花，或观一把宝剑，或者观一个十字，这个十字并不是基督教所创的，这是从古老文化传下来的。所以研究人类文化，如果不分东西方文化，未免太奇怪了。画一个十字慢慢降下来，在心中则一片光明。

"其线由心渐渐长，观想下降金地基。"这是对付散乱心，这一点光明，下到地下，穿过了地球再到地下，地下又地下一路下去，慢慢则不会散乱了。实际上是对治散乱心，就因为人聪明，散乱心重。有人到中年以后容易血压高，多用脑，气都向上提，把它相反的沉下就对了。但是，欲念重的，如下沉欲念愈大，必须要上升，所以修持用功不是那么呆板的。

"此无不除决定要。"不晓得对治调治，听了以后把鸡毛当令箭，或者参禅的，《指月录》一看以为都懂了，开悟了一样，那叫作自欺欺人。这是一步一步的工夫，一点一点地对治，若气质不能变化，身、口、意三业不能转过来，那有什么用？如果那叫作开悟，那么世界上开悟的多一个人，就多浪费一个人。要注意啊。

"嗔恨、掉散，当下住，空明镜智中解脱。"嗔恨心大，脾气大，一切看不惯，就是气在散乱，没有养气的工夫，所以就要修下降。嗔恨心同散乱心，气散不能宁静，就是气太在上面了，必须要下降；但是相反的要知道，昏头昏脑，智慧开不了，就要观上升。这样明白了，就不要再讲了，不然老师讲了一个趾头，就在那儿啃趾头，讲了一个头发，就在那儿梳头发，那怎么办？智慧是活的，要自己去变，佛经上都讲过了，要在空明的境界智慧解脱。下面看小字解释。

"贪欲得殊胜所修法五者，观察能认识此之本面，则无境自然遣去。"这个贪欲是狭义的，由生理性荷尔蒙的变动所引起的，本身把它转了，得殊胜所修法五种，要认识观察，这个是受阴境界。

"五所弃者，观察嗔恨之本体即解除也。"五种所弃是什么？比如今天我脾气非常大，非常烦躁，看一切都不对。这要注意身心两方面了，或者是气脉不对，但这是笼统的说法，实际上，是你消化不良，脾气会大，也会沉闷，或肝脏不好，精神或睡眠不够也会，受了风寒也会，这个学问大得很，不是那么简单的。换句话说，你受了冤枉从心理引起的也会，当然你"观察嗔恨之本体"，晓得本来这一念，是空的嘛！我们凡夫明知那是空，到那个时候你就要检查，这是怎么来的，用什么法门对治。

"昏闷者，观以清明而治之即除。"昏是昏，闷是闷，头脑昏昏，心里沉闷，你观想三界即空，连天空无云的观念都要除掉。其实昏闷多半因消化不良，饭吃饱了不便打坐。你想把它想成天上飞，飞不起来。感冒了更容易昏沉，生其他的病，精神马上没有了，精力衰败。修行有时心里非常闷，所以你们动辄讲闭关，不要轻易讲这个话，因为在大陆，我看到好几个闭关死了的。真闭关的话，等于天天要在禅修，你们哪个看过禅堂？哪个看过丛林？哪个看过真的关房？以为关了门就叫作闭关，这样说的话，现在任何公寓房子都可以闭关，有那么简单吗？真闭关什么都没有，整个房间里，只有一个蒲团，书本也不准带，佛经也不准看。所以"不破本参不入山，不到重关不闭关"，那个重关、闭关是专修呀！但是很多人闭关，要出毛病都是在第一个一百天。因为把你丢到一个什么都没有的地方，三个礼拜你都会闷死了，不是空气把你闷死，是你心理就把自己闷死了。

我到香港看朋友，他隔壁就有个和尚在闭关，一到下午，就听到那个闭关的和尚在里头"呼""砰"……我问这和尚在做什么呀！朋友说，人闷起来痛苦得很，实在受不了，只好摔打东西。我问那何必闭关呢？他说不闭关哪来的供养。所以你们天天在学修行，当然在这种环境里不叫专修，虽不是专修，你们感觉闷了，就想出去走走，修行哪那么简单啊！闷起来会闷死人的呀！尤其是女性，爱讲话，让她多讲话，那是莫大的功德；你不让她发挥，那不得了，人会闷死的。你们现在觉得需要清净的地方修行，真把你闷在关房，你就晓得，自己都关不住。据我看来，今天我们青年同学有资格闭关的，有两个人，嘿！你们晓得的，一个没有来，一个走掉了，其他谁有资格闭关呢！

"气粗者，合目观心内佛之字即除。"气太粗了，气粗了就是念头。比如你听呼吸，修数息观，愈修到专一，则愈粗愈紧，不知道放松一点，根本不在做数息观，是在骗自己，在那里造业啊！真到了数息观观成，气就不会粗了，所以你夜里越睡不着越散乱，越散乱呼吸气会越粗，这就叫气粗。我平常鼻子都听不到呼吸，打起坐来气粗不能定，气细，一细自然定呀！

　　气粗时，他教你对治法门，闭着眼睛观心中的佛，气就可以细了，不然哪有这个定力呢？这都是对治方法而非究竟法，可以用可以不用。有时候你气粗了，愈观想愈粗，那怎么办？去运动，把身体累得最后要睡觉了。你气粗时，因为念太厉害了，你就练习两腿站着，站到两小腿发胀好像变成木头了。你以为打坐才能成佛吗？阿弥陀佛、观世音菩萨不是都站着吗？

　　"心极散乱而不住，观想由心内莲花或十字金刚等下有柄或绳，渐渐变长，乃至降于金地基上。"太散乱就一直沉下去，沉到无底的深渊里。其实也不一定，有些人睡不着时，观想脚底心一个黑点，慢慢黑点愈来愈大，就睡着了。一开始还可以，搞久了以后同样睡不着。什么理由呢？反正你们也不懂，答不出来，这个我们也不急着讲，因为你们对这方面都没有研究。

　　你看我这些话，每句话成本都很大，这种知识，都是几十年的经验累积下来的，这不是跟你们说笑话。我问你，人真正睡着是从哪里睡着？你们一定讲从脑子，实际上是从脚指头睡起，下面脚指头睡了，同死亡一样。你们有没有注意，人醒了脚指头先动两下，脚就有这样重要。所以老年人两个腿要注意，今天走路不太灵光，感觉重重的，要赶快修，因为下面没有元气了。

　　"心坚固缘念之境中，极长时观之即除，此真实紧要也。"散乱太重了，不要向上，要向下沉，你要长时期地沉下去定，这是补充空明定的辅助办法。"又由无念而修调治者"，下一次是讲修无念定的辅助办法。

第十五讲

再说修无念法
钝根的修法
七支坐法与无念
调治魔障

大圆满无念的修法，非常简单，要修到无念境界太容易了。当然这是讲境界的无念，与教理所讲的"无生法忍"不同。无生法忍是悟到了生即不生、不生即生、生而不生的道理，同时也有境界，那是般若，也是境界。普通讲无念，是念头的清净，没有杂念妄想。

再说修无念法

> 无念境修不执要，认识痴心谛观照，刹那自灭现界智。昏沉即若无想者，观光由心到梵穴，一弓空处悬挂住，心定于此离作住，此为更深要方便。

无念境的修法，一切不执着是要点，依诸法而不执着，就很容易达到无念，修法是"认识痴心谛观照"。人为什么不能达到无念，不能清净呢？就是因众生的心理根本，无始以来的痴心妄想。其实妄想不断就是痴心，愚痴；大智慧的人，妄想不会那么多。寒山诗说："人生不满百，常怀千岁忧。"人生活不到一百年，而思想烦恼却达到一千年以后去了；实际上这就是痴心，痴心又生出妄想。要仔细观照痴心，认识自己的一切心思念想，它本身就是痴心。再看这个念头来去，看念头的本身是个什么东西，你一看就没有了。就像我们一返照自己现在想什么，一找自己想什么，这个念头当下就没有了。这个念头的本身刹那自灭，念头本身当下就空了。"现界智"，呈现了当时的现量境界，这个智慧就出来了，因为这个念头本身是个空相，就是空的，所以无念很容易，只要你对一切念不执着。所有的念，不管是智慧的念头，凡夫的贪、嗔、痴、慢、疑的妄想念头，只要仔细看它本身，它就空了，当下就无念了。

"昏沉即若无想者，观光由心到梵穴，一弓空处悬挂住，心定于此离作住，此为更深要方便。"但是修无念定容易堕昏沉，由于无念就是没有思想，等于睡眠睡着了，进入昏沉境界。当昏沉一来，好像自己什么思想都没有了，实际上，没有思想这个是细昏沉。想要去掉昏沉，只要观想一点光明，起念头观想心里一点光，一直由中脉冲上来，冲到头顶，就可以除去昏沉。又在昏沉没有时，赶快把光的境界拿掉，不拿掉继续观下去，气会上来，血压会高起来，甚至于不想睡眠了。所以心已经定了，这个境界就不要了，这个是方便的方法；不要再用心，坦然而住，这是更深的方便法门。换句话说，真正到达无念以后，马上观心光在顶上住，停住了，心中也无念，停住以后再散掉，把这个观的一念也散开了，散之于虚空，与虚空合一；虚空即我，我即虚空，定住，这就是无念。

"修无念时，贪着所修法五者，观察其自面即解除。"修无念时，也会贪着，因为这是大休息，很清净，所以会贪着，喜欢修这个无念法门，所以有五点需要注意。想要解除这个贪着时，只要观察本来面目就解除了，自己观念头。换句话说，当你贪着修无念法，这也是个念，你把贪着修无念这一念，它的本来面目一看，就解除了，不会贪着了。

"五所弃者，观察唯愚痴心之自面。"有许多人问如何除妄想,其实他已经在痴心妄想中了,这就是愚痴人问话。当然,当老师的只有捧捧他,说妄想怎么去……讲了很多方法。实际上方法本身就是愚痴,可是佛为什么有那么多教人愚痴的法门呢?因为笨人非要笨法捧他不可,不拿笨法捧他,他还不甘心呢!而且不相信。所以八万四千法门,都是哄笨人的。一切众生本来是佛嘛,要那么多法门干吗?连乐明无念都是多余的,都是唯心所变,所以要想除去贪图无念的这个贪,就是要观察愚痴心的自面,才得去除,因为贪图无念这一念,也是愚痴。

"得无念自清明时,于法界智解脱。"连无念这个境界都不着,也不贪,住在这个境界就是贪,这也就是一念。这是自己的法界智,认识了本来如此的面目,当然就得解脱了,就不会贪恋这个无念了。

"昏沉无想,于修法前,使自心清明亦可解除。"至于如何避免昏沉,在修无想定,在修这个法门前,或打坐以前,先要使自心很清明,自然不会昏沉。或者睡眠充足了,肠胃也清净了,也就不会昏沉。吃饱了容易昏沉,太衰弱也易落昏沉,太营养了也容易昏沉;而且有时是心里的昏沉,有时是身体的昏沉,要自己分别清楚。总之一句,你必须要先使自心清明,就可以解除昏沉的毛病。

"或由心射出如蛋之光,悬挂于上如一弓空中,心即定之,即解除也。"一弓就是差不多一肘,手肘一节长,万一昏沉厉害,就观高一点。

"此名为示明朗自性法,为大上师胜喜金刚之语诀也。又总归之。"这是上师胜喜金刚的口诀。

    总之诸无执极要,离彼疑虑障悉除,空明心性清湛性,
离心形相无作住,障及危途定解脱。

总而言之，修行要达到无念清净，就是一切事情不执着，不但对世法不执着，对出世法也不执着，对于修行也不执着。不要认为修行执着是好事，拿菩提道果来讲是坏事，不过，以初修人的进德修业来讲是好事。所以执着佛相，执着法相，执着戒定慧相，都是不成功的，应该一切都不执着。其实无念境界的道，是很容易悟的，为什么大家悟不了？因为你求悟，所以悟不了。大家修行不能成道，因为一脑子都是佛法，而且天天执着那个道，那怎么修得成功！

修行人总是煞有介事那个样子，如果拿菩提道果、圣道智来讲，没有什么是不平常的，每样都是平常的事，四大威仪无处而不是。喜怒哀乐未发也是，发而皆中节也是，无一不是，这要大智慧去"了"。所以古德说："了因之所了，非生因之所生。"道是了因之所了，一切了，了了就了了，不然就生因了，生生不已。你以为是生起功德，生起道，生起定慧吗？道是本来有的，所以证得菩提是"了因之所了，非生因之所生"，大智慧的人一听就懂了，当下就悟了。总之，一切不执着是最重要的。

中国禅宗祖师，一辈子只讲三个字，人家问他什么是佛？莫妄想。什么是法？莫妄想，一个人真做到莫妄想就到了。但是在凡夫听了信不过，信不过就是疑，离开一切的疑虑就是无念。有人说，我已经无念好几天了，也没有智慧发起，又没有神通，也没有法。这都是自己在那里捣鬼、疑虑，真的无念清净，好几天算什么！为什么要求智慧？可见是妄想。为什么要有神通？还是妄想嘛！都在执着，这些都放下了，离开一切疑虑障碍，则此心无往而不自在，自然在空空洞洞、明明了了之中。其实不必去找一个空明、清湛，只要我们无思无虑，自然清清湛湛。所以宋明理学家认识了这个道理。《诗经》上说"上天之载，无声无臭"；孔子在《易经·系辞》上说"天下何思何虑"，不需要思虑，就到达了。人为什么不能成道？因为自己智慧信不过。所以离开心，离一切形相，不着相，无作无住，讲无念也不要住在无念上。有人说自己已做到无念了，你做到了无念，住在无念，就有个境界了，又执着了。比如我在讲，大家在听，彼此都在无住，本来无念，听过了就没有，可是都听到了，还要找个无念吗？本来无念，本来无住啊！所以明白了这个道理，什么魔障、危险都没有了，如此定下去，自然无所谓定，无所谓不定。哪里有个定呢？有个定已经不叫作定了，这样才自然得解脱。一法都不住，一条大路就是如此。

"若认识魔障及美恶等，除自性而外无有他者，唯以自性无执，住空明而解除之。"是非善恶也是魔障，人事魔经常障碍你，其实魔障哪里来？都是自心造的，除自性以外没有其他的魔障。魔也是佛，佛也是魔，像大家被佛法困住了，何尝不是魔障！只要自性无执，当下就空，当下住空明，就明白了，有相的光明是亮光，无相的光明就是明白了。

"《笃哈》云：贪着于何置于彼，若成证悟彼皆是，如是云也。"笃哈大祖师说，一念起贪着，贪着境界，这正是你的魔障，也正是你的业力。但是你悟到了魔障也是自心所造的，那魔障也变成佛了。无所谓魔障，魔障都变成你的善法了，外界的魔障都是自性的显现功德，这是中根器修乐、明、无念的补充修法。

钝根的修法

"第三义下根者。"再其次，下面讲钝根的人如何修。我们不要自以为是上根或中根，你可能连下根都"根"不上，落在后面成了慢慢"根"。

下根调治其次第。看法、物品、缘起、三。总看法者毗卢法，跏趺、目定、气徐缓，定印、压喉、舌抵颚，眼看鼻尖气心均，生不昏掉无谬定。

下根修是有次序的，先要学会目光专一，看一点，比如看佛像，佛像刚好与眼睛平，尤其看佛像的眉间，或者胸口，眼神先看定了。或者看一点亮光，先要看，眼光定住在一个东西，这叫缘起法，把印象先留着。接着要跏趺坐，两眼先定住，目光不定而想得定是不可能的。所以有定无定，一看目光就知道了。目光定了，呼吸慢慢……慢下来。再说喉管压好，喉管压不好是不会得定的，一个人气脉有没有通，有没有工夫，一看喉咙就知道。第一看眼光，第二印堂，第三喉咙。真修定得定，气脉就通了，脖子不论年龄总是圆的，这里（师指脖子）会充满，浑圆的，不会成鸡皮。工夫好了以后，喉结会慢慢地下沉，颈部有圆圈，像挂念佛珠一样。

普通人年纪一大，喉结渐渐上升，升至一定点，喉锁住了，气断了。这个地方是玄关，像一把锁，锁打开的人已了脱生死，这些东西骗不住人的，所以有没有工夫，每个地方都有象征的。压喉不是低头，腰要靠坐垫垫好，不要硬撑，坐垫如果垫对了姿势，腰部自然弯进去，不要硬挺，背脊张开，气脉很容易通。大家之所以气脉不通，是因姿势不对，自己不研究，还非要别人来改。姿势不对，肚子越坐越大，坐对的人，小腹是充满的，但不会挺出来。头部参看骷髅模型，脖子一摆好，脑下垂体就自然地分泌，自己在坐垫上研究，有一点不对的话，要随即调整好，姿势一对，自然稳如泰山一样不动摇。

眼看鼻尖，不是真拿眼看住鼻尖，是眼帘垂下，约略可视鼻尖，半闭全闭皆可。气调匀，心调匀，在这境界上不要昏沉，不要掉举,但要缘修一物,或者白骨;然后第二步换成佛的像,意境中始终有着白骨,或佛的影像,既不昏沉,也不散乱,不动摇。

故诸过由乱身要,乱气、明点、脉、所生。精勤不乱定等住,其德由气脉明点,三者不动要所生。是故应勤悟此要。

不能得定,不能系心一缘,是由于生理方面;身体不对,气脉不对,一切散乱,而不能得定。虽是生理问题,但不是普通生理气脉的关系。身体是四大组合,身体里头还有一个内在的真身体,就是气、脉、明点三样。气脉明点就是精气神,炼精化气,炼气化神,我们不能得定,就是身体的气脉明点没有修好,所以永远不能得定。因此先要修身,炼精化气,炼气化神,要精勤地修;大家学佛没有成果,就是犯了这两个字的毛病,不精勤、不定时、不定量、不继续努力。所以专修者,是专一境界而修,心不专,外形专没有用,心专就是精勤一念叫专修,精勤不乱,定就到了,平等而住。修气脉、明点修通了,得了这个要点,定就出来,定生一切功德。气脉明点除了传授你外,还要你自己领悟,不悟也不行。明点很难,都是精的一种,精修成功了,变成有形的明点,照遍大地,灵光独耀,那是真明点了。所以精与明点有连带关系,也可以讲,精就是明点。精漏失了以后,身体也会不舒服了,又容易昏沉,因为精也是明点。这个反复讨论很多次了。

"是故若无增长与魔障者,乃由不知调正气脉之身所生。"所以一个人修道,如果自己每天没有进步,没有增长,魔也很势力,你没有道,他还不理你呢!魔还看不起你呢!这是真的。所以"道高一尺,魔高一丈"是真理,如果你没有魔障,进步必不大,所以密宗与道家一样,注重修身调身。

"因功德亦由妙随身调要所生故。"想要神通、功德、福报,还要修道环境好,无烦恼,都是与身体有关系来的,要身上无病无痛才好。病痛也是魔障,你工夫好一点了,明天就给你病一场,后天你说我又好了,吹不得牛的,说不定魔障又找你一下。一自信,一傲慢,一大意,它就找你了。大意不得,一大意它就来,所以修行不是好玩的。这中间一点傲慢不得,一点大意不得。功德包括神通一切等等,都跟着你的身体来的,是调身来的;福报也是跟着你身体来。今天我还活着,有这个色身,就需要一点福报,功德也是这样。所以修身、修气脉最重要,注意调身,身就是气脉明点。

"由金刚之身,气、脉、明点三者之聚散,遂生出善恶之行,而现苦乐境界及功力优劣故。"由凡夫的色身,修成功为金刚之身,金刚之身不在肉体,在肉体的内部气、脉、明点三样,也就是精、气、神。精气神修到定,凝结了,就是道家所说炼精化气,炼气化神,修到以后,就是金刚不坏之身。这个色身成就了,在这个肉体内生出另外一个生命,散而为炁,聚而成形。换句话说,普通人的生命,是靠男女两性的欲,成就一个色身的人。但是,只靠自己的气脉明点,在自身以内阴阳结合,可以产生另外一个生命,也就是像色界天人的生命一样。换言之,我们在欲界中的身体,也可以经由自身修炼精气神,而产生这样的生命。

所以,你修持得好不好,由你这个色身这一点上,就看出你的善恶之行。今天起心动念某一件事情,善行功德到了,气脉明点不修却突然打开,这是意想不到的来了;要是做了坏事,气脉明点马上闭塞,就有那么怪。看起来似乎有一个他力主宰你一样，实际上就是你的生命本来具备的功能。所以你的头脑打不开，笨笨的，智慧不够，身体一天到晚难过，甚至越坐腿越麻，腰越酸，心中烦恼，用不上功，也谈不到定。像这些等等，都是由于金刚之身的修持，气脉明点三种，和你善行功德不够之故。

讲到这里就非常严重，你修行的成就，物理的组合，硬是要配合你的功德、善行的，这样成就的功力就快，所以想修成，就要真的发利他之心。什么叫利他？就是不自利，也就是老子说的"后其身而身先"，念念为天下、国家，结果最后成功的还是你。我们一般学佛的人，连一点小事都没有利他之心。为什么修不成？不要说读经典不够，因为道理不通，所以智慧不够，智慧也是由功德修成的啊。《金刚经》讲福德，福德到了，智慧就开了。

七支坐法与无念

"昔有独觉，见一群猴，至于仙人聚会山前，见诸仙或卧或依，猴乃调正身要。彼仙见其作毗卢遮那七法，甚惊奇之，遂学其调正身要等。未久则由此得四禅定并五通等。此广如律论中所云也。"这是讲打坐姿势的重要，独觉众见猴子的七支坐法而学之，而得禅定及五通，所以一定要把七支坐法的姿势研究好。每个人打坐姿势不同，文殊、普贤、地藏、观音各个菩萨，姿态都不同，罗汉们也是各个不同，这是要自己悟的。不过声闻众，听到了这些理，也有不奉行的。这是讲坐姿和气脉关系之重要，以及坐姿和修定的重要，在律藏中说得很详细。

"是故身端直，跏趺坐，眼不动，手定印，舌抵上颚，喉稍屈，气舒徐，眼下视，唯以此七法，则能生禅定境。"这是眼不动和看光的道理，也是平常要你们注意的。喉咙脖子要压住两脉管，至于眼下视，就是内视，回转来向里面内照，打坐姿势研究好了，摆正了，你虽不管身上的气脉明点，但气脉明点也会发动。

"而自然自主于气脉明点，自性自住于己位故也，如上之时。"这就是《大学》之道，心正而后身修。换句话说，身修而后心正，你这样身体端容正坐，此心就不乱，自性就不乱跑，自性自住在自己的本位上，基础好了，是成功的一半。

运动调身与他同，特要徐细而不乱，柔细而以粗者助，粗以细助为紧要，应和身部极精勤。

所以运动调身很重要，还要做一点体功，要调整自己的气，有时柔和，有时稍粗一点，呼出去就粗，吸进来则柔细，身体保持和平快乐，修身也要精勤。

"调身亦为气脉调正之助伴，无死运动，三十二种等，与其他气脉相同，惟特别用之使身不乱，缓细而行为紧要也。"身体调正好，也就是调正气脉的助道法，瑜珈术也是其中变出来的，等于密宗拳，也叫亥母拳。专练那种拳法可以长生不老，据说可以不死，共有三十二种，要专门去练。用这些特别拳法，可使身不乱，气归元，要缓细而行，这是要点。

"夫气若细气以粗气补之，粗以细气助之。又二者之气，乃以中和气作瑜伽之助，是为紧要。"有时静坐坐好以后，气如越趋柔细，有时要做一种粗的气功来补助身体；气太粗猛时，要以细的气功来调正身体。不管粗气、细气，总要调和得恰到好处。宝瓶气最好，不呼也不吸，这是讲修气、修脉、修明点的大原则。"又分别说乐明无念三者之身要。"下面是讲修乐、明、无念与自体有关的方法。

第十五讲

　　别说乐者、手抱肘。目垂、心持、于乐要。于明、两手压于膝，气徐、眼谛视天空，无念、七法自然住。

　　有的人坐死了也不会乐，因为乐发不起来。乐是个什么东西呢？要注意乐是生理的，今天既没有伤风、感冒，又不疼痛，一切健康就叫作乐，如果在这之外还有个乐的话，那就是病态了。至于说进一步由健康快乐的身体，发起内在的乐，那要气脉、明点通了，才发得起来。我们大家没有乐，不是腿痛，就是腰酸，总有毛病在那里，有个不舒服就不叫作乐。乐是绝对舒服，六根都舒服，绝对健康；如果牙齿痛啦，腰酸啦，眼睛有毛病啦，胃打嗝啦，有这些状况还想发乐，怎么乐得起来？身体都没有健康，怎么乐啊？身体无病又健康就是乐，进一步的乐要健康以后，慢慢气脉明点修通了才乐。发不起乐不要用七支坐法，用六灶坐法，两脚交叉，右边脚交到左边，两手肘抱着膝盖头，女性膝盖要挟紧，容易发乐。有胃病的人吃过饭这么坐，帮助消化，对胃比较好，比叫化子蹲还厉害，同时丹田的暖气容易发起，这叫六灶坐法。"心持"是观内在，这是发乐重点。

　　想发光明的修法，散坐，两手压于膝，舒展开，慢慢地呼吸，眼瞪得大大的，看天空，像达摩祖师一样。这个坐法，在山顶上可以修，甚至还可以狮子坐，像狗的坐法，就是两脚底对靠，看晴空万里，然后空与地也忘掉了，这是大概，准确方法须另学。至于无念法，不需要另外加，用七支坐法，一切不执着地去修，自然容易达到无念。

　　"观乐时，由七法中，两手交叉抱于肘，觉受乐及调正精气为要。"七支坐法两手交叉抱于肘，这样一坐，不过要注意，如精气一发动，不能配合上欲念，心法就要靠你自己了，如果配合上欲念，尤其年轻人，会漏丹的。这里有个诀窍，当精气一发动时，眼睛张开倒转向上，就灌上去了，然后空掉，可以还精补脑，长生不老。当然还有很多的帮助办法，目前先讲到这里。

女丹炼法，月经前的两天半，正子时（夜里十二点至凌晨一点）开始揉两乳一百零八下，月经后四天半后正子时，恢复炼形，可以还精补脑，长生不老。其实男性也可以，也同样起作用，揉后空念，起来打坐，功效奇著。男女同一根，太阴炼形法就是调整精气，尤其年纪大的女性，精气已衰败了，硬是要把它调回来，只要一口气还在，就可以把它调起来，起死回生。

"观明时，颈稍许向外，手压膝，气舒徐，眼谛视定住于光明自然境中为要。"观明点时，颈稍微外翘，气要慢呼，眼睛瞪得大大的，并不是看，而是与外界的自然光明合一而定住。当然白骨观观起来的人，随时在一片光明中，张开眼也在光明中，那就更好了。

"无念者以七法本仪而成就也。"七支坐法本来就是修无念。

调治魔障

"又所修法不正之魔障，以物品调治者有三。"下段讲修法有障碍时，以三方面调治。

物者合时处、饮食，伴、等凡益道皆依。

修行人除了法财侣地以外，还要外界的其他物品，如医药、营养品，各种维他命等等都要。饮食要调配得好，修行人饮食很重要，饮食调整不好修不成的，所以许多人的功力不进步，是因饮食调整不好。尤其是吃素，修白骨观一定不得力，吃有营养的东西就对了。换句话说，有些人修行了很久，气脉明点发不起来，是因为饮食不对，饮食不对的话，气脉明点怎么能发得起来？木讷祖师苦行那么多年，最后需靠好饮食，因为这个身体毕竟是肉做的。当然伴侣也很重要，招呼你的人，如果不懂，当你坐得正好时，他泡一杯牛奶要你喝，拿个营养品塞到你嘴里，那也糟了。所以凡是有益于修道的，都是我们所依靠的。

"乐之物者，如稍许具滋补之类，或药蜂蜜丸之食品，或依具相手印之伴侣。明之物，如清凉食品、及高处所，或境界广大等。"具相就是有好的道伴，并且还要有好食品，好环境，地方也要广大。

"无念之物，住处宜温暖，而有遮障处。饮食热者，行动要舒徐等是也。"修道初步，气脉还没修成功以前，最忌吃冷食，要热食，当然外国习惯了的，也没有关系。"功力以缘起调治者有三。"

> 缘起而于精漏者，少女纺线三股、咒。系于腰间护明点，念驰栴檀及格嵩，用大油丸成无念。若有昏沉用红花、冰片、菩提心等丸。成就三昧本续云。

修道有些进步的，或者做梦，或者无梦，明点经常漏失。对治的方法，以男性来讲，要经期未来的少女搓三股粗线，请上师念过咒，拴着在裤带上，就不会漏丹。不过，我问过许多僧人，还是照漏不误，并不那么简单。实际上，倒是有些药吃了不漏，不过有些吃了药，根本是阳不举了，还漏个什么！所以漏丹是个大难题，多少老修行，三年五年不漏丹，后来还是漏了。这是个大问题，究竟漏丹的问题，是否为修道的重要关键，又是个问题。所以真讲修道用功，问题多得很。

念头太散乱的人，用檀香及兰轧嘎格嵩（花名）对治。这个说法靠不住，靠药物无念，那不行。我认识一个和尚，他吃白蜡入定，被徒弟当作是死了，埋掉了，你看冤枉不冤枉。还有一种药，等于是大麻醉药，吃后的身体，连割他、刺他都不痛。另有一种药，吃了可以死七天，犯人也利用了。这些药都可以使人无念的，但不是工夫，要不得。大油即人油，这些都是落后地区的方法，靠不住。有一种禅定药，龙树菩萨传的，吃两三天可抵三个月的禅定功力，但它不是麻醉药，那才真是禅定方。

"若有昏沉用红花、冰片、菩提心等丸。成就三昧本续云。"这里说昏沉可用红花、冰片、菩提心等做丸来治。红花补血，未必只有吃红花才补血，多吃点当归，再不然吃牛肉，或打补血针，各种荷尔蒙等西药，用得好都有用。菩提心就是精虫，或者经血，西藏地区落后，缺乏药物，可以这样用。所以密宗供养佛有人肉、精虫、月经、大小便……还有一种佛像，一只脚踏的是毗卢遮那佛，另一只脚踏的是释迦牟尼佛。

以中国人的眼光看，头发、牙齿、油、汗，没有哪样不是药。我们吃的蜂蜜，没有一点人的汗水，那个蜜就做不成，像做豆腐一样，没有一点石膏就冻不拢来。蜜蜂把蜜采好了，再拼命来咬人，其实它只想沾你身上一点点汗，好做成蜂蜜。结果人怕它咬就打它，它给你打急了就咬你。

两只脚都踏着佛，是表示你还有佛的境界，还成得了佛吗？能成佛，也能成魔，最后魔、佛都不要，超过佛的境界才能成佛。你被道困住了，能成什么佛？所以禅宗踏破毗卢顶上行，在佛的头顶上走路。修道修久的人，自然会懂医，当然你要看医书，因为医书看通了，对于修道有大帮助。所以，这本书是要成就三昧的修行人，都要知道这些。

第十六讲

药物与修行
缘境而修
着相的修法
粗气细气 心住于气
修气另有的方法

这些所讲的是助道品，对于修行成道悟道方面，多半是有为法。上次讲到发乐打坐的方法，但要注意，不管是显教或密宗，要想真正修持，在戒律上，修禅定，修密法上，营养是要非常注意的。当然营养不一定要吃肉，而是注意营养，更要懂得医药。历代祖师们的传记，乃至中国古代神仙传记，几乎没有一个不懂得医药。至少修持久了，经验一多，自己也会懂得。结果你们讲修持，搞了半天，医药方面不研究，一切都是伸手依赖人，那就不对了。菩萨要通五明，医方明、内明、工巧明、因明、声明（即文字）各种学问，哲学思想、医药，各种技能都要会。我们现在学佛，什么都不明，搞得成五暗，那是很滑稽的。

药物与修行

"乐坏而精漏者，以处女所搓之线三股，即观为忿怒相，念威猛咒。"乐坏精漏，观金刚亥母相，外形是很凶的金刚相，念金刚部的威猛咒，以金刚能断一切念。

"作为七结，搓其线而束于腰间，其一头系于密杵根上而卧则可以也，若念分散而明力灭者，用白栴檀及兰嘎格嗇，和人油所成之丸，空腹而食之，可以成就三昧。"当念头散乱，而在糊涂的境界里时，比如大家用功，多半在梦中糊里糊涂，这是因为

"明力灭"，或因精漏。其实每个人都在精漏，六根在散乱中，精气神都在漏，所以预先用药物来补充。这里说药方是用栴檀香等等，在我认为，这方子并不高明，这是在当年的印度，以及比较落后地区的办法，药力并不好。中国内地医药进步，有的比这个好的。不过有一个道理要知道，一般人念头容易散乱，所以"明力"容易灭。换句话说，这是体能不大对，不健康，所以容易散乱、昏沉，虽然没有病，如果一用功，就有这些境界，就晓得身心已不健康了。先不拿法身的道理来讲，只说一个人色身存在，这个报身还是要身心健康才可以。这时可以用药先帮助自己，用药用对了，可以成就三昧，可以得定的。

"昏沉者，乃散失无念之力，则用冰片、红花、红白菩提之丸服之即除。"散失不是散乱，因为无念，身体的能量消耗太大，所以念头不容易提得起来。事实上不是那么简单，有时是肠胃不好等，总之身体内部五脏六腑有一点点不好，你念头就不会清净了。虽然我们成道成佛不靠色身而来，但是，这与四大的色身关系十分重大。在印度、西藏则用红花、冰片，不过现在市面上所卖的冰片，是用樟脑提炼，很少有真的冰片。红白菩提是男女两性的荷尔蒙，现在有各种维他命、荷尔蒙，可以调整自己。

"《幻网本续》云：栴檀格酋及人油，自性心寂成三昧，冰片红花菩提心，等空菩提金刚物，不动而依瑜伽者，能成镇伏老与死，如是云。"这些初步讲来，是承认药物可以影响身心，同中国传统道家一样，靠外金丹，靠药物使自己能够保持永远的健康，乃至长生不老，甚至于不死。密法的修持，比如迦叶尊者还在鸡足山入定，宾头卢尊者还存在于世上，一般人不大容易相信。今天刚好有位同学谈到关于禅定秘密，《大藏经》里头有学禅的各种定，用什么方法，哪一种气功，治疗哪一种病，法本中还有的是从宾头卢尊者来的。事实上这些方法，在修持有成就，有了经验，都会晓得。在理论上，人可以保持不死，但是你说靠两个咒子，念一点长寿法搞搞，就可以活上几千万年，那是做不到的，那还需要各种学问，因为这是智慧之学。如果一天到晚昏头昏脑，一点什么都不知道，也不想学，只靠一种宗教性热诚和迷信，是不会成功的。

"第三义，为增上乐明无念之智慧故，有总与别二种。初总者。"不过，这些有为的方法，已经落在第三义了，是粗浅中之粗浅者，可是有帮助，可以增长了解乐明无念智慧的道理。有总论和别论两种，下面先以总论来说。

缘境而修

乐明无念无过长，所缘心皆定胜咒，初不舍缘境而修，其后无缘境顿成，此要乃更深胜者。诸应机等须静持，谓舍有相乃愚道，应遣无觉受恶理。

不管哪种根器，要想修到乐明无念的境界，也没有什么特别之处，只要专心一缘；比如念准提咒、药师咒等。准提咒的修法、观想都很清楚了，专心一致，一念不乱，乃至念一个佛号也可，但是要念念不间断，不能散乱，要缘在一个境界上，系心一缘，缘境而修。比如修白骨观也是"有"法，但不能散乱，一散乱效果就差了，只要心念缘境而修就行了。如果决定修"有"法，就不要"空"念头，有法修成功了，在密宗的次第叫生起次第，硬是生起来了。最后"无缘"，就是把所缘的境界一念放下，那就立刻进入空性的境界了，这才真叫作空。

我们大家打坐，坐起来什么都不想，又怕妄想，偶尔碰到清净无妄想，有一点点清明的境界，认为这个是空，其实那个正是有。那个是意识境界，是自己觉得是空，但那个就是有。你能把那个境界定住也好，可是你又定不住。大家就在这样的矛盾之中，号称修行，忙忙碌碌，莫名其妙地过了一辈子。所以说，最初先要缘境而修，大、中、小乘三乘修法离不开这一步，修成功"有"的境界了，最后才"空"，"其后无缘境顿成，此要乃更深胜者"，这是修法当中更重要的方法。

"诸应机等须静持，谓舍有相乃愚道，应遭无觉受恶理。"应机设教，比如自己念佛比较相应就念佛，观想相应就观想，一切相应了，须慢慢静静地修去。一般修行，一上来认为缘境的修法，不能着相，但这是愚痴凡夫说的"空"。所谓空，你空个什么？对于佛法教理都没有了解，开始就想达到空，然后就想把身体也空了，还要无觉受；这是"恶理"，是邪门的理论，根本不应该用的方法。一上来就无念，哪里能无念？即使给你做到了无念，那也是意识境界，还不是真的无念，这是非常严重的道理。不错，禅宗上来就叫你放下，一切放下了，当下清净，那个清净就是第六意识的现量境，要缘这个而定止。你光说放下，况且，第一，放不下；第二，你放下了，无念还是做不到；再说虽放下了，清净无念而定之，根本就定不住。那只是空洞理论，很糟糕的。你看多少古人的修持经验理论，很多都在矛盾、莫名其妙中，过完一生；乃至因修行而堕落的，还有很多呢！理不通会有如此严重的问题。

"大空乐之所依缘，乃明点燃滴"，身上发起大空大乐。一般人修行得不到空境界，念头达不到空灵，身体上又不能得乐，一天到晚都是病，什么道理呢？就是因为六根都在漏，明点在漏失，尤其不能炼精化气，炼气化神。所以我们必须要知道大圆满三脉七轮的道理。哪个轮是大乐轮？是脑部顶轮。脑是一身的诸阳之首，全身的神经、思想、智能、记忆，乃至保持轻松都靠它，就是中国道家讲的，还精补脑，长生不老。不能还精补脑，当然不能得乐；不能得乐，大乐轮打不开，所以心境的空灵也做不到。大家打坐姿势都没有对，所以最近我纠正你们很多，姿势没有对，脉轮是打不开的，都被压住了，这也是要诀。大空大乐所依赖的条件就是明点，炼精化气，明点以后"燃滴"，就发暖，就是拙火"燃"烧起来了，气脉变化到了大乐轮，头顶的甘露"滴"下来了。所以我叫你们走白骨观的修法，比较是个捷路，容易"燃滴"，这是因为走气脉的路子，大家没有工夫专修。

"空明之所依缘，为气之颜色。"如何能够容易达到空明的境界，在一片自性光明之中呢？这要靠修气，气修通了，而且气有颜色了，发虹霓之光，开眼闭眼都看得见，这是气的修成，也是炼精化气以后，气快要化神了，才能达得到的。而这个气的颜色是有表色，硬是七彩的光明，这就是"有"法了。你说这不是着相吗？当然要着相，你先能够修成功，要修到这个程度才有这个相，相修成了，有了以后再把它放掉，叫作不着相。你一开始就来不着相，你根本也没有这个相，执着个什么啊？就像说你不要钱，当你口袋里空空如也时，有一亿美钞送给你，眼斜都不斜一下，那才算是一个不要钱的人。现在你一点修持的成绩都没有，一点相都没有修到，动不动就说不着相，那真是笑话！

"无念所依缘，为不散乱而心注视于清净天空。"无念所依的缘，始终是以不散乱的心，"注视"清净天空而定。开眼而注视，不是用眼视法去"看"，是面对万里无云的清净天空而"定"。当然利用这种修法，在城市里做不到，小山上做不到，要到中国西北高原，或者西南云南昆明一带，昼夜都是这样天气的地方，才可以去修。这时注视无云的天空，一切妄念自然消失。

"其他诸妄念，消失于此中，彼等之法，不作意顿然于乐明无念境中而住，此乃由甚深义紧要中所示故也。"修持达到乐明无念，综合起来，真达到乐明无念的成就境界，是要"不作意顿然"而住；是不作意的，自然而然的，在成功的一刹那，才是顿悟。开始还是渐修，初步硬是作意的，慢慢去练习，由练习做到了以后，不作意了，顿然而住，定在乐明无念境中，定下去。

"《庄严藏论》云：凡有所缘者，心则等持住，修一切皆无，后亦极应舍，如是之义也。"比如我们念佛号，开始是有所缘，听呼吸则缘呼吸，参话头是缘参话头，这时候心境要等持而定。修一切法最后到达皆空，所以最后连乐明无念的境界都要舍除。

着相的修法

"或有谓何以用有相云者，此乃未得紧要，而于觉受虽芝麻荚许亦无有者所云也，应知不可以此种为定。今分别而说者有三。"有人问，佛法最后叫我们证得空性，为何修持用功的方法是要着相呢？这是不懂佛法修持的人乱讲的话，他们在修持方面，根本没有经验，更不知道用这种修法，可以得种种的妙用。以上讲的是总说，下面讲别说。尤其是年轻人容易漏丹的，这里要注意了。

特乐助缘至上者，提下气于密处要，明点上提溶入顶，一切皆无缘境住。其后上下合持气，意注于心无生境，名住乐明离戏境。

海底的气随时要上提，要把明点提上来，明点上提溶化，还精补脑，溶于顶，到了顶后，在顶门上空掉，一切皆在空缘境界而定。明点提上来，当然感觉到还精补脑，如《庄子》所讲"缘督以为经"，硬是由背部督脉上来，通了，那时你的头脑姿势自然就正了。在座的人统统是破漏身，要打开头轮时，痛苦万分，因为脑袋六根漏得太厉害，都是接近死亡的凡夫，要把接近死亡的破漏的脑袋修补回来，那是很痛苦的。到眼睛，到耳朵，各种痛苦都来了，但是你真痛过了，好像管子打开了，明点硬是上去，溶化了，头脑也像打开了。为什么智慧高者前额会高？帝王隆准龙颜，日月角起，天庭饱满，地阁方圆，都是前生的业报，智能特别高，气血又充沛。我们普通一个人，由后天的修持，也可以做到，所谓"只怕工夫深，铁杵磨成针"。

"明点上提溶入顶"，然后在顶门上空境界，再进一步，上面由宝瓶气呼吸停止了，下面大小便孔不走漏，即上下皆用宝瓶气保持着。保持到精化气，意念住在心念的中心，心念的中心是空的，一念不生的境界呈现了。所以天台宗用的调息法门，那还是最初步的，调息到了最后，是宝瓶气的境界，上下呼吸可以不动了，这才是真正的息。当然宝瓶气境界修到这样，丢到水里去不会淹死，可以在水里打坐，要下去就下去，要上来就上来。宝瓶气真做到时，呼吸绝对不漏，连毛孔都不漏，从大火中走过，周围一尺内，大火进不来，就有这样厉害。也就是入水不溺，入火不焚，都是炼精化气的成就。如果刀锋过来，你以宝瓶气用手一转，刀锋马上钝了，变成顽铁，那是真的修持成就。换句话说，这部分就是讲我们生命功能的奥秘，我们大家活了一辈子，不要说生命精气神的大神通功能没有，自己连拙火都没发出来，这就是凡夫，如此莫名其妙地生来，不知所以然地死去。如果把四大的功能发起，已经有这样大的神通了，可是还谈不到证得菩提，还没有悟道。不过生命是有这个功能的，这个法子叫"住乐明离戏境",还精补脑,各种机能都健康了,恢复少年,昼夜在光明清净中,没有戏论,也就是在没有妄念的境界中。所以小乘戒律先要持戒,先要不犯淫戒,四禅八定才能做到。

进一步,你虽不犯淫戒,精满不能化气,气满不能化神,仍是大凡夫一个,有什么用?必须要把自己的生命功能,精气神发起。我们这个生命功能伟大得很,可惜凡夫忙于世间的俗务去了,把自己的无比功力埋藏了,这就是凡夫。

至于说到提炼,有形练气功的方法,提炼精气,还精补脑,光是提炼上来回转,还不够,还要懂得武功才行,比如密宗拳,也是练气功。

> 中间动摇狮子力。降、提、引散、及任运。运动所缘依傅行。

气是闭住的,密宗的金刚亥母,三十几套拳路,坐在位子上就可以打拳,一身都运动到了,每个骨节都松开了,有时降,有时提,有时引散开,最后全身的气充沛了,任运而住,不动了,绝对清净,身心皆清净。当然运动方法要老师亲传,够得上法器才会传你。

> 下降相合之手印,摇身上下如压下,所缘由杭（ཧཾ）引菩提,降密处时缘乐住。

只用两只手支撑,整个身体立起来,这叫孔雀式;身体平面的立,悬空了,会了这个动作,再加上气的训练就不同了。这时所缘的杭（ཧཾ）字,白菩提降下来,降到密处,是引起乐境的方法。但是如果有欲念就糟了,那是凡夫境界。所以一点欲念都不能有，有欲念，气变成了粗气，不能用，而意念也走入畜生道去了；要没有欲念，但是要发乐，巧妙就在这里。

提者则为向上引，两手胯上海合岩，提起下气舌抵颚，眼白上翻头缩栗，所缘明点如蛛丝，收起相溶合于顶。

海合岩就是骻骨这里，所以打坐叫你的身体立直，一定要挺起来，等于身体内部整个张开了，肚脐向内缩，自然地提起下气，舌头立起来，眼白上翻，乃至眼闭着望顶上，一片光明。喉颈收拢来，这时所缘的明点慢慢回转来补脑，炼精化气，如蛛丝网一样，慢慢散布，回转来到头脑去。南极仙翁的头那么高，因为还精补脑，脑袋越来越长高了，这是个表法。凡夫精一充满了就下降，损失了，放射了；如能反转来，就是修道的路子。等于地球气充满了，它的功能使地气上升，碰到上空稀薄的冷气，就变成了雨。在正统的道家学术之中，我们身体功能，这一部分的理论，说明得比密宗还要清楚一些。我们这个身体功能，同天地的法则完全一样，要做到这样（还精补脑），才能够进入身心健康的境界。

又散布者、动手足，如张弓式舌抵齿，"嘶"声吹气而外出。

在有精气的时候，才用此法"嘶"声吹气，由此就了解，天台宗的六字止观法门，并不是平常练这六字用的，是到某个时候才用到的，但在大、小止观中，都没有说明。所以后世的人，修止观练气永远学不好，因为不懂。为什么智者大师不说明呢？一旦说明，就怕后世人落在有为法上，变成气功去练了，这是他的苦心；可是没有说明的结果，反使后世对修止的方法，一点都不懂了。

> 任运仰卧气心徐，一切无念皆不执，自性离戏境中住，无障大乐菩提成。

最后，躺下来，摊尸法，枕头都不要，任运仰卧，死人一样躺着，气也不管，念头也不管，慢慢地……一切念头都不执着，自然住在自性的离戏境界当中，无障无碍，大乐的菩提成了。这是讲修身的部分，乐的境界。

刚才讲的，等于中国传统的炼精化气这一部分，也是助道的要法，现在由炼气达到化神的境界。"又第二"，下面是第二步。

粗气细气 心住于气

> 明者气助其上法，粗与细者相互助，特于内外持相助，缓细等要勤相合。数、及颜色、触、形相，亦云学习诸种法，此乃一成众要门，如是学习调要王。

修光明成就，必须要炼气辅助上面的方法（炼精化气法）。所谓粗气，就是以九节佛风与宝瓶气为基本；细气就是修止观，由粗气而到达细呼吸，由细呼吸而到达息的境界，就是不出也不入的这个境界。粗气与细气两个相互为辅助，特别要在内功、外功修持上互相帮助，乃至包括各种运动，都有连带关系。以修气的原则来说，吸气多，呼气少，是长生之道。吸气的原则，细、长、缓，但修九节佛风时，呼气时相反，而是粗、短、急。当然在修气的工夫方面，问题也很深、很多。比如，由半夜开始到第二天上午前，属阳气，多修入气，而且多用左鼻子；下午一到，属阴气，就不需要多修入气，应该稍修一点呼气，就是把里面的粗气排出。原则讲是这么简单，中间方法多得很，所以佛说修持方法八万四千，没有错。

修气的方法很多，数息也是一种，每种数息的形态，能够支持多少息？多少分钟？或半个小时，或一小时；还有意念的观想，也要配合各种色相，以及其他形相。比如药师如来的观法，阿弥陀佛的观法，以及身体的感受，到了那一步有什么作用，什么形相，最后修成功了会变形。意念跟气一配合，如果意念想一老虎在前面，前面就会出现一只老虎，实际上是幻化的。也有一种说法，认为炼气是帮助修定的，所以要学各种法门，现在讲的是成就很多法门的总原则。照这样去学，要随时晓得调整，所以修白骨观，佛所吩咐的：第一饮食要好，第二要知时知量，做工夫到了多少时间，到了什么程度，马上要易观，赶快变个方法。"调要王"，这方面自己要晓得调配，那才是最重要的，完全依靠善知识是没有用的。

"若修细气之后，则持粗气能生新功德，修粗气而细气亦与相同。"在练习修细气之后，一上座就是止观的路线，那就不管气了，只听自己天然的呼吸——细气。但是因为你练过粗气——外气功，而使止观定慧境界，能产生另外新的境界。这是修粗气以后，再修细气的功德。同样的，先练习细气，再练粗气，也能产生另外的功德境界。

"若气内住，则外稍许定之，外放时，内亦稍许留住，此要乃至上也。"当气内住时，完全达到天然的宝瓶气境界，不呼也不吸了。能够气住到不呼不吸，你的念头制心一处，心缘一念，初步可以不散乱了。心之所以散乱，当然就是气散乱了，所以孟子讲，养身养气是连着的。气内住时，则稍稍控制，暂时闭气不吸外气入内；气外放时，相反的，也暂时闭气止一下。

"又因心不散乱而住于气之一呼一吸数，或心住于五大色之气，或心住于觉受寒热，或心住于气不同之形相。"修气综合起来，有很多方法，比如心不散乱而做数息观，定在一呼一吸的境界上，这是一种；或者呼吸不往来，心里计着数字，自己观察能够不往来的气，能定多少时间；或者吸气进来时，心住于观想，或一边念咒子，一边吸气进来，观想吸进来佛身的七彩光明；放出去时，出一切的浊气，一切生灭的浊气都放掉，这当然是意境上观想出来的。

这就是密法的修持，比较难，为什么难？因为大家心在散乱不能专一时，再去做更多的观想，就做不到了；如果心念定于一，一念之间就可以同时做很多的观想，所以一念之间可以观想千手千眼。普通人观想一只眼、一个指头都观不起来，因为心散乱，气散乱了。还有一种方法，心住于觉受，身上哪里发热了，比如修白骨观，有几个人就有很多经验，写他身上冷的、热的、胀的、麻的，各种都有。这用不着惊奇，当然是有觉受的道理，你身上内在有病，自然有觉受。有个癌症病人问我，他是否应照钴60，我说这个要你自己决定，修白骨观修得成功的人，自己光明一来，也许比钴60还厉害，可以把癌细胞照化了，那也是心念的功能。或者心住于气，气与佛相、菩萨的相，与意境配合观想，方法多得很。你们出家人只晓得嘴巴上念"法门无量誓愿学"，结果没有一个发愿去学，这不是造口业说谎吗？犯妄语戒。学佛的人念到每一句戒，心都要发抖的。

"如所说之诸助法，皆唯令心住所缘故。"重点来了，我们都要知道，这一切都是唯心造的，都是要我们制心一处，心缘一法。八万四千法门也都是要先做到制心一处，心缘一法。智慧浅，能力浅的，你就一门深入；智慧大，功德大的，你就多门深入,这些都是助法。

"然不能相契于法尔之真实也。"但是你要知道,上面这些都是助道品,并不是证得菩提,不是大彻大悟;只是帮助你,使你容易证得大彻大悟而已。不要把这些有为的法门,认作是自己本性的那个道;若如此想,你就错了,那你就叫外道了。所以六祖说:正人用邪法,邪法也是正。你懂了这个理,乃至于世间法,也都变成佛法了。

"故此时所示者,乃以一调要使气束归入中脉,显现法尔无尽之方便。"上面所讲修乐即炼精,修明修气即炼气,要晓得这些都是调和,也是助道品,帮助我们把气归到中脉来。中脉一旦打通了,就与天地合一,与法界合一了。到了那个时候,本性本来就是佛,显现法尔,无尽无边的方便;但在没有到达以前,先要修有为法。现在气的方面还没讲完。

修气另有的方法

> 身调如前眼不动,气由口鼻三徐放,自然解脱境中松,心要不执自性行。其后仰卧伸手足,厉声念哈心注空,无散、离、合、顿然住,气心自解住乐境,无障显现无量德。

当你身体的气脉调和好了,眼睛注于空境界,像达摩祖师一样,瞪起两眼,不要用力,停住在那里,根本没有看;眼不动,念头也不动,如果眼睛还有注视力在看,那就不对了。这时嘴巴要微微张开,气微微放掉,完全放松。上面讲的是收气进来,像宝瓶气,身体内部变成一个气袋子。现在这里讲,把你身体的气放空了,但是要慢慢的,这又另是一个法子了。这样一吸一放之间,气自然放完了,空了,眼睛也瞪开了,心念空了,自然的解脱，一下就没有念头了。

在解脱的境界里，身心一切放松了，也无妄念，也无执着，管他有啊，没有啊，气啊，感觉啊，都要放松，不执着，在自性境界中，自然而行。不过，也不要老是用这个法子修，不能老是抓着鸡毛当令箭，不晓得调整是不行的。修行到底是靠智慧，所以你们有什么资格专修呢？连自己都搞不清楚，何时该修空，何时该修有，你有择法眼的智慧能力吗？怎么能去专修去闭关呢？所以法门不是呆板的，要晓得调整，调整好了，就在这个境界上，马上躺下来可以睡了。下面讲摊尸法：

"其后仰卧伸手足，厉声念哈心注空，无散、离、合、顿然住，气心自解住乐境，无障显现无量德。"仰卧手足四肢散开大大的，并大声地念"哈"，大声地叹气，然后心注于空，这时不散乱，离戏论，不空也不有，合于法尔自然的境界。这时不是渐修，是顿断妄念，等于我们打七，香板拍下来，妄念顿断，这时候气与心自然解脱，而且生起无比的乐境。不痛不苦不烦不忧就是乐，还贪什么乐？若另有个乐，就给你乐死了。可是人生一天到晚都是不满足，偶然有一个境界蛮快乐的，自己却烦恼起来了。为什么烦恼？这境界好是好，就是不乐，愚痴众生，颠倒莫甚于此者。这个时候，如果身心一摆脱，一松开，身体都不要了，随一念之间，无量功德，无障碍显现无量功德，自然就是解脱了。既然无障碍、无病、无痛、无恼，很平安地过一天，不是已经很解脱了吗？又要去找个什么解脱，找个什么快乐呢？

"身坐如毗卢遮那七法，气由口鼻三孔极徐而放出，心无念刹那而松懈者。"这时候的工夫方法呢？慢慢地放气，一上座，一切弄好了，刚一坐，就这一刹那心无念。但是再等一下就不清净了，因为凡夫习气来了，又去抓一个道，抓一个空，抓一个境界，又完了。你要永远保持刚刚上座那一刹那就对了。孟子也说

"学问之道无他，求其放心而已矣"。

"气有定数，是时气系于中脉中。"当然这时气是有一定的数，要均匀，笨方法是计数，最好是不管；气这时自然松了，让它自然，则气自然在中脉中往来。虽然还有生灭法，没有达到不生不灭，但能让它自然，如此慢慢练习，做到此心于任何地方、任何境界，都可以随时达到无念，无念不是昏沉。

"心于何处皆得无念时，为使气心本净任运故，伸手足仰身而卧，目视空中，厉声念'哈'三声，气外住。"因得到无念，即仰卧，念"哈"三声，不吸进来，停止了呼吸。你内在的"能"在里头动，当然不吸进来，同时也不呼出去，道理就是达摩祖师所云"外息诸缘，内心无喘，心如墙壁，可以入道"。

"心住于本境，刹那顷遂现出于何处皆无分别执着之智慧，法尔尽者之密意，是名为顿成大圆满金刚界之坛城，得到法身普贤位也。"这时用"外息诸缘，内心无喘"这个方法，气调好以后，一躺下，心住于空，然后身也不管。本来就无分别，也无执着，你自性的智慧自然呈现，就懂得这个原来是无量、无边、无尽的自性功能的密意，这时候最容易体会见性的道理，这个是顿悟入道的法门，可得法身普贤之位。此时不谈报身，报身是气脉内在的问题，而此时这个是法身境界，你见到的是普贤境界。这是讲炼气的道理，由炼气可以化神。"又示如是常习，即得出现功德理趣者。"

身轻、不动（指气）、妄念、息，心明极清现神通，神足、色润、生三昧，气入中脉相皆至，是深调要极秘密。

练习久了，身体越来越轻巧，慢慢可以腾空起来。前天报上刊登澳洲有个青年，专修几十年催眠术，表演高空跳伞，不用伞，证明心灵的力量，在高空中可以慢慢地下来，像在水里漂浮一样，证明心灵的确有这个功能。不过他讲最困难是离地三尺时，想漂浮就很困难，道理是地心的吸力太强了。所以人有神通可以飞空，神仙也可以飞，这些并非不可能，气功做到了就可能。当然大家为什么做不到呢？没有信心，又不肯专练下去，一曝十寒，今天做两下，明天就不修了。

这种修持功德，第一可以身轻，第二气不动了，可以不靠空气而呼吸，所以美国航天员的训练，先要学瑜珈术，练习闭住呼吸，这是必修科，人家科学已经把我们的东西用上了。闭住呼吸练久了，妄念自然没有，再进一步练久了，心里永远清明，当然不需要睡眠了，脑子也绝对清醒。换句话说，脑子绝对清醒，脑电波就有神通了，等于无线电，传说，可以收到他方世界的电波，慢慢有神足通，可以腾空，皮肤光滑，如婴儿般的细嫩，可以生出各种定，返老还童了。这时，气入中脉的现象，有如佛的三十二相、八十种好之中，起码有一半的功德，而外相并没有变。

为什么说三十二相？中间的功德秘密还没有告诉你，显教经典只讲外相，你懂了以后，这些相好功德都来了，气自然进入中脉，一切的现象都来了。所以学佛修道，哪个人悟道，哪个有神通、无神通，一望而知。如果一脸的晦气，说他有神通，那是骗人的。因为一步工夫有一步的功德呈现，今天大家有没有用功，是退步、进步，当然会一望而知了。气入中脉后，一切的功德都呈现了，这是秘密法门，不要乱宣传，尤其要守戒，不要以这个尺码去毁谤别人。人家要吹牛也好，要吃饭也好，让他去吧！不要揭穿，可是对自己要求严格，严以责己，宽以待人，绝不可以玩嘴巴。

"身轻如棉，气不觉有动相，妄念立止，心清而明。"此时身体柔软，连身上骨头都软得像棉花，而且内在的气不觉得有动相，呼吸还在往来，呼吸是外面的，内在还有一个呼吸不动，等于与天地的气相通，妄念立刻停止。不过外面的呼吸有时还是需要的，因为这个肉体与外界的关系还要调整。心中光明清净，脑子也清明了，这时智慧不求而自来，头脑像照相机一样，一照就知道了，看书一目十行，眼睛一看下来，就是一篇过去了。

"出现微小神通，如马快速，色润泽有光，新生三昧，出生如见清净烟等之十种验相也。"这时要晓得，出现的神通不是大神通，是微小的神通，不要得少为足，这与悟道没有关系。"如马快速"，这是比喻，你要证得那个神通妙有境界，立刻就可证得，很快。如果这时你执着神通，一高兴就着魔了，你就进入了《楞严经》五十种阴魔之中了。什么叫魔？执着了就叫魔。你认为这个就是道，你入魔了。所以不要得少为足，气派大的人成就就大，这时脸色润泽有光，重新生出各种三昧，开眼闭眼会出现十种验相。有时自己怀疑，眼睛恐怕有白内障吧？怎么前面有一片光？眼睛有毛病时也有这种现象，要当心。但是有眼通发起时，也是一样，甚至于看到人如烟如雾如光……种种状况，也是必然会出现的。换句话说，你的气还没有到脑，没有化神，所以在到达这个境界时，所呈现的也是病相。如果真是病相的话，阴境界痛苦得很，在生理上会有障碍，有烦恼；而这时是工夫到了，所以没有障碍，没有烦恼。自己与别人的光有多大都知道，这几天会不会有灾难、病痛，光的颜色马上告诉你。这里所说十种验相，并没有明讲，在《大乘要道密集》中有说明。下次讲"第三义"。

第十七讲

危险的修法　内外的修法
修道三要点
光明是什么
怎么叫无念
不靠外力

危险的修法　内外的修法

　　无念如空之助者，身心松懈注于缘，一方不散而注视，诸念消入彼境中，彼所依缘念亦息，出生虽显不执空。

"由毗卢遮那七法后，特别专凝视于佛身像等时，其他念虑皆消入于其中，即念身像之念，亦自然止息而出生现空无念之智慧，最重要归束者。"要念空，可以用看佛像的办法，当然办法有很多种。

　　此法调要他同习，时缘外执而吹气，外住若干生无念。

这个方法比较危险，所以要有护法的人，而且最好由有成就的人帮忙，因为修这个法，是勉强使他认清楚无念的境界，这是个方便，当然不是无生法忍。一般学密宗，把这个当成无生法忍，那就变成外道法了。比如前面摆一个佛像，就观这个佛像，或者注意上面的亮光，或者住于虚空，住久了以后，"外执"，执着这个外缘，忘记了自己，而且注意呼气。吸进来时不注意，这口气呼出去以后，就停住不吸进来，也是宝瓶气之一。不过，这是内空，向外空掉，外住若干时，可以进入无念的境界。

但是这个法子很危险，要点是要有护法，因为这样修久之后，很容易死掉，自己可以早走。这个人的生命，就是凭这一口气。宝瓶气是内住，内住可以长寿，可以祛病延年。这个外住的方法，是为求达到无念，只注意外呼就可以快走；但是内住气，气脉还没有修通的人，是可能因闭气而死的，也可以快走。所以像密法的修持，据说有许多内住气的修法，如果身体实在不行了，最后考虑结果是赶快再转胎，往往自己解决了自己，希望再投胎时不迷掉。我称他们这个学法是学自杀法，也是憋口气，就可以把气封闭，走掉。后来贡噶师父是不是这么走的，不知道。所以这个法门要"他同习"，就是要有护法，这是第一个严重的话。

其次，我们这个妄心、妄念空不了，是气的问题，气质变化不了，所以每个人性情乖张，贪嗔痴慢种种不能断，就是不能变化气质，习气也就是这股气的作用。所以我一直告诉大家，《孟子》关于养气大有道理，《公孙丑》和《尽心》这两章，非细读不可。孟子之所以成为圣人，的确有他的道理；还有庄子的练气，都有他的道理。做工夫先要养气，气不能变动就不行，气质没有养好，工夫是白做的，所以由此你就晓得，气向外停止就可以无念的道理了。同时我们的失眠，也是因为气的关系，人在失眠时，呼吸越来越大，都是这一口气的变化。

> 有时内住无上下，唯一所依不散住，时无所依心自住，境显无执状中住，此乃无念法身意，依要自然由内现。

有时一口气——内在的宝瓶气，保留着，不上不下，这时念头绝对地不散乱,当然也不昏沉了。气进来,充满了,绝对不昏沉;气向外住,不进来,也是不会昏沉的。但是靠不住,这个法子很危险,非有过来人、有经验者护法,不可修。这要随时随地心念做到无所依,因为我们的意识念头一动,气就跟着动。宝瓶气调工夫,非到了气住(不呼不吸),非到了脉停,不能算得定。但平常大家没有气住脉停的定境界,算不算定呢?也算是定,但那是因地上的定,不是果位上的定。果位上的定,是非要气住脉停不可;如果还有一点呼吸,气还在动的话,你微细的念不会断的,所以叫作"习气"。"习"是心的作用,"气"硬是气,这个心念的"习",完全靠"气"在活着,所以道家主张炼气,有他必然的道理。现在大家打坐,呼吸自然,心念能够空,马上可以得到一点轻安、清净的境界。但是达到真无念,绝对定下去,做不到,因为气没有养好,没有调好。如果气能够修到自由控制,你的生命也就可以自由控制了。这时候的境界很明显,一点执着都没有,在这个境界里坦然而住,这是定。这个方法是"无念法身意",进入性空的境界,这是密宗大圆满的看法,但是并不彻底,实际上这还是第六意识清净面的现量境,接近于法身,还不是究竟法身。

所以我不大肯讲密法的东西,因为一讲起来,我就会把它批驳得一塌糊涂,可以说,是翻译及传法的人,没有弄清楚。不过,依这个法门的要点去修,可以做到此心自自然然地无念。比如今天吕老太太(金满慈)日记,她可以在梦境中,心内外一片光明、无念,她是自然修去,比这个法门又高明一点。大家要注意。

"有时气外住,凝视于地石山岩等而生无念。"要达到无念境界,有时就张开眼睛,气外住当然要开眼,观虚空,一切都忘了,心散之于虚空。注意呼出去的气,不注意吸气;要长寿之道则入气多，出气少。所以常生病的要多吸气，如果要想短命则注意出气多，入气少，临死的人都是出气多，入气少。所以年纪大的朋友们要注意，自己每天醒来，要注意自己随时的呼吸，如果出气偏长，吸气短少，就要赶快反转过来多吸气，才可以长寿。在快生病时也是这样，气入得很短，而且气只到胸部为止，下面就不大通了，这就是将病的现象。所以气有如此重要。

有时候气外住，眼睛半开半闭，当然会看到地面，草地、泥地或柔和的水晶地也好，不必故意眼观鼻，鼻观心。或对着山岩、石头等，面壁而坐，或凝视地面，前面没有障碍，慢慢忘掉眼睛看的作用，忘掉气的进出，甚至于停在外面，就很容易进入无念境界。这有什么难啊？只要把念头转少一点，这很容易，但不是真正的达到无念。

"有时气内住，心定于四轮三脉种字或光，或佛身皆可得而成就。"有时气住在里面，内住的气可以长生不老，心定于里面的三脉四轮，可以转变全身。心也可以定于一个字母，其实不必是梵文，中文也一样，或佛或光，或肚脐中一个莲花，莲花上一个佛，很小的佛，一个指头那么大，光亮的。或观胸口卍字，或莲花、佛也可以，都会有成就的。

"有时无依之心无执坦然而住，生起不断平等智慧。"有时一切无所依，既不听呼吸，也不修白骨，也不参话头，也不念佛，就是那么无依无住，连放下都不必放，当下这一秒，一刹那间可以得无念境。这个时候如果悟道了，就可以得无生法忍；没有悟，就是工夫境界，还是意所造就。你修这个法就可以转第七识，生起不断的平等智能。不断——非断非常，即唯识所谓转八识成四智。

"后结者"，下面告诉我们修道三要点：乐、明、无念。

修道的三要点

乐明无念总助者：积资、除障、修生、圆，深道师瑜伽、胜咒，此乃究竟要之诀，应机欲超诚受持。

空乐、空明、无念三种综合起来，自由出入，不住三界，自由自在地定。现在讲结论，要修到这三个境界，第一步是要累积修行资本，多做好事，六度万行戒定慧，积集福德资粮，如果福德不够，就不要谈了。另外是智慧资粮，要求得智慧，不是在那里等，更不是在那里打妄想，而是要修智慧才能得，所以福德与智慧两种资粮都要聚积。第二步除障，身体不健康则靠医药或做工夫，把身体障碍除掉，外缘的障碍也要除。有了福德资粮、智慧资粮，没有障碍了，所谓法、财、侣、地都具备了，再开始修生起次第。比如念咒子，准提咒十万遍或五十万遍、一百万遍，如果根本都没有念满的话，这个最初步的集资都没有做到，怎么可能得到生起次第的成就！何况还想悟道成佛，那是开玩笑！要知道，佛法是多劫勤修，劳苦功高来的啊。

怎么叫生起次第现前？要光就有光，要气在身上怎么住就怎么住，要它不动就不动，要它无念就无念，要它有念就有念，乃至有所求都能够呈现时，才是生起次第现前。随便你走空乐定也好，空明定也好，无念定也好，都是要积资、除障，再来修生起次第，然后圆满次第。这些次序是呆板的，最深的道理是要依止上师修，修上师相应法，经常观想上师在头顶上，等等，心里要持咒，这些是究竟的要诀。要想超脱、成圣、成佛，跳出三界外，应该很诚恳地学习修持这些方法。

"是故已作福德之业，而悟非福德者故，积资净障为道之助

第十七讲

至深奥也。如来多行经云：积有福德等，所思获成就。"所以说到福德资粮，去恶为善最为重要。你们大家学佛，为什么智慧不开呢？因为福报不够。福报是做什么得来的？是要舍己为人，利他而来的。"诸恶莫作，众善奉行"，起心动念随时注意身口意三业，不造恶业，这还是消极的，积极的就是利他之行。所以大家没有成就，不能开悟，就是因为功德不够。如果自己福德不修，光想求开悟，刚有一点善行，做一点点好事，人我是非就来了，福德怎么会成就呢？不可能！如果福德资粮够了，你所想的没有不成的，你的智慧也就成就了。

"第三义示亦无谬误，修成证悟本性之道者。"下面讲如何证悟本性。

> 如是所修现证悟，遍满为一无差异，如三方来聚一处，如诸河异汇一海。凡修乐明无念法，自性不生空之性，念心极寂而溶入，有无戏论菩提心。光明本住日内现，顿成光明无迁证，等空如来藏之性。

上面所讲的乐、明、无念定三方面，空乐定是修身的，转色身报身；空明定是修气、修脉；无念定是修神。换言之，空乐定由精来，乐由精生，精力充满了，自然快乐。如果这里病那里病，气脉不通，这是精不充满、精不能化之故。精不是精虫的精，精虫不过是精的一部分，精充满了，自然得乐；精能化气就得明；气能化神就得无念。如果一天到晚呆呆的，没有智慧，就是肾气不足，没有充满，是精的问题。

所以这样所修乐、明、无念这三步，最后都修成功才能悟道，证悟菩提。但是这三个东西就是一个东西，空乐定修到了，转化身；空明定修到了转报身、色身；无念定修到了转法身。实际上法、报、化三身三位一体,所以有些大丛林的大殿上,塑了三尊佛一模一样,就代表了法、报、化三身。道家是三个太上老君,一模一样,叫作"一炁化三清",上清、玉清、太清,也就是三身的道理。这三位是一体的,遍满为一,没有差别;换句话说,这是一体的变化,也等于一切的河流汇于大海。

"凡修乐明无念法,自性不生空之性,念心极寂而溶入,有无戏论菩提心。"凡是按这个次序修乐、明、无念大圆满的,到了最后,都要进入自性无生的境界,乐也不管,明也不管,无念也不管,一切都不管,也就是《金刚经》的"无所住",无着、无住、无愿。如果一天到晚执着乐明无念就是道,那就变成了外道,就错了,执着了有。执着有或空,都是心外求法,就是外道,不能明心。自性本来无生,哪里去求个空?此之为性空自在。这时候不管空乐、明、无念,任何的念心,最后都归到寂灭清净境界,无所谓即空即有,也无所谓非空非有。工夫到了这个境界,悟到了这个境界,就是明心了,证得菩提心。

"光明本住日内现,顿成光明无迁证,等空如来藏之性。"当你修到了自性本来清净的菩提心,自性光明像太阳一样,自然呈现了。不过要认识光明,比如我们工夫做得好时,内外一片光明,但这还是子光,是有相之光,还不是真光;就像儿子要回到母亲那里,是要透过子光才回到母光,也就是无相之光、常寂光。什么是常寂光?就是明白了,在光明自性中,坦然本住,内外呈现。可是见到自性本性光明母光以后,还有没有子光呢?有,就是所谓的子母光明会合,自性的清明与有相的光明会合,内外一片。这个时候"顿成光明",所以诸佛菩萨都住在光明中"无迁",永住而不会变迁,已经证到了空性。证到了是成佛了吗?等于佛,等觉妙觉,是普贤、文殊的境界,"等空",这个时候才是见性,如来藏之性,你就明白了,也就是六祖所悟的

"何期自性本自清净，何期自性本不生灭，何期自性本自具足，何期自性本无动摇，何期自性能生万法"，这是所谓明心见性。

"如由不同方向而来，其义亦会于一处。"达到一个目标有很多条路，从不同方向来，最后的终点就是这一个，也就是说方便有多门，归元无二路。

"乐明无念之法，各各观修。"初步修时会分开来修，照程序来，因为你不是上根器，当然什么时候修空乐，何时修明，如佛说的要知时知量，是自己晓得，不必问老师，这要自己有智慧。

"但证悟之体，惟送于空明通达赤露之一处。"各各观修，最后归元无二，求得明心见性，证得菩提，明心见性，自然在一片光明中，无所不知，无所不晓，一悟百悟，一了百了。这个时候，赤裸裸的，自然到达，既无境界，也无身心之可得。

"然其体者，非他所成，自性周遍不断，光明清净，自证无遮障，自然明朗也。"到达这个境界，悟到自性之体，是一切众生本来有的，不是佛给的。这时了解了自性周遍不断、不常，无所不在，圆明清净；自心证到了无遮、无障碍，自然明明朗朗。

"此乃常时而有，以上师加持，有时自证行境，而其体者，自明而无境。"而且并不变去，若今天修才有，明天不修就没有，那是生灭法，是意识境上做工夫的道理。真悟了自性，想把它变去也变不了。变到哪里去？悟了道以后，再也不会迷，永远在乐明无念中，掉不了，二六时中，就算在六道轮回中滚都是一样。有些同学以为自己已悟了，但是认为老师素来不给人印证。那么你就自己测验测验看吧！未悟言悟，未证言证，那是造了地狱意根的业，严重得很，那是无间地狱的业。只能等在轮回道中滚够了，吃尽了苦头再回头了，这不是开玩笑的。

不过，有时是要靠上师加持帮忙的。比如这几十年当中，跟我学的，从大陆到现在，哪一个不是靠我游泳过去硬背过来的？

然后一上了岸他就忘了，以为是自己过来的，其实是靠上师拉的。现在我不做这种事了，要拉一把很容易，但是这一拉，你自己反而感觉好像就悟了，反而很误人。"有时自证行境，而其体者，自明而无境，深明而不依于缘"，有时好像证到了这个境界，而事实上是帮忙你晃了一下，你没有实在的境界，没有踏实进去。真正开悟了，明白了光明，是不依一切外缘的，更不是靠上师拉的。

"本明非忽然而生，此义乃名为光明智慧。"自己真正开悟，自性光明呈现了，不是忽然来的，是要渐修而后达到证悟的，没有渐修工夫，何来顿悟？顿个什么？固然很多祖师顿悟了，说明他们前生不是白修的。如果现在还不晓得开始用功，真是自造地狱业。这些才是光明智慧的真正道理。

"《般若八千颂》云：于心无有心，性之性光明，如是之谓也。"什么叫明心？明心就是达到心而无心，无心之心，这个是到最高处，同禅宗一样了。也就是永嘉禅师说的"恰恰用心时，恰恰无心用，无心恰恰用，常用恰恰无"，自己本性本来光明清净。

"然彼光明为何者"，现在下面再说光明是什么。

光明是什么

是时一心清明净，止观广大之定海，离方无执缘无性，悟诸法体而双运，显现如幻空无执，双运不别意空广，由要所生光内显。

到达悟道时，心而无心，出世入世都一样，在六道轮回中，也到处是清凉净土，一心清、明、净，这是真正的止观定境，这时才晓得什么是如来大定。最近听说有人传如来楞严大定，外面有人来问，我只好闭口不响，要我怎么答复呢？

这时才离开一切方所，一切没有执着，一切无修无证了。你们现在打坐的可怜，想想不知道哪一天能达到无修无证，一定一天，也不盘腿打坐，多舒服啊！当然无修无证，不打坐也等于打坐，无往而不定。你如果认为无修无证好像做工一样，背了百斤东西，到目的地这么一放下，格老子这下什么都不干了，以为那样就是悟道成佛，那你全错了。悟到自己法性之体，只有"智不住三有，悲不入涅槃"。"智不住三有"是智慧成就，随时在解脱，不住三界中任何一界，当然早跳出六道了；但是"悲不入涅槃"，大悲成就不入涅槃，当然还在六道中。所以真正的智悲双运道，也叫双修法，是悲心修福德，般若智心修智慧。你们小悲都没有，碰到一点事情就气得不得了，这怎么修福修悲心呢？小悲都没有，况且还不悲呢！

悲心不是用手段，有人用一些小忠小勤，小手小段当悲心，那是害了自己，不可以的。一个人真有大悲之心，真正随时随地在悲天悯人大悲中，福德没有不成就的。普通凡夫如果真抱着悲天悯人的心理，这个人的身体都会好起来，而且十方圣贤，一切菩萨都会加被他的。但是并不是说，一天到晚喜欢流眼泪就是悲心，那讨厌死了，那叫愚痴心，因为愚痴才会掉泪。悟了道以后起修，是悲智双运道，可是在悲智双运中，自然晓得一切如梦如幻，所以永明寿禅师每天做一百零八件善事，他说是大做空花佛事。悲智双运二法没有差别，智就是悲，悲就是智，两个要同时，这时候意境越来越大，功德越来越圆满，所以菩萨有大菩萨、小菩萨之分。前两天有同学问我，佛都还有分别吗？我说：对啊！他们都是悟了成佛的。佛替瞎眼的比丘穿线，佛说我在培养福德啊！智慧是无量无边，求之不尽的，这是佛的现身说法，亲自的教育。

"海清澄而现影像，但仅水外无有别者。然明现影像及水二者，又非一非异故。"这时候只好用比喻来说了，比如大海一澄清下来，外相都现，都看得见；又比如大圆镜子，擦得干干净净时，万象森罗影像全现。海水澄清，波平浪静，统统是海；可是没有波浪时说它是死的吗？不然，万象都在大海影像中出来，等于镜子完全擦干净了，映照一切万象。再说水的本身能够照一切影像，一切影像也是水的功能所呈现。所以悟了道时，自然智、无师智开发了，不懂的东西自然就懂了，如大圆镜，一照就清楚了。

"虽显现而无实执，自心清澄之体者，虽现各种显现，然境显不染于心，心亦不执境显。"自性澄清这个体性，虽然有各种境界显现，但一切的境界来，不能染污此心，此心自然也不会贪着，这是讲悟后起修的道理。有些人假使认为自己是悟了的，更要把这些道理都搞清楚。

"又虽现于根识，而未被执所坏，如彼幻自住而明故，一心自住之止，及自明透显之观，二者之体住于一时。"这时候六根八识一样地起作用，同凡夫一样，但不是凡夫，因为它永远不会执着，不会住在那里，不会停留。等于一切幻相的本身，虽然有幻相，但不是时常明显呈现的。"一心自住之止，及自明透显之观"，此心真正一心不乱，自然住无所住，这是真正的止，以及自己明白透显之观。成了佛的人，止与观任运同时存在，所以能够照见三千大千世界，无所不知。

"虽现境显，而本体之心不执故，故虽现可名为无自性光明。"起用的时候，一切境界明显，而本体之心永远依然不动，如《易经·系辞》云："寂然不动，感而遂通。"这个时候虽然起用，用而不用，不用而用，所以叫作自性光明清净。

"因明定量论云：一切诸识由心引，若内末那无动住，如眼见色由根生，如是云也。"一切八识都用心引发，心动才呈现出八识，八个识就是心的作用，把它分成八部分。比如眼睛见到一切色尘，吕老太太日记中说："我了解了这个识神的作用，太可怕了，无形无相，看不见，心里头动一个什么念，识神就乘机捣鬼，看不见的，自己若不警觉这个念头，就会被识神牵走。识神就是业力，等它一形成力量，要想停止它，已停止不了。"我看了非常佩服，也非常高兴，她一个人在美国独自修，只靠一本《楞伽大义》《禅秘要法》，天天摸索，天天看，自己那么体会着，那么修进来，那真是了不起，是真用功，真体会。

大家的起心动念自己不知道，有许多人在妄念、结使习气上转，自己还认为没有这个习气，因为他被识神、业力骗住了。正如吕老太太讲，这个力量开始发现，如台风刚发现一样，如果空不了的话，一旦形成了力量，再想空掉，则是千难万难。等于眼睛看到一切色相，就因为有眼神经起的作用，依他而起，看惯了，就是识神形成了一股业力。所以如果眼睛坏了，而你意识上想到：当时有眼睛时看到那个才好看呢！于是影像就呈现出来了，那是意识境界的假相，可是你却真看到了，这就是业力。所以说，梦是怎么来的？因为你心动了；你说自己从来没有动过心（因为自己不知道心动），你如果晓得自己心动，你已经明心了，所以难就难在这里。

"然由谁之力而显现者"，这种力量是由谁而显现呢？从好的方面来讲，下面有说明。

> 上师加持自然智，离文言思时可见，如是之时所见者，无三时、别、与非别，及前后、名波罗蜜。

首先密宗、禅宗须先依止上师而修，上师加持的力量，使你得到自然智；当然我们的根本上师是佛，再者是一切圣贤。《金刚经》云："一切贤圣，皆以无为法而有差别。""一切贤圣"这句话，译得好，不分教别、宗派，一切有成就的，都是上师。由于依止上师，得上师加持，使你悟道的那个是自然智。那是人人本有的智慧爆发了，所以叫自然智，自然智是离开言语、文字，不可思议；再到文、言、思不可见时，就见道了。见道时无所谓过去、现在、未来，今天你悟了道，你同释迦牟尼佛一样，无所谓先后，也无差别，功力同释迦牟尼佛一样。说无差别嘛，有差别，别与非别都不谈，本体功能只有一个，也没有前也没有后，本来如此，叫作法尔自性。这样悟了道的智慧，"名波罗蜜"，叫作到彼岸。

亦是中观能息苦，离戏论、及大手印，真实法性、大圆满，本尽、本住、之实性，光明心性自然智，安立多名义一体，法尔离思菩提心，是为染净不二空。

这样也叫作中观正念，也无一个中字可得，也叫离戏论、大手印，也叫真实法性，也叫大圆满，也叫本尽、本住，也叫实性，也叫光明心性、自然智。也可以叫本来、神、上帝、道、元始天尊、佛、如来。《华严经》讲的佛，不只十个名号，有些地方叫主宰、上帝，等等。实际上就是这么一个东西，禅宗叫它"这个"，或叫干狗屎，反正安立多名，你们不要被名相，被那些有范围的观念困住了，那样一来，智慧就永远不会开了，因为这是自然境界，法尔难以思议，就是菩提心。到了悟道的境界，无所谓出世、入世，染也可以，净也可以；六道轮回，跳进红尘滚滚中去，尽管滚，染不上，这才真叫作净土。如果真有个净土，净也不染，叫作不二法门，"是为染净不二空"，也叫空，修到最后才成就。

"由至上上师加持，获见自心光明本体。如笃哈集云：上师所云谁心记，如见其掌中宝藏。"上师告诉你一切口诀，那是上师的经验，我们要重视，就如手捧宝贝一般。

"又见自性不可思议如空之时，了悟无前后判分，离遮遣成立，由诸缠缚中而解脱者也。"明心见性，见到空时，悟到无时间的差别，这时无遮也无遣。像我们现在修持，既有遮也有遣，像说："你们不要来吵我！"这就是不要外缘来，把它排遣了；然后妄念不敢动，把它遮起来，在那里做工夫。道成功了的人，无所谓遮遣，所以叫作无遮法会，没有遮拦的，四面八方都打开了，也不排遣这样，排遣那样。要在一切结使缠缚中，做到自然解脱，不要你去求法解脱了。

"《现观庄严论》云：于此无遣除，亦无少成立，极观真实性，见真实解脱，见彼心性本住之义故，谓为智慧到彼岸。"弥勒菩萨说的，到了这个境界时，无须遣除什么。我们现在要修道的话，只得把世间法丢了，才能修这个道；如果要入世的话，一定要把佛法丢了，才能做世间事，所以总是落于一边，有遣除。真到了悟道，无所谓遣除，可以入世、出世，一切自由。这时候证到什么果呢？一点东西都不证，这时现观庄严呈现了，自性本来就如此，真实不动，才真正解脱了。所以说，除了悟道，明心见性外，不算真正解脱，因为悟道时，才见到自己心性本来如此，"本来无一物，何处惹尘埃"。

香港有一个学生寄来一封信，说禅宗被六祖一首偈子害死，现在我们把它改了，改成"菩提本无树，明镜亦非台，本来有一物，何曾惹尘埃"。意思是说，这个东西，从来也没有沾过尘埃。我看了信高兴极了，连夜给他回信，他说的完全对，真是孺子可教也。他的职业是一天到晚在地狱中混，总算在外十几年，没有空过。

的确，学禅的人，都误在六祖这首偈子上。其实大家都拿鸡毛当令箭，一讲禅就提这首偈子，忘记了六祖后来彻悟时说的"何期自性本自清净……"这一段。第二点这个学生说，一般人都认为神秀不及六祖，神秀的时时勤拂拭，如履薄冰，其实这两个师兄弟，六祖与神秀是一模一样的。

怎么叫无念

"中观、能寂、大手印、大圆满等，无论所安何名，然义乃一体，即自性菩提心遍行如空者也。"证得菩提，菩提本空。

"如是语，《遍行》云，遍行我性唯一者，诸眷所欲而安名，或有名为菩提心，或有名为天空界，或有名为自然智，或有名为是法身，或有名为圆受用，或有名为变化身，或有名为一切智，或有名为一切法，或名四智或三智，或有名为五智者，或名法界或名慧，皆名菩提自然智。"《遍行》中说，自性一切处无不充满，无一不在，不要被以上这些名词骗了，佛也是它，般若也是它，本来有一物。

"于我自然所见云。又于证悟大离念摄其义者。"再详细说，怎么样叫明心见性？真正离念了。

> 不执方分离宗网，绝念无二大等圆，佛意离边广空中，诸瑜伽者当应知。

怎么样叫无念？你以为没有思想叫无念，那是学外道，一切不执着就是无念。物来则应，过去不留，所以《金刚经》说：

第十七讲

"过去心不可得,现在心不可得,未来心不可得。"既然三心不可得,你何必怕起心动念?但是你们没有悟道不要乱搞,在这个境界不执着,无所谓方分,无所谓四方,或到了证自证分,这时经教都不要了,离开一切宗,一切网。什么叫乐明无念?我本来就乐明无念,何必另外求个乐明无念。就是永嘉大师讲的"绝学无为闲道人",绝念无二,无所谓念与不念,空与有都不住,不二大圆满,这是十方诸佛的真意,"离边",也离广大,空不空,中不中。

"见实性之体者,以宗乘之思维,不能证悟,离语言文字之境故,绝信解修持之概义。"你们要想明心见性,如果学了佛学,就抓住了佛学,学密宗者抓住密宗思想,学禅宗抓住禅宗思想,保险你一辈子也了不了道。要离一切名相、文字,然后自性才能成就。这时候信解行证,以及教理,一概统统丢,要丢得干净,连佛也丢,连你也丢,就悟道了,很简单。

"离念无二如空不可思议故也。"离开一切念,恶念要离,善念也要离,佛法也要离,这个不二法门"如空不可思议"。

"然如何而知?如《遍行》云:若欲悟其义,譬如空而观,法尔义无生,悟心性无灭,于如空法尔,如空喻表示。"怎么叫作不生不灭呢?本来生而不生,一切万有生出了那么多,生了又没有了,所以生而不生。如拿灭的一面看,都死亡了,灭掉了,但又生了,灭而不灭,这就叫作不生不灭,无生灭,一切本来是空的,法尔如此,所以拿空来比喻表示。

"如是等义,若摄其要义而行持者,自心无作无杂之境中,去疑虑精勤,自明直通赤露而定。"再以行持的要义来讲,要注意悟道的妙法,随便你坐着也好,躺着也可以,什么都不管,也不造作,也不练气,也不空观,也不什么,在无杂的境界中,我就是佛。既不怀疑,也不忧愁,也无所谓用功,也无所谓不用功,当下就是,直截明白,一条大路直到菩提,是名直通,本来赤裸裸地,来去无牵挂,就是这个东西。

"《遍行》云:吉、摩诃萨欲成就自心,无所欲者乃为成就故,不作住于无念平等性,无有所舍境中自性住,无有动摇境中自然住。"诸位菩萨,恭喜你们,大吉大利。你们想明心见性,想成就吗?心里头一无所欲,坦然而住,已经成就了嘛!两腿盘着,你在干什么?我在打坐,打你两个耳光,因为你有所求,有所欲。你打坐干吗?学佛,再打两个耳光,因为你有所欲。一切无欲,坦然而住,无欲亦无求,有求皆苦。我不造作,自然无念,念头是你造作出来的,你不造,自然无念。我又不空掉,又不放下,有一个放下的心,有所舍那就糟糕了,就有造作了。无所舍中自然而住,这个样子一摆,两个眼睛一瞪,这个时候过来给你改姿势,歪着也好,没有动摇的境界,摆好了以后,不动也不摇,自然而住,就到了。为什么不能到?你自己挡住了,就这么简单。

"心者,乃为如所有之体。"如所有性,所以有人来问禅师:道在哪里?道在你的嘴上。在哪里?你嘴问道,就有道了,这不是在嘴吗?如所有性,起心动念都是性。所以百丈跟着马祖,那么多年不悟道,野鸭子飞过来时,马祖问百丈那是什么?把他注意力引到那边,他说那是野鸭子。马祖听他讲完了,把百丈鼻子用力一夹一扭,他痛得要命叫出声,马祖说你再说野鸭子飞过去了!这里都痛死了,还有时间说野鸭子飞过去了吗?百丈一下就悟了。那时看到野鸭子,心在野鸭子那里,心里有野鸭子,现在痛,痛过去了,怎么不叫痛了?因为痛过了,声音也没有了,"心者,乃为如所有之体"。

"一切诸法皆其性中成",那个能起作用的,不动,"如所有中而不作修治"。你打坐,坦然而住。问你干什么?修道!我就不打你了,晓得你真懂了。修道就修道嘛,如所有性。你说我定不了,呸!要它定,就定了嘛!自己对自己都没有办法,你看修个什么道啊?对自己都降伏不了。再不然打自己两个耳光,格老子!你想个什么屁?他就乖了,不想了。

不靠外力

"唯此体性,无有他成者。"世上任何一件事情想成功,都要依他力因缘凑合,才能成功,唯有悟道不靠外力,唯有独尊,是自己成的。

"虽佛若求法界中无得,本自己作,今者不须作,本自己成,今则不须成,无念何所无意平等住。"你说我修了半天一无所得,你真的一无所得,我就恭敬你了,就怕你不是真的。你叫释迦牟尼佛讲讲看,得了什么道?一无所得,本来一切都是自己在那里捣乱。现在不捣乱了,本来自己有成有败,现在我也不需要成了。你成什么?成凡夫?我本来不是凡夫,一切自然,就是无意,平等住。

"吉、摩诃萨谛听,过去诸如来,心外无他法,如是未尝作。"过去佛,心外无他法,就是现在,作而不作,动而不动,你何尝动过什么念头!听了这两个钟头的话,等于没有听到,本空嘛!

"三昧未念修,自心无念成,现在及未来,无念平等成,如是云也。"什么叫三昧?本来无一念,念而无念,就是三昧,自心本来无念嘛,你已经成功了的。现在、过去、未来心不可得,本来无念嘛,要你去修他干吗!这是直指的法门,如果直指都指不进去呢?那大概心肌闭塞有障碍,我也没办法了。

"第四义示果者",你真懂了悟道,是因上成佛,如何是果上成佛者？

  如竟到达果次第，乐明无念今双运，眼及神通无量德，究竟摩尼三身成，法及自他二利圆。

  悟了以后起修，如何达到果呢？——随时随地都在乐明无念之中。刚才把乐明无念批驳得一毛钱都不值，现在又拿回来了，在悟道见法身时不要谈它，见体之时如此，起用时非它没有功德。乐明无念双运，智悲双运道都成就了，眼睛等五神通都有了，无量功德都具备了，究竟摩尼珠、如意宝珠无不通达，三身成就，自利利他，功德圆满，这是果位上的佛，是有成绩，证果了。

  你刚开始读书，道理就懂了，那是因上，可是你还没有拿到果位，这时候拿到果位了，果不离因，因必须要证果。所以听了前面一段，你很高兴，认为这个你也悟了。不过那是"误"，所以你要注意，如果真悟了一点因缘，就是有了一点果位，有一点因就有一点果。等于天亮一样，等于一张纸一样，你刷白了一点，这个黑就稀少一点，你把全面刷白了，就是根本悟了。因为这张纸本来是白的嘛，我现在晓得它涂黑了，才知道永远在黑桶里，这是理上面的。但是话又说回来，非上面之因，不能证后面之果，如果没有明白上面念而无念这些因的话，纵然有乐明无念，纵然有悲智双运，纵然有神通，纵然有功德，都是外道、魔境。因为不明法身其体，不能明心见性，那就是外道，就是魔道；有神通就是魔道，而神通越大，魔境就越大，所以戒律上不准你修神通。因为没有悟道以前修神通，神通发起一分，把本性的光明就障碍住一分。那个（神通）只是用，成就了就没有关系，反而需要有这个，就是这个道理。

第十七讲

"于道以次妙修,今时成就乐明无念三昧,即得眼及神通等,究竟成就圆满正觉,三身四智等,尽轮回中而做利他。"得了果位成了佛以后,你在哪里?还在六道中,这个是有意在六道中打滚,进轮回中而做利他之事。所以你们诸位何尝不是前生已得道,不过现在迷了,故意来的;来久了忘记了回去之路。

"又法身如虚空境,色身如日月显现而作利他。"色身肉体修成功,气脉明了,一切光明,人家一看,自然喜欢,而肃然起敬。如果你说自己悟了道,一脸乌黑,三天两天在生病,病得比别人还厉害,别人会信你吗?当然你是有道,没有错,你法身没有动,可是它不起行,所以色身需如日月一样显现,而且有利他的行为。

"《庄严藏》云:诸佛三身义,是能所相依。《无上本续》云:由法身不动,变化性诸种,生现前世者,迁转具喜处,投胎或降生,工巧处成慧。"一切佛都要再来,但是在轮回中再来,他不怕,法身不迷、不动,一切变化自在,有时还投胎再来,变成禽兽,因为要度禽兽,只好投胎变狗。当然自己喜欢生哪里就生哪里,一切学问智慧通达,本性不迷,所以智慧大。

"后妃眷喜受,出家作苦行,往菩提道场,伏魔圆菩提,转法轮涅槃,遍不净刹土,尽轮回示现,如是所云。"如释迦牟尼佛一样,生为太子,被后妃一切眷属喜爱,但舍弃家庭,故意出家了,修一切苦行,给他人做榜样。我们却只想念阿弥陀佛到净土,不晓得学释迦牟尼,他偏要到不净的刹土世界里来,这是他的大悲心。只在净土里算什么本事?

"《现观庄严论》云:若人尽轮回,以诸种利众,等同所作身,能仁化不断,如是尽此世,业亦无有尽,如是之谓也。"假使有人"尽轮回",轮回不会停止的,诸佛菩萨的愿力,同轮回一样不会停止,以诸种种利众,就是能仁,是佛的教化,大慈大悲的愿力，所以佛的功德是无量无边，同这个世界一样。这个世界一切众生的恶业造不完，诸佛菩萨善业也修不完，相等的。所以一切众生不怕你业力习气大，业力习气妄想越多，悟道的智慧就越大。你们算什么妄想？一本书都不读，真打妄想的人贪心大，遍学一切学问，都障碍修道。但是你真的遍学完了，一悟道以后，业力有多大，智慧就有多大，放下屠刀，立地就成佛了。你们放下什么屠刀？拿把水果刀给你都吓得发抖，况且还没有看过刀呢！听到刀已经发毛了，所以成佛自然难一点了，没什么稀奇。

第十八讲

传法的人和事
修习心念五步
正行修习三重点
又说修无念法

今天大圆满是最后一次，等于把大圆满做一个显密的比较研究，后面还有很多修法，以后再看机会。

"今本论悉皆圆满，又示末尾义，初善回向者。"很多人问起回向两字究竟作什么解释，回向就是回互作用，这个宇宙的法则都是圆的，怎么样去，怎么样来，就是回报、回转；回向也包括了圆满周遍的意思。不过在显教或密宗，学佛人的第一步，或礼佛，或念咒语，做任何一件善事，多半就做了回向。理论上说，就是禅宗所谓放下，自己不要，而布施给一切众生，或者给某一个人，这个是回向。简单一句，回向就是电感的作用，你这个开关一按，你心念的力量注意某一个人，就回向某一个人，他就可得到感应，如同电感，这叫回向。如果你心电感应向一切众生，使一切众生可以成就，或脱离苦难，这就是回向的道理。大圆满讲完了，有回向文：

> 如上理趣静真义，深广演说之福利，众生得二上菩提，获得无边摩尼德。

这一本法本，文字翻译得不好，文字价值很成问题，大概意思是，上面这些道理，使你真得到正定的境界，这些福报功德的利益，回向一切众生，使众生得福德、智慧种种圆满的无上菩提；不是为我，是使一切众生获得无边的摩尼德，智慧的光明像如意珠一样，无所不知，无所不晓。

"以妙著述希有理趣之福德，愿一切众生，获得圆满正觉无边智慧与福德所庄严位。"一般学佛，第一步应做到修一切法的愿力，不为自己而修，而是要使一切众生，都得圆满正觉，也就是成佛，获无量无边的智慧与福德庄严。作者在这本书的最后讲，自己纵有功德，愿回向一切众生各个成就，自己不要。

"又说由何人于何者建立如何法之理趣者。"下面又说，是什么人传的这个法，法本又从哪里来呢？

传法的人和事

> 此乃佛子无垢光，集自行要摄精英，为诸后来明白演，妙造颓格雪山旁。

佛子无垢光尊者为传法者，这个法本集中他自己一生修持的经验，另外显教和密教的精华，也都具足在这本法本之中，为后来诸众生，明白说明修持成佛之路。此法本出自西藏，也有人说，这个法本当时出在北印度，就是西藏南部的高山上。

"具德乌金大上师莲花生之法子，多闻智慧无垢光明尊者，得自性大圆满法要。"莲花生大士的大徒弟，无垢光尊者，已经成就，自己证得了自性大圆满的法要。

"于要门精英，摄集自所行证，为诸后来者，妙造于山王颓格雪山者也。"他把自己的修持经验集中，作了这本妙法本。当时正当中国禅宗开始兴盛，因为莲花生大士到西藏时，正是唐高宗时代，也是中国禅宗，由五祖到六祖之间鼎盛时期。所以我经常从世界的文化史、宗教史，看出很妙的事情，东西方文化，在这个世纪当中，东方出个老子、孔子、释迦牟尼；西方正当此时，也是一个文明时期，出了苏格拉底等，在哲学、宗教立场上，也有像中国一样的文明，这是全部人文文化的事。像东方印度，出了英雄，明王阿育王，与西方的那位名王（亚历山大），差不多是同一个时代。

不过比较起来，中国的文化像雨伞，所以是上面大，上古以来的诸子百家，到后面便成雨伞柄，越来越小。西方是雨伞倒转来的，上面小，到了十六世纪以后，工业发达，各方面都大了。这两把雨伞把它逗拢来，就是一个车轮，这个时代的历史，就是这样由车轮推动了。我本想写有关这方面一本书，但始终没有时间动手，精神不够，没有助手也是个原因。

现在缩小范围讲密宗，讲东方。中国禅宗在此时期兴起，而西藏的佛法，正是密宗建立的初期，虽有修法，理论还正在初步。阿底峡尊者在西藏传《菩提道炬论》，后来宗喀巴的《菩提道次第广论》，就是根据这本《菩提道炬论》而作。我们了解了历史背景，然后可以研究大圆满修持的方法。说起来非常妙，这个时候密教的修法，同中国正统的道家，有许多雷同之处。注意！我说是正统的道家，因为道家有旁门八百，左道三千，都是所谓的道家。

当我在西藏研究密宗时，觉得很奇怪，所以我曾与贡噶师父，交换过许多法门，他说太奇怪了。我说：师父，我不好意思说，当文成公主嫁给西藏松赞干布时，莲花生大士还没有进西藏，而当时文成公主带到西藏去的，还有几位道士，所以西藏尽管是佛教地区，僧人们却也用八卦的卜卦方法。我怀疑密法的修持，可能也与这些道士有关。

西藏也有关公庙，这不是很奇怪吗？文成公主当初下嫁时，带去有和尚、道士、儒生，有意推广宗教。松赞干布第二个妃子是尼泊尔人，与唐公主两个都信佛；文成公主还带去释迦牟尼的佛像，现在是西藏文化的国宝。后来，松赞干布受了这两位夫人的感化，派大使到汉地来，要求把汉地的文字传到西藏去，唐太宗已经答应了，但是宰相房玄龄不同意，他说这个民族，素来是边疆之患，现在稍稍安定了，如果他们也懂了文字，有了文化的话，将来会成大患。房玄龄是历史上一个名臣，学问、道德、政治，样样好。但是你们看！我们学佛讲见地第一，他这些话真是狗屁见地；如果当时晓得文字统一重要的话，后世一千多年来，西藏就不会是问题了。因他这一个决定，唐太宗一听也对呀，就送给松赞干布很多东西，但不给他文字。松赞干布没有办法，才跟尼泊尔王妃商量，派人到印度，根据梵文造藏文，迎接阿底峡尊者到西藏来教佛法，后来又迎接莲花生大士到西藏教化。

这一段历史中，由各种研究看来，修法的部分，跟中国小乘的禅定，和禅宗的渐修方法的禅定，以及正统道家的所谓上品丹法，很多都相同。所以我们可以得一个结论：人类的文化，最高的精华都是相同的，不同是下面的人搞偏差了。这个修法我们把它讲完了，首先介绍这一段观念。

"又以别义教诫精勤者。"对勤修者再加以教诫。

> 欲求解脱等精勤，如此文字作行持，暂时究竟二利圆，速成喜乐大乐洲。

我们一个凡夫要想得解脱，精勤修道，只要依照这个法本修持，不管是暂时，不管是究竟，自利利他绝对能够圆满，很快能够成就。

"后来成就解脱者，当精勤修习于此文字之义"，要努力修这个法门，"昼夜行持，速成自他二利，圆满正觉，得殊胜菩提，而喜乐者也"。这句话特别注意，真正要想成佛，为什么自己修行不见功效呢？"昼夜行持"，就是这句话，看自己做到了几分。在家居士学佛没有成就，都是因为把人世间的欲望放第一位，佛法的行持放第二位，真正要想佛法有成，就是修持放第一位，其他都是第二、第三位了。出家的同学，既然出家了，要想成道，必须昼夜行持，发愿快快做到自利利他之行持，得到殊胜的菩提之果，自然得大喜乐的成就。

"《宝积经》云：精者住菩提，不精住非是，如是云也。示到究竟义已示竟。"什么叫精进？念念在修证菩提，这才是精进。什么是不精进的人？不精进者念念在妄想中；换句话说，不精进的人，念念在是非中。

"尾偈云：如是妙说大云德，无尽众生满虚空，圆满二义利乐雨，无边现前成菩提。由恶道中决定出，净车金刚真实义，入此深广至上法，愿众到达解脱城。""净车"，这个字翻译得不好，车就是大乘、小乘的乘，我们要走净土的大乘车子，走金刚乘，永远颠扑不破的真实义，祈愿一切众生都得解脱。

"本法理趣千光日，敕解要门妙轮圆，解除无尽意空暗。"理是理，趣是趣，趣是归向。受莲花生大士的教导，了解修持的法要圆满周遍，使得我们一切无明能得到解脱。

"乃同菩提莲花开，于昔多生作如是，极净智眼于此理，此生经续要门义，得力无尽解深义。"多生累劫的修持，为了得到极净智眼，学佛的人先要修好自己的法眼，因为法眼是智慧的眼睛，才能把正法、非正法看得清清楚楚。

"戒律无垢清净空，由现智慧之尊日，诸种广大莲盛开，自解广境现十方。"这是密宗的方法，密宗分三乘道，菩萨道叫上士道，缘觉叫中士道，小乘叫下士道。"谁于往昔上士理"，上士理就是大乘的菩萨妙理。"随学真实献王后，自然莲师所加持"，"献王"是对西藏王来讲。"颓格雪山旁妙造，净车金刚尖之范"，这是一切法门的顶尖。

"造句义灿极庄严，乘此解脱道胜者，应机众聚生欢喜。"如果修这个法门，很快成就。这是应机说教，一切众生闻此法门而修，心生欢喜。

"此名称大圆满禅定休息清净车解者，乃多习于深广义理大瑜伽士陇清燃将巴所作圆满。吉羊、吉羊、吉羊。"车解即法要，圆满吉祥。

修习心念五步

大圆满禅定休息精华撮要引义

现在我们讨论这个修法。

"敬礼光明智，心之至上者，说此无垢性。"凡是一切圣贤，十方诸佛，十方悟道明心见性的圣贤，都在这个敬礼中。华严境界也是这样，一心顶礼，十方三世一切佛，十方三世一切诸大菩萨，十方三世圣贤僧，那还是带宗教性的。无上密宗同禅宗是一条路线，脱掉宗教的外衣，赤裸裸地呈露出来，也不顶礼佛，也不顶礼菩萨，也不顶礼僧，而是"敬礼光明智"。一切自性智慧成就了的，明心见性成了道的，都在顶礼之中。

"清净修习心"，一切众生自性本来是佛，本来没有尘垢，一切成就都在内，这就是无上密法，也就是无上显教。顶礼自性光明智慧真菩提，自性光明智慧是唯心所造，是心之至上者；这个心性之体，本来不增不减，不垢不净。如此清净修去，修习自性成就之路，都讲完了，如果不懂、不悟这个道理，那么就从下面的次第修法做起。

"初示加行者坐安乐座"，初步告诉修持的人，打坐的位子自己要整理好，坐得舒服。不只是光讲究舒服，你们打坐那么多年的人，连姿势都没有坐对，头低一点、仰一点、偏一点、差一点，都有大妨碍。结果你们几位在这里修持的人，我花了三天时间修正，老是纠正不好，怪不得没有成就。所以不管显教密宗，"坐安乐座"，坐下来要身安，有一点觉得不对，屁股翘一点，腰发胀一点，你就要研究是否是垫的地方有问题，垫高一点，低一点，每个人体形关系都不同，所以要安乐，坐起来舒服。

"观寿无常（一）"，人活了几十岁，等一下死或明天死，都不知道，寿命无常，黄泉路上无老少，来不及了，抓住时间赶快修。

"厌离轮回苦（二）"，一般人尽管讲修持，观无常的心情没有，叫他厌离，才不干呢！学佛的人很多，真肯放下修的人没有，了解轮回之苦的也没有。有许多人对这个世界留恋得很，虽说净土好，我也没去过，还要七天七夜一心不乱，否则办不到入境证。现在我们这个世界有冷气，也有电视，很好嘛！绝不会起厌离轮回心。

"于诸众生，心生起无量悲心（三）"。我们学佛的人，要对一切众生，真正生起无量的慈悲心，爱人之心，慈就是仁，悲就是义。西方文化慈是爱，悲要做到合理。这三点，对不起，我们在座的人，恐怕都做不到。换句话说，我们可怜在什么地方？不要说对一切众生没有发无量悲心，就连对自己都没有发起无量悲心，可怜到这个程度；要是自己真发起无量悲心，就会努力要去修持。所以说，自度自救的心都不生起，怎么学佛啊？以为一天念两次咒，闭眉闭眼，装模作样，就叫作学佛，那真是开玩笑！理趣都没搞清楚。

"现有生起为无上明朗刹土，自身生起为金刚萨埵如虹色，执金刚杵及铃,诵百字明(四)。"以修密法来讲,生起次第,即空即有,一上座,这一念之间就变了,就是转这个念头的力量,一念就现成,生起无上明朗刹土。也就是说,你一上座坐好,发了大悲心,不是专为自己而修,是为利益众生而修。然后一念之间,自己把身心放开,空了,就在无念、清净,一片无比光明的境界里定下了,当下就要如此。然后在无比光明的境界里,观想自己变成虹霓之身,自己就是佛,七彩光明的身体,中空的,无皮无骨,只有生起无比的光明,自己变成金刚萨埵(普贤如来)一样,手拿金刚杵、铃;或者不拿法器,只结手印也可以,随便你。这时候,我即是佛,念诵百字明,或念《心经》、大悲咒也可以,但是不能不念。初学者心念不住在一个咒语上,或者佛号上,很难得止。如果你说,就止在这一片光明里头行吗?不行,这样下去就容易落于偏空。所以即空即有,即有即空,要马上转,这就是转识成智,变化业力。这是第四点。

"头顶莲花日月中有总摄上师普贤如来父母相,蓝色。金刚跏趺坐,结平等印。放射无量光明,尽天空界,皆观为报身刹土。想根本及传承上师本尊空行等相互溶入。启请于心生起法性了悟(五)。"观想自己头部顶门中心,像莲花一样打开,与法界交融,在太阳月亮一样的光明中,有我们真正的根本上师普贤如来。普贤菩萨本身总摄是普贤如来,他与观音菩萨、文殊菩萨,这几位大菩萨早已成佛了,无数劫来都比释迦牟尼佛成佛早。什么叫普贤?就是无处不在,到处都显现,现量境界。什么叫佛母相?是双身阴阳男女之相。换句话说,你可以观想普贤佛在头顶,也可以观想毗卢遮那佛或释迦牟尼佛,大家各有因缘,十方三世一切的佛,随众生心,应所知量,看你的缘而观想。

不过,大圆满的法门,走的是普贤如来的法门,观想普贤如来蓝色——天青色,中脉通时,一定都在天青色中;"报身刹土"就是现世的物理世界。密宗的修法都是用观想，精思入神，观想根本上师；在此土的根本上师及传法上师是释迦牟尼佛，也就是本尊，所以观想本尊，就是观释迦佛。比如修亥母法、喜金刚法、准提法，准提佛母等就是你的本尊。空行、一切佛、一切菩萨，一切已成就者，百千万亿身体都从我的顶上灌进来，变成我一个身体，此乃大贪心也。

在理上，叫不叫作贪呢？叫作自他不二，"无边刹境，自他不隔于毫端"。本来我之体性与佛之体性不二，我与十方三世一切诸佛，一切体性无二无别，因此融汇了。这时候你观想起来了，求什么呢？不要求佛，因为已经观想十方三世一切佛，都同自性光明融会一体，一体就是我了。所以"启请于心生起法性了悟（五）"，求人不如求己，启请自心，也就是求一切诸佛之心，赶快明心见性悟道。这是第五点。

"是诸次第各三昼夜即成半月于心修习也。"这样一个一个观想地修法，每个法门，昼夜精勤修三天，生起次第这个境界会出现。三天以后，慢慢构成心的念力，随时随地，半个月下来，在行住坐卧中，此心随时都在修持，都在坛场中，没有动乱。如此行来，就会有一点成就，还不是大成就。

每个人上座修持的第一步是这样，上面等于是修持加行，也等于启请十方诸佛，乃至普贤如来的加持。第二步修持正行的修法，先修乐光明，由自性光明境界得乐的方法。

正行修习三重点

"次正行有三：初乐光明者，身跏趺，两手掌压于膝上，气外呼已后，即徐徐内吸。"散坐并不需要结手印，外呼气时注意，这里没有说清楚，藏密没有传，东密有传，差不多如《小止观》告诉你的"呵嘘呼嘻吹呬"这六字一样。一上来静坐以后,坐正了,手随便放,尤其要注意,头部一定要摆正,低一点、仰一点也不行。这个姿势一定要摆好,脑下垂体在这儿,大家看白骨就懂了,否则把大乐轮脑部的气都压住了,精不能化气,就很难修成功。

修行没有成就,是气脉没有通,有修持的人,一看颈部这里就知道,自然有圆圈,佛经说圆光三层。人老化了,就"鸡皮鹤发",所以真正不老,脖子是硬朗的。实际上,头这样摆正后,气自然沉下去,所以你们打坐仰着头,或头低着就糟了。你看人越老,脖子越这样伸出来,后脑颈项凹下去,气脉通了的人不会这样,所以喉的关系非常重大。我改你们的姿势,没有一个人的头是摆对的,所以坐了那么久,得不到效果。

头摆正了后,有心脏病的人注意,不出声地呵气,最后连口水一起咽一下,这叫"呵",嘴巴是呵字形,丹田尽量向内收,呵完了气,接不上来了,嘴巴一闭,再用鼻子吸气,再做。"嘘"是肝胆,"嘻"是三焦,"呬"是肺,"呼"是脾胃,"吹"是肾。这几个字是这样呼的。前年在"佛光别院"特别提出来讲过,把气一口呼完了,干净了,徐徐内吸,用鼻子吸气。但有一个原则,和九节佛风、宝瓶气修法一样,呼气时粗、短、急,把它呼完;相反的,吸进来时要缓、长、细。然后跟着气,念清净了,再忘掉身体,用第六意识观想。

"明观三脉四轮,由脐中红（ᢛ）阿字燃火焰,触头顶白杭（ᢆ）字,继续降甘露,流入心中青灰色（ᢧ）谤字,乐明朗朗生起也。"现在盼咐你们秘诀,本来有三脉七轮,为什么只观四轮,其他那三轮,要在四轮成就以后才观。什么理由?因为"海底轮"不能经常观,如果经常观,男性容易遗精,女性容易患血崩的毛病。再说头轮叫大乐轮,包括了整个头部。头轮顶部外面是"梵穴轮",不要经常观,气脉没有成就如果观的话,胖子容易得血压高,瘦子血压低的人容易头昏。"眉间轮"是头顶中心,就是间脑,是眉间轮部位,没有成就不要轻易观,因为轻易观,一般人容易得精神病。因为精没有化气,气没有化神,所以普通只观三脉四轮,不观七轮。这是无上的秘诀,今天告诉你们了。

三脉四轮为什么观不起来?解剖学上能解剖得出来吗?三脉四轮,活的人身上可以研究,但是解剖不出来。注意!三脉四轮是意生身的境界,大家光在肉体上找,怎么观得起来呢?所以你上座观想,在意境上有三脉四轮,必须忘记受阴,也就是忘记肉体的感觉,因为这是想阴的境界。大家观想观不起来,都被受阴拉住了,都想在肉体上有三脉四轮,所以观不起来,知道了吗?

甲问:三脉四轮发动了,可不可以观想?

师答:可以,动了一阵,马上要观想整个化光,有形的光,然后化空,不要尽住在脉轮上,那样就被受阴转,就永远不能净化了。

乙问:已经观想化光、化空的,不必再观想三脉四轮了吗?不然要怎么观?

师答:刚才是答复他的问题,你是修什么法化的光?

乙答:白骨观。

师答:由白骨观的修法已经达到化光,空了,身体的架子还有吗?(答:没有。)完全在一片光中?(答:是的。)可以把三脉四轮,像一个图案那样观想,也可以不观想图案;现在可以当场试验一下,在这光明定当中观三脉四轮,不管肉体。

我们现在大家学法,为什么困住了呢?因为书中的表达是世间形容,所以叫你观,相等于肚脐的这部的中间,有一个梵文或藏文的字,当然中文、英文也可以,"由脐中红（ཨ）阿字燃火轮"。至于说是梵文对或藏文对,那个不是问题,不要被种子字(即字母)困住了,意思是在相对于现在肉身的脐轮部分,有一个(ཨ)阿字。怎么叫燃火轮?像火光一样的爆发,像放烟火,爆米花或者霓虹灯的火光。不要执着在肚脐里,执着有肉体的感受,那很危险。初学的人如果一定要执着肉体,在里头搞,往往搞出很多毛病,怪毛病都来了。所以要知道观想这个事情,主要是意境上的事,大家观不起来,拼命拉到肉体上的字,所以修不成。当然这里头还有一个问题,等一下记得问我。

"触头顶白杭(ཧྃ)字",降白色的甘露,像白骨观的方法。这个《禅秘要法》非常伟大,包括了显教、密宗、小乘、大乘,都修这个法。白骨观最后叫作日轮观,由脐发动,作莲花观,那就叫作禅秘,在禅法里头的真正无上密意。意境上的事,叫你肚脐的暖相上来,头顶上的甘露下降,换句话说,暖不能到头顶上。今天有人问我:打坐以后观想,脚底下热不起来,反而头顶热。我叫他注意,要看病吃药,那是不对的,颠倒了。真得定,观起来头顶永远是清凉的,暖相由下到上,心窝子以上都是清凉的。"流入心中青灰色(ཧཱུྃ)谤字",甘露下降,甜的口水下来,到心脏、心窝,就是心轮这一部分,"青灰色"就是秋天天蓝色,淡一点,这是要配合中脉蓝色而讲。"谤字",这个种子字没有关系,用莲花、佛像都可以,各家不同,明白了道理可以不管它,没有关系。甚至于头顶上阿弥陀佛,心轮上观音菩萨,乃至头顶上观音菩萨的净瓶,心中阿弥陀佛,都可以,没有关系。只是你要先定一个,自己确定一个不变动,这是系心一缘的道理。只要做此观想,可以生起身体上乐感、光明,自己也自然会明白,很明显地生起这些精神感受。

你们观白骨已经有经验,一观足趾头,暖就自然生起,如果能由足趾观到小腿、大腿,到了髋骨以上,腰骨这里,乐感就生起了，用不着那么吃力照大圆满那么观。虽然在密宗讲，大圆满是无上大法，但在教理的分判方面，到了乐、明、无念生起，不过是四加行中得暖位而已。关于加行，小乘也有，四果罗汉每个都有，但程度不同；大乘有十地，每一地四加行的程度不同。所以大家修白骨观，为什么暖那么容易得？但不要认为是无上暖位，是初修暖位而已。由暖发起浑身快感，内外一片光明，都是有相的，这时候不要求无相，只求有相，由意境上生起。

"此于乐未生之中而修习也。"上面是未得暖位，乐感也没有生起当中，用这个方法、次序来修，是假定暖位得了，乐感也生起了。

"生起后、即此谤字渐细，最后无缘境中心松懈而住，空乐离戏论智三昼夜即成就也。"生起后，先从心里缩小观想的境界，缩到最后一点空，这一点空，像牛毛般细的这一点亮光，冲到头顶上，散之于虚空，最后一身完全放下而定。这个工夫难不难？很容易。那么你说到了这个工夫，这个境界，悟道了没有？没有！成道悟道是般若智慧，而这是工夫。工夫是境界，用意境可以造得出来、修得出来的，凡是修得成功的，就坏得了，不修就没有了，都是生灭法。最后在无缘境中，心松懈而住以后，在空乐境界就要有"离戏论智"了，这是般若。也就是说，认清所谓身上的乐觉受，气脉通了的快感，空的境界，这一切都是一念唯心所生，非空非有，即空即有，要生起就有，要它没有就没有，唯我自在。明白了原来这也是一念。

这样专修三天三夜，就可以修成功空乐定。不过在三昼夜成功以前，要先修加行一百天，而且不管男女，这一百天当中，身体要绝对持戒不漏，有一次漏丹都成问题，所以不是那么容易的。有些人买一本密宗的书看看，也去修，乱搞，又没有得明师的口诀，所以出毛病的非常多，严重得很。假定一百天当中有漏了,再重新来过,从第一天算起,这是讲空乐定。

"第二明光明者,身调要及脉调要与上相同。"就是说修大圆满三个方法,三个方法不是三个次序,如果把它变成次序也可以,先修成功空乐定,进而修空明定,也可以。空明定调身的方法,三脉四轮与上面一样,不管修空乐定、空明定,初步修炼调身、调脉又是另一个工夫,这次我们没有提到。

"想若、蒋(即左右二脉名,详前)二脉气内吸时,现有轮回涅槃一切皆化入于心中之五光团,生起空明智,气合口(闭气)定于心中,又作徐呼吸气,最后渐小渐细(指光团)无缘境中而松懈,于三昼夜显现空明无分别光明也。""若、蒋"即是左红右白二脉,另外《六成就法》中,第一先修灵热拙火,这样气脉成就以后就可以得空明定。气脉成就的方法,要专门修炼气功,平常我也讲过,白天注意左鼻的呼吸,晚上注意右鼻的呼吸,是初步的讲法。严格讲法,子时以后开始,到次日午时十一点以前,注意左鼻的呼吸,午时以后到夜晚亥时以前,注意右鼻的呼吸,这是一。呼吸的修法,当然开始修九节佛风,还是有形的,是给你初步练习的,真正九节佛风、宝瓶气炼到了,不须要指头按鼻孔了,用意志可以控制,要左鼻呼吸就左鼻,要右鼻呼吸就右鼻,要它双鼻停止呼吸就停止。但是专修时不管左右,意境上观想,就是意识的观想,是想阴境界,配合呼吸进来的气,有七彩的光明进来。六成就的修法,不但左鼻或右鼻的气进来,有七彩的光,乃至浑身八万四千毛孔,吸气时都是七彩的光明进来,放出去的,是身体内的浊气。在座有同学鼻子不好,我告诉他照工夫来,用冷水洗鼻子。都市的空气脏得很,两鼻孔像烟囱,把脏空气吸到肺部怎么不生病!所以宝瓶气炼好了,在街上走路,空气可以少吸一点,自己把鼻孔关住,不吸外面的空气。一个修行人,每天全身九窍,随时要洗干净,这是戒律。

洗鼻子法：用干净清水，两个鼻子吸进来，嘴里吐出去，这也是洗脑。初步只要吸一点，慢慢吸，吸进去时，脑子会刺痛，其实脑子一点都不会受伤。脑子痛过了以后，冷水冲进来，刺激头部鼻窦腔内的神经，这样不会患鼻炎了，然后气功可以成就了，要气停住就停住。这位同学两个月练好了，也少感冒了，他教给别人，大家也很感谢他。

还有一个，食道管一定要干净，当然念"阿"也是修炼食道的方法，如果硬要做的话，要买一块干净的纱布，消毒过，三四尺长，坐着慢慢地咽下去，脖子要立起来，等于到医院照胃镜一样。早晨空肚子吞，都吞到肚子中，最后咽完了，脖子依然立着，把纱布慢慢拉出来，食道管和胃都洗干净了。不过拉出来的布很脏，才晓得自己内部是那么可怕。如果用这个方法，包你一辈子不会得食道癌，所以人体内部非常脏，这还只能说洗胃，还不能说洗肠。现在科学发明的胃镜是检查胃，吞下去，镜子在里头转，胃内部都可以照出来。

由炼气的原理晓得，要想得光明，光明由气生，乐由精生，无念由神生，神满了自然无念。实际上，不管是空乐、空明，以无念为最高，但不能偏重于无念。所以我们得了一个结论出来：内外光明一片呈现，是气成就来的。所以六成就中，气成就法就是光明成就，如果气真炼成了，起先是定中自己闭眼看到，内外光明一片，但别人并没看到你什么光明。进一步气脉真成就了，一定放光。大家没有成就，就是没有修炼，修炼气脉成就了的，饮食自然减少。但是要想气脉成就，饮食不能多，饮食是无形杀人最厉害的东西。孔子都晓得，食气者寿（《孔子家语·执辔第二十五》：食草者善走而愚，食桑者有绪而蛾，食肉者勇毅而悍，食气者神明而寿，食谷者智慧而巧，不食者不死而神）。

又说修无念法

"第三无念光明者：身调要相同，心调要中初射者，想心中白色阿（ཨ༌）字放光，念哈二十一遍，由头顶向天空界中去，即于此想自然消灭之境，遂生起无念明朗智。"调身的要点都相同，注意！每一步的修法都是身体要调好，身体一天到晚有病，昏头昏脑的，修行就免谈了。不要说密宗，显教都修不好，四大有如此之重要。本来四大皆空，但你空不了，是因全身都是业力把你捆绑住了，所以密宗的方法，调四大最重要。为什么比丘戒律第一条戒淫，不能漏精呢？调身之重要也。一漏了丹，四大就分离了，重点在这里。

这个法本中，所教修无念的方法，是心中观一点光明，向头顶冲向空中，然后空了。这就是射法，向头上冲出去。这个方法是，观想心中白色"阿"字放光，或白色光明放光，念"哈"二十一遍，同破瓦法一样。但是我告诉你，精气神没有修圆满前，千万不要修无念法向上射，因为向上走的修法容易短寿。向下沉的法子是长寿的法门。原则如此，所以一切密宗的方法，就是这样变出来的，非常简单。原理懂了以后，显密都是一样。普通一个人老了，下部先死，再老就剩脑部了，最后喉咙出最后一口气，上行气与下行气分离，死了。所以说修白骨观，脚底心使它发暖，就是长寿法在内了。我一直鼓励你们修白骨观，什么方法都包括在白骨观里头，简单而明了。为什么冲上去容易无念？强迫性的无念，妄念容易逼出去。换句话说，气容易散开，所以气功有了成就才可以修，否则就危险了。这是由头顶向天空散去，一切妄念自然空了，生起无念的境界。

"又持者，天清澄时，背日而定，即观于天空之境，心不散乱而住，遂生起无念智。"什么叫保持定的境界？要在高山上修，台湾的高山不适宜，湿气太重，西北的高山、西康、西藏、云南迤西的高山可以。天气最澄清时，在山顶上，背着日光打坐，两眼观空。观空定有下面几个方法。

一、象王视：象眼是向左右看的，脸不动。象鼻子大，右眼看右边，左眼看左边，所以叫象王视。

二、凝视：两个眼睛集中一点，到中间来。不要随便搞这个方法，血压低会头昏，血压高的人马上又会高起来。

三、平视：下面的眼皮往上，上面的眼皮垂下盖一点点。在高山顶上怎么坐？密宗叫狮子坐，也是狗的坐法。眼观于空，同《椎击三要》一样，心注于眼，眼注于空，空无所住。自然空了，一片光，身体忘掉，空，什么都不管。眼珠疲劳了，闭起眼睛也是一样，眼珠不动。假如你们将来找到这样理想的高山，悬崖更好，练习忘记了空间，将来可以不用跳伞，万丈悬崖要下来就下来。狮子坐很舒服，手放在脚后跟里面，这姿势舒服得很，你们平常打坐，有时可以用这个，可以不要用坐垫。在悬崖上以狮子坐入定，下面看万丈空谷，当然身体要平，尤其是女性，腿要并拢来，可是身体要伸直，要把身体姿势调好。打坐有九十多种坐法，这是其中之一，这个是住山上专修的修持方法，最容易入定。观空，修破瓦法，这个观空的境界最容易生起无念智，但要注意要视而无视，若用看的，会把眼珠看坏了。

"又修者，定于天空后，又渐渐观于地石山岩等诸境界，无有实法，成如天空，即自身亦变成如空，内外中三者皆成空界，于无有分别天空境中，不动不散坦然而住，即生起一切法无念本自解脱昔来法性本净心净智慧。"观空以后，然后慢慢地意识境界观地、石、山、岩等，都是空的，就像达摩祖师那两只眼睛，渐渐地忘掉了墙壁，忘掉了对面的山，对面的东西都没有了，都观空了，自然一切本空，自然一切无念，就可以达到了明心见性的境界。当然事实上还有，所以你们去查《大藏经》，佛的秘密早在显教中告诉你们了。在密法法要中，神通修法就是这样修，由观空修法，气脉成就了，然后空的定修好了，由眼神修通，等于催眠术一样，然后把山岩墙壁都看空了。到达那个境界以后，什么钢铁、电梯，根本不成妨碍，要进去就进去，要出来就出来，就是这个修法。这也是意境所生，是神通境界，是观想成就，这是持法，保持定的境界，这个功能永远保持着。

"此乃正行光明口诀也，其后一切皆无执着，当学习当下无生力净法也。"今天结论所讲的，简单扼要，什么礼拜、磕头这些花样，都给你拿掉，无上密宗，赤裸裸的，就是这么一个，把那些形式主义，统统丢掉，"其后"，到了无念境界以后，一切皆无执着。所以密宗称中国的禅宗是大密宗，这里也告诉你，到达乐明无念成就以后，一切都不需要执着，应该要学习禅宗的当下即是，这是毕竟的无上净土法门。

"如是乐明无念光，著述行证所获文，以此善愿诸众生，了悟心性而不住，本来法身愿获得，更深心光明智要，如上师云诸行持，颡格雪山旁我等，愿妙演说宏敕论。"这个法门，是历代祖师修证有成的经验，累积而传下来，但愿一切众生明心见性，不执着，一无所住。也就是禅宗的境界，自性的法身本来在，应该当场得到，更进一步心的光明智慧法要，就是这本法本，希望大家弘扬。

今天本法本圆满了，我要提起诸位注意，自正月打七以来，一直奉劝诸位努力研究《禅秘要法》白骨观，努力修证，然后将来再讲《六成就》、《大手印》与《大圆满》，可以对照看看。其实释迦牟尼佛，早就把秘密宣说出来了，只是一般学佛者不信，没有办法。

我刚才提到一个问题需要补充，脐中"阿"字燃火焰不是在肚脐里，而是差不多这个部位。你们修白骨观也好，其他观想也好，一个原则，今天把秘密告诉你们，比如一提妈妈，大家就有母亲的影像，依照这个道理，一转到白骨就来白骨了嘛，这是意境上的。换言之，你意境上观想三脉四轮就有了，这是幻想，幻想定住久了，工夫一到，回转到身上来就上来，意境上说有就有。怎么说观想不起来呢？但你说那是假的，你把假意境定住，不要三昼夜，你只要定住一个时辰，然后安那般那呼吸调匀，一回转，马上到身上来，观想有什么难吗？那么笨！只会玩嘴巴说，不研究。那么一到身上来，一到脐轮，一念专一，脐轮没有不发拙火的，到脐轮一发热，就发乐。这时要见地清楚才行，贪图乐，贪图热，就在脐轮上，你非崩溃不可，要大漏丹，不得了。到这里要晓得马上转到显教《心经》"受不异空，空不异受；受即是空，空即是受"，赶快把感觉的境界拿掉，立刻上面甘露就下降，成就了。"三昼夜即成就"这句话，讲得太长了，真的理通了，智慧的事，刹那之间就成了。不是骗你，骗人的话下地狱，真正佛法就是如此，但那是大智慧的本钱。

"无垢光所作大圆满禅定休息精华撮要引义圆满 吉羊 吉羊 吉羊。"

东方出版社南怀瑾作品

论语别裁　　　　　　　　　孔子和他的弟子们
话说中庸　　　　　　　　　原本大学微言
孟子旁通（上）　　　　　　孟子旁通（中）
　　梁惠王篇　万章篇　　　　　　公孙丑篇　尽心篇
孟子旁通（下）
　　离娄篇　滕文公篇　告子篇

维摩诘的花雨满天　　　　　静坐与修道
金刚经说什么　　　　　　　禅与生命的认知初讲
药师经的济世观　　　　　　禅宗与道家
圆觉经略说　　　　　　　　定慧初修
楞严大义今释　　　　　　　如何修证佛法
楞伽大义今释　　　　　　　学佛者的基本信念
禅话　　　　　　　　　　　大圆满禅定休息简说
禅海蠡测　　　　　　　　　洞山指月

老子他说（初续合集）　　　我说参同契
庄子諵譁　　　　　　　　　中国道教发展史略述
列子臆说

易经系传别讲	易经杂说
易经与中医（外一种：太极拳与静坐）	新旧教育的变与惑
	南怀瑾讲演录 2004—2006
小言黄帝内经与生命科学	南怀瑾与彼得·圣吉
漫谈中国文化	关于禅、生命和认知的对话
金融　企业　国学	历史的经验（增订本）
廿一世纪初的前言后语	中国文化泛言（增订本）

敬禮釋迦牟尼佛

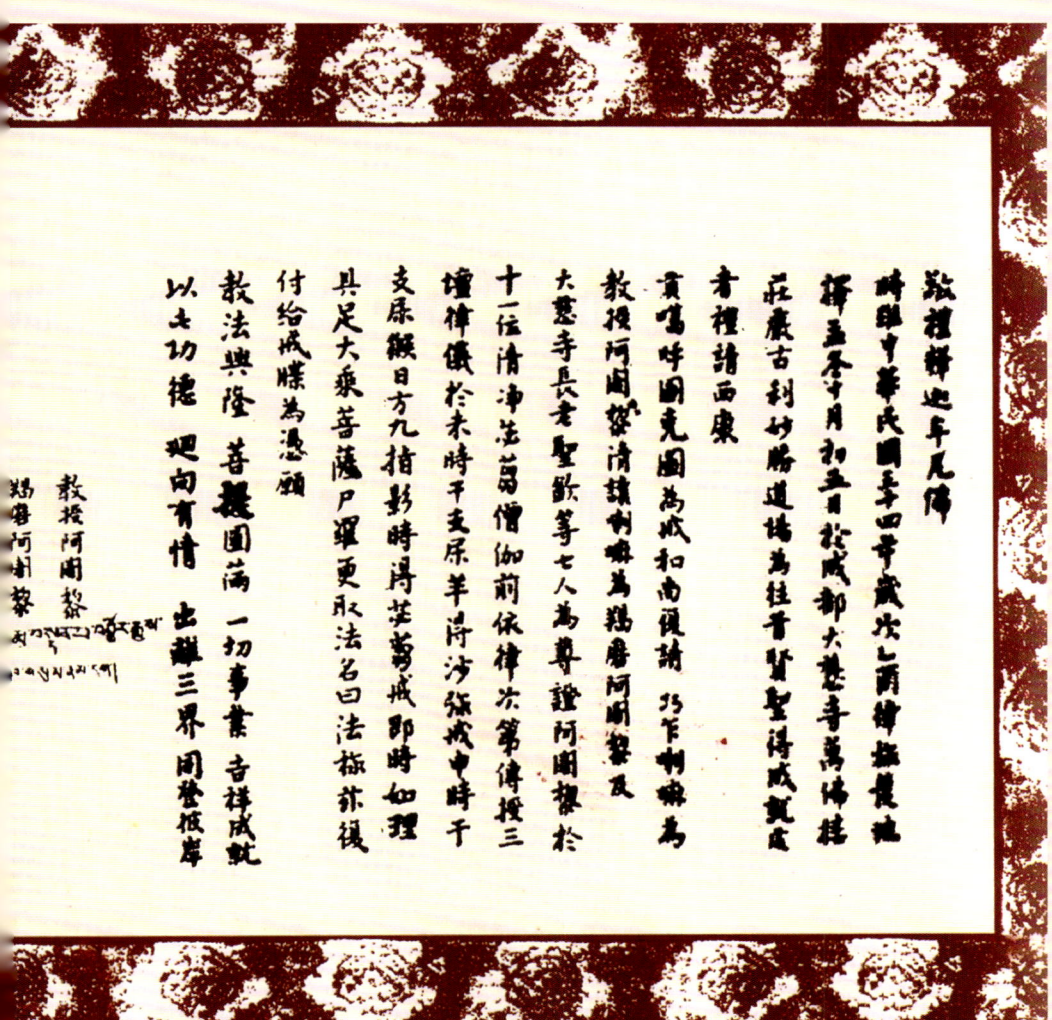

時維中華民國卅四年歲次乙酉律拈曩迦
釋孟春中月初五日敬感都大慈寺萬佛堂
莊嚴古剎妙勝道場為掛普賢聖得戒寶座
者禮諸西東
貢噶呼圖克圖為戒和尚頂請 巧下州喇為
教授阿闍黎清諫刺嘛為羯磨阿闍黎及
大慈寺長老聖歆等七人為尊證阿闍黎於
十一位清淨苾芻僧伽前依律次第傳授三
壇律儀於未時于支辰羊時沙彌戒申時于
支辰鯀日方九指影時得苾芻戒即時如理
具足大乘菩薩尸羅更敗法名曰法振祚護
付給戒牒為憑願
教法興隆 菩提圓滿 一切事業 吉祥成就
以上功德 迴向有情 出離三界 同登彼岸

教授阿闍黎
羯磨阿闍黎

戒牒

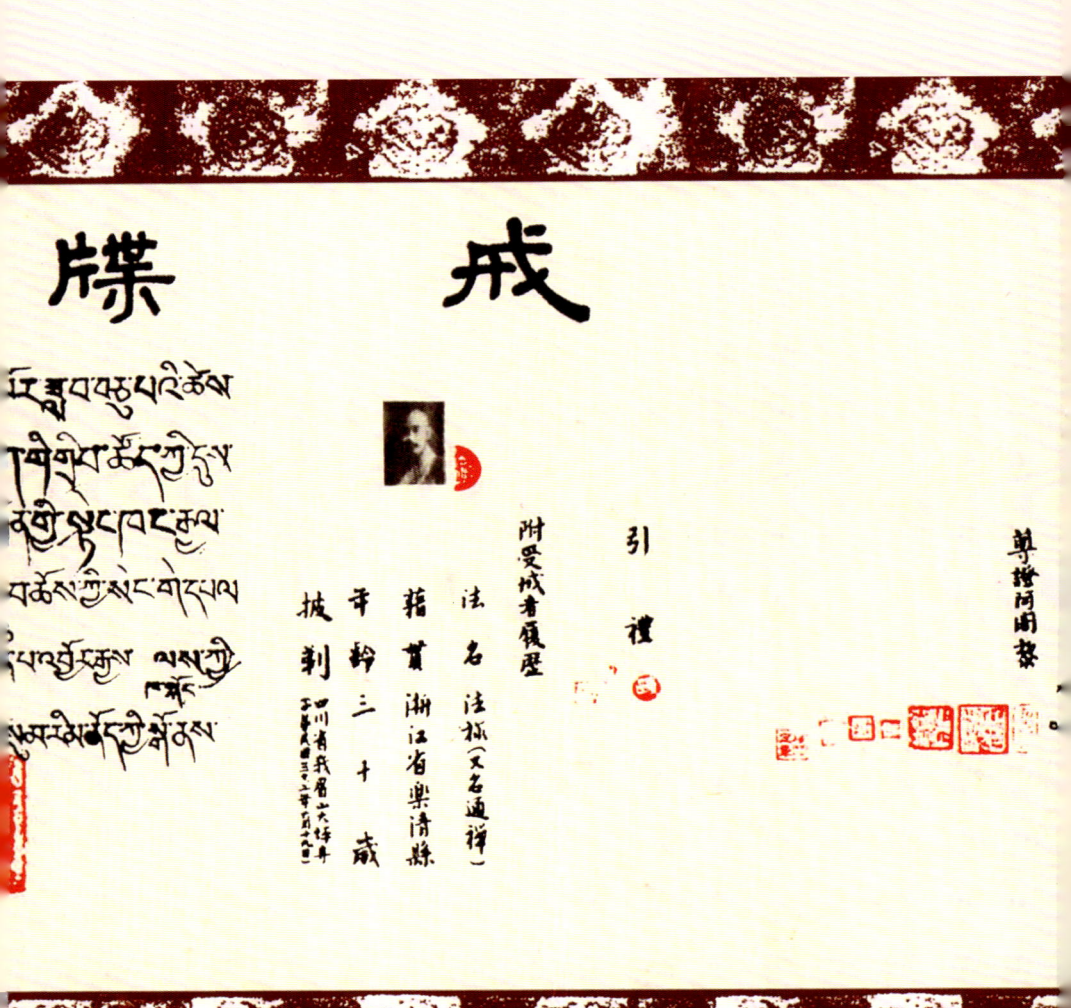

法名 法振（又名通禅）

籍貫 浙江省樂清縣

年齡 三十歲

披剃

引禮

尊證阿闍黎

附受戒者履歷

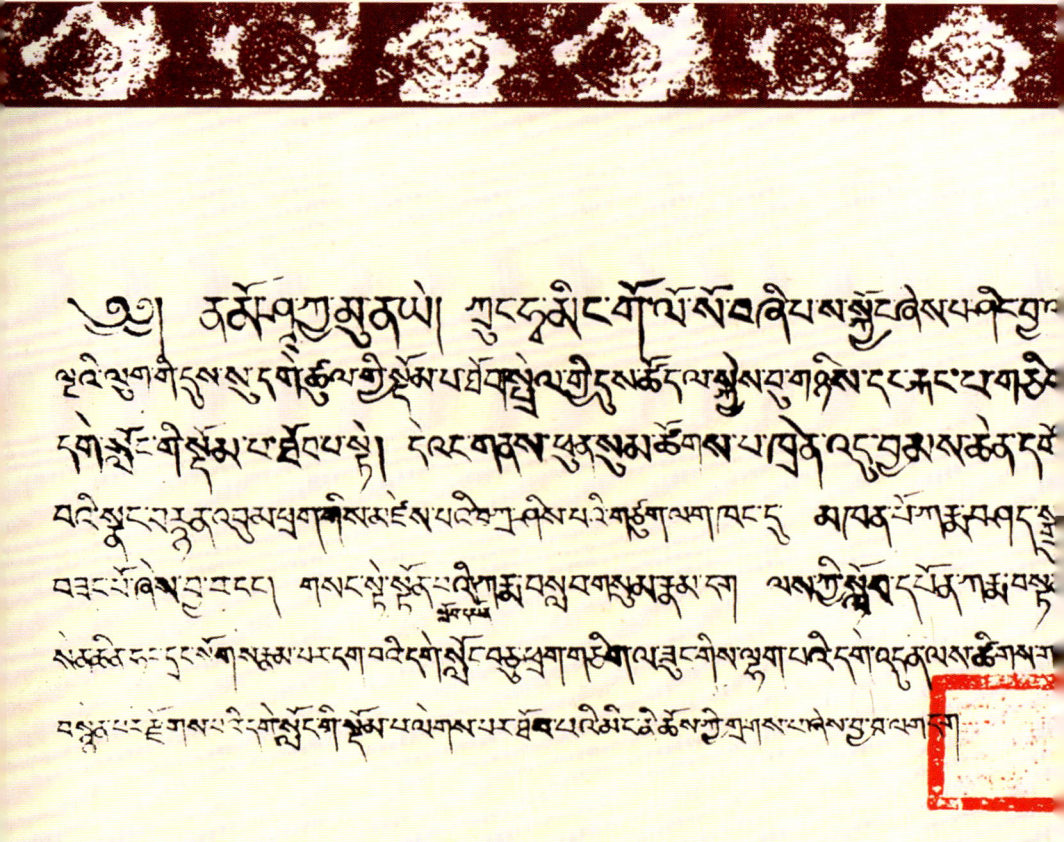

༄༅། །ཆོས་ཀྱི་རྒྱལ་པོ་ཡབ་སྲས་གསུམ་གྱིས་གངས་ཅན་བོད་ཁམས་འདིར་བསྟན་འགྲོའི་བདེ་སྐྱིད་
དཔྱིད་དུ་འགྱུར་བའི་གཞི་རྩ་གཙོ་བོ་གང་ཞིག་སྟེ་བོད་ཀྱི་ཡི་གེ་དང་བརྡ་སྤྲོད་པའི་
གནས་ནི་ཤིན་ཏུ་གལ་ཆེ་བ་བཞིན། དེང་གསར་བརྗེའི་རྗེས་ཁམས་འདིར་འགྱུར་བ་ཆེན་པོ་
བྱུང་བའི་སྐབས་སུ་འདི་ལྟ་བུའི་ཕྱག་དཔེ་དེ་དག་ལ་འོས་པ་རེ་སྙེད་པ་རེ་ངེས་པར་
འབྱུང་བ་ཞིག་ཡིན་པ་དང་། གསང་སྔགས་ཀྱི་རྒྱུད་བསྐུར་བ་གསུམ་རྫོགས་ཀ། ཅེས་སྒྲུབ་པ་པོ་རྣམས་ཀྱི་
སྙིང་ལ་རང་དགོས་པ་གསུམ་པ་དག་བདེ་དགོས་སྙིང་ནུ་ལྟར་གྱིས་ཤུགས་བའི་དགོས་པ་ཆེན་པོར་གྱུར་པ།
བསྐུར་བ་རྟགས་ནས་རེ་གོ་སྲོལ་གྱི་སྐོར་བ་ལེགས་པར་བསྟོ་བའི་འོད་ཞེ་ཆོས་ཉི་གནས་ཀྱིས་འཚུལ་བ་ལགས་སོ།